LEBEN NACH DEM TOD: DER SCHLÜSSIGE BEWEIS

Mein Leben mit den physikalischen Phänomenen und Materialisationen durch die Medialität von Minnie Harrison

Tom Harrison

Aus den Aufzeichnungen von Tom Harrison, Minnies Sohn und Gründungsdirektor des Arthur-Findlay-College, Stansted Hall

Ein Bericht über seltene physikalische paranormale Phänomene: Apporte – Trompetenstimmen und Direktstimmen – Vollmaterialisationen mit Ektoplasma

© Saturday Night Press Publications 2013

Alle Rechte vorbehalten. Dieses Werk darf, auch auszugsweise, nur mit Erlaubnis des Verlags reproduziert, übertragen oder kopiert werden.

Erste englische Ausgabe: 2004   0-9514534-1-6
Überarbeitete englische Ausgabe 2008   0-9557050-1-0

Deutsche Ausgabe 2013

Veröffentlicht von
Saturday Night Press Publications
England

www.snppbooks.com
snppbooks@gmail.com

ISBN   978-1-908421-07-4

Gedruckt von
Lightning Source
www.lightningsource.com

Widmung

*Für meine Mutter,
die eifrigen Mitglieder des Saturday Night Club,
unsere Inspiratoren und Helfer in der Geistigen Welt
und besonders für meine Frau Ann
und ihre Liebe, Geduld und Erfahrung,
wenn es ums Formulieren ging, und vor allem für die
zusätzlichen Fotografien in dieser erweiterten Fassung*

Danksagung

Ich bin einer Menge Freunde für ihre Hilfe und ihre Unterstützung zu großem Dank verpflichtet, besonders meinem engen Freund Eric Boyd für seine Übersicht in der ersten Phase, als wir das Material zusammenstellten,

Chris Eldon Lee für die Erlaubnis, aus seinen Interviews zu zitieren,

Katie Halliwell und dem Stewart-Alexander-Zirkel für die Erlaubnis, Material aus ihrem Erziehungsprojekt aufzunehmen,

Malcolm Bruce-Radcliffe dafür, dass er seine verlegerische Erfahrung einbrachte,

David Haith für seinen journalistischen Rat und

David Fontana für sein jahrelanges Mutmachen und Drängen, ich solle dieses Buch schreiben.

Für diese deutsche Ausgabe danke ich wärmstens Manfred Poser, einem guten Freund, der, nachdem er mit Toms Erlaubnis ein Kapitel übersetzt hatte, sich bereit erklärte, das ganze Buch ins Deutsche zu übertragen, damit es mehr Leser fände. Ein Traum wurde wahr! (AH.)

Inhalt

Kapitel	Seite
Vorwort	11
Einführung - Willkommen in meiner Welt	19
1 Der schlüssige Beweis – unsere Geschichte	23
2 Meine Mutter, Minne Rose Harrison	33
3 Ein paar Worte über mich	45
4 Was verstehen wir unter …	54
5 Die Beteiligten	77
6 SNC – die ersten drei Monate	84
7 Die kanadische Fünf-Cent-Münze	100
8 SNC, Juli bis November 1946	103
9 Eine atemberaubende Erfahrung	122
10 SNC, die Sitzungen 33 bis 43	125
11 Oma Lumsden	135
12 SNC, die Sitzung 44 und spätere	140
Die Fotografien	153
13 Alfred (Dad) Kitson	165
14 Erster Geburtstag – Sunrise materialisiert sich	169
15 Jack Graham	174
16 Roy Dixon Smith	178
17 Die Straße heimwärts	185
18 Die Weihnachtsparties	191
19 Fröhliche Geburtstage	203
20 Briefe von Gästen	208
21 Das Leben geht weiter	215
22 Grüße von Susan	225
23 Weitere Besuche Unsichtbarer	233
24 Stewart Alexander	238
25 Unsere privaten Zirkel in den 1990-er Jahren	264
26 Das Leben in der Geistigen Welt	273
Erklärung	286
Zum Abschluss	288
Register	291
Lektüretipps und andere Quellen	294

Die Abbildungen

Don McKenzie und Tom mit TV-Produzent	26
Jack Bessant, etwa 1914	30
Minnie Rose Harrison, 1942	32
Agnes Abbott, Daily Mail 1938	37
Tom, 3 Jahre alt, mit seinen Eltern, 1922	44
Spiritualistenkirche Middlesbrough, Grange Road	50
Kriegsende – die Familie wächst, 1945	53
Tante Aggs Trompete	57
Die Kupferglocke in Form einer „Krinolinenlady"	58
Einige der Apporte, die wir erhielten	61
Geisterlicht, 1947	63
Geisterschrift, 31. August 1946	65
Sams Unterschrift, als er materialisiert war	66
Das anfängliche rote Licht mit 2,5-Volt-Birne	75
SNC-Gruppenfoto, 1947	79
Das Geschäft der Shipmans, 1930-er Jahre	85
Diagramm des Sitzungsraums mit Sitzplan	91
Terry Abbott	103
Geisterschrift von Mr Pugh / Familie Pugh mit „Spirit-Extra"	118
Tante Agg unterschreibt in meinem Notizbuch	130
Onkle Jacks Unterschrift in meinem Notizbuch	131
Opa Bessant, früher	133
Oma Lumsden auf einem Geisterfoto von Billy Hope	136
Unser erster Versuch, eine Materialisation zu fotografieren	153
Oma Lumsden materialisiert, 1947 / Oma Lumsden, früher	154
Tante Agg materialisiert, 1947 / Tante Agg, früher	155
Opa Bessant, materialisiert, Februar 1948	156
Tante Agg materialisiert, mit Tosher vorn, Febr. 1948	156
Lichtundurchlässige Box und Fotoplatten für Infrarot	157
Ektoplasma aus dem Mund des Mediums (infrarot)	158
Ektoplasma als Stütze der Trompete (infrarot), 1948	159
„Spirit-Extra"-Foto des Zirkels	160
Gruppenfoto SNC – zum Vergleich	161
Die Familie Hildred, Geisterfoto	162

Sam und Mona, wie sie waren; meine „Extra"-Hervorhebung	163
Alfred Kitson	166
Jack Graham	174
Roy Dixon Smith und Betty	179
Die Hudsons mit Hannah als „Spirit-Extra", 1927	194
Ernie Buckingham (Buckie)	195
Jim McKenzie, Teilnehmer, auf Geisterfoto von Billy Hope	196
Diagramm der Weihnachtsparty-Sitzung, 1954	197
Weihnachtsparty-Glocken, 1948	202
Die Hochzeit von Terry und Ruby	206
Gwen und Cora, 1954	211
Jack und Mollie Warner mit den Harrisons, 1965	216
Stansted Hall und Park 1996	219
Tom unterzeichnet nach einem Vortrag Bücher	221
Toms 85. Geburtstag, 2003	224
Susan in Südafrika, 1981	227
Der Stewart-Alexander-Zirkel bei Buchvorstellung, 2003	257
Stewarts privater Zirkel im Séancenraum, 2006	261
Fünf Gummibärchen auf Teller vor der Sitzung, 1999	268
Erics Botschaft und das Gummibärchen, 1999	269
Sydney und Gladys, 2001	284

Gedichte und mehr

Wir leben!	31
Anrufung von Engeln	83
Mein Gebet	102
Nach vorne schauen	139
Eine verpasste Gelegenheit (Dr J. B. Rhine)	164
Ein Gebet sprechen	173
Die Straße heimwärts	190
Wenn ich fort bin	214
Lichter des Glücks	232
Die Toten gibt es nicht	237
Das bringt dich ins Grübeln	263

Vorwort

Dies ist ein bemerkenswertes Buch, geschrieben von einem bemerkenswerten Mann. Tom Harrison ist einer der wenigen Menschen, die bevorzugt waren, einige Jahre lang bei mediumistischen Séancen die erstaunlichsten Phänomene mitzuerleben, die seit den Tagen von D. D. Home und Eusapia Paladino berichtet wurden – und das unter Bedingungen, die Täuschung und Tricks unmöglich machten. Wie Tom in seinem Buch berichtet, waren die Phänomene die Erzeugung von Ektoplasma, Materialisationen, Gespräche mit Geistern, Apporte und Berührungen durch Geisterhände, und dies alles fand bei ausreichender Beleuchtung und in unmittelbarer Nähe der Teilnehmer statt.

Zur Zeit jener Ereignisse war Tom ein junger Mann, der erst kurz zuvor vom aktiven Dienst als Offizier der Armee im Zweiten Weltkrieg heimgekehrt war. Seine Erfahrungen beim Militär hatten seine Beobachtungsgabe geschult, und so konnte er mit Sorgfalt alles notieren, was sich vor seinen Augen abspielte. Ich bin diese Notizen durchgegangen, alle in Toms Handschrift, eingetragen in eine Feldkladde der Armee, deren Seiten damals das einzige verfügbare Papier waren. Sie enthalten einen faszinierenden Bericht aus erster Hand, der uns die paranormalen Phänomene vor Augen führt, die auftreten können, wenn sich ein intimer Kreis von Familienmitgliedern und Freunden um ein außergewöhnliches Medium versammelt.

Diese Aufzeichnungen kann Tom mit eigenen Erinnerungen ergänzen, und aus vielen Gesprächen mit ihm weiß ich, dass seine Erinnerung so deutlich ist wie je. Dieses

Buch ist eine unschätzbare Bestandsaufnahme all dessen, was er von 1946 bis 1955 jede Woche in der Mitte des privaten Zirkels erlebte, der davon zusammengehalten wurde, dass er sich mit Hingabe dem Kontakt mit einer Sphäre verschrieb, die die Teilnehmer als Geistige Welt betrachteten. Ich frage mich, ob es jemals wieder solch einen Zirkel geben wird, da sich die Familien in unserer hektischen, vom Materiellen geprägten Welt abends lieber vor dem Fernsehgerät versammeln.

Die Geschehnisse, die in diesem Buch beschrieben werden, mögen vielen wundersam erscheinen, wogegen sie für Tom nichts von einem Wunder hatten. Sie gehörten einfach zu den Dingen des Lebens. Dies wird schon deutlich aus dem Titel seines ersten Buchs, *Visits By Our Friends from the Other Side* (Besuche von unseren Freunden der anderen Seite), denn für Tom und die anderen Mitglieder des Zirkels – seine Frau Doris, seine Eltern und die engen Freunde Syd und Gladys Shipman sowie Dr. Brittain Jones – stellten die wöchentlichen Séancen einfach eine Möglichkeit dar, geliebte Verstorbene zu treffen, und das lief so natürlich ab wie jedes andere Familientreffen. Es war natürlich, weil Tom in einem Zuhause aufgewachsen war, in dem das Überleben des Todes und die Kommunikation zwischen dieser Welt und der nächsten als selbstverständlich galten.

Eine von Toms Tanten, Agnes Abbott, war ein gefeiertes Medium. Sie war es, die Arthur Findlay – bekannt durch seine Bücher und das Anwesen Stansted Hall, das er der Nationalen Spiritualisten-Union vermachte – den klaren Beweis lieferte, dass seine Mutter nach ihrem Tod weiterlebte (in seiner Autobiografie *Looking Back* schildert uns Findlay, dass er nicht weniger als 92 korrekte Fakten von seiner Mutter durch Agnes übermittelt bekam – und kein einziges Faktum war falsch). Noch wichtiger muss uns erscheinen, dasss Toms Mutter Minnie Harrison ein außergewöhnlich begabtes physikalisches Medium war, und sie saß im Mittelpunkt des Middlesbrough-Zirkels.

Wenn sie berühmt werden hätte wollen, wäre sie in den unmittelbaren Nachkriegsjahren eine Sensation gewesen.

Ihre Gaben, die uns Tom eingehend vor Augen führt, waren von höchstem Niveau. Minnie Harrison, diese bescheidene und aufopferungsvolle Person, schlug sich mit schwerwiegenden gesundheitlichen Problemen herum und hatte selber nichts von den Phänomenen, da sie sich in Trance befand. Aber sie war es, die Woche für Woche die Materialisationen von Agnes Abbott (zu jener Zeit bereits in der Geistigen Welt) und vieler anderer Familienmitglieder und guter Freunde erleichterte.

Die Anwesenheit eines gut ausgebildeten Wissenschaftlers im Zirkel gibt Toms Bericht zusätzliche Glaubwürdigkeit. Dabei handelte es sich um Dr. Brittain Jones, Mitglied der Königlichen Ärzte-Vereinigung (Royal College of Surgeons) und Medizinischer Superintendent des Krankenhauses Middlesbrough, der sich in der Lage sah, die Authentizität der Phänomene zu bezeugen. Zudem fanden alle Sitzungen im Wohnzimmer von Syd und Gladys Shipman statt, einem kleinen Raum hinter ihrer Bäckerei und unzugänglich für eventuelle Komplizen, die nötig gewesen wären, hätte man die Abende betrügerisch inszenieren wollen. Obendrein gab es in dem Raum keinen Platz, wo sich jemand frei bewegen konnte, und Minnie Harrison hätte es unmöglich schaffen können, unbemerkt aus ihrem improvisierten Kabinett (ein Vorhang vor einer Ecke des Raums) zu schlüpfen; niemals hätte sie darum jede Woche zehn Jahre lang alle möglichen Geister vor ihrer Familie und engen Freunden verkörpern können, noch dazu bei guter Beleuchtung. Jedenfalls erzählt uns Tom, dass sich einige Geister nach ihrem Auftritt nicht hinter den Vorhang zurückzogen, sondern allmählich im Fußboden versanken, als glitten sie durch nicht existente Falltüren.

Zum ersten Mal erfuhr ich von Tom Harrisons privatem Zirkel, als ich eine Anzeige las, die auf das Erscheinen seines ersten Buches hinwies, dessen Verkaufserlös wohltätigen Zwecken zugute kommen sollte – namentlich Krebskranken. Mein eigenes Interesse an der parapsychologischen Forschung geht bis in die Jugendzeit zurück, und über die Jahre hatte ich das Glück, bedingt durch meine

Mitgliedschaft in der *Society for Psychical Research* direkte Erfahrungen von offensichtlich paranormalen Phänomenen zu sammeln. Daher bin ich immer interessiert, meiner Sammlung von rund tausend Büchern zu dem Thema neue Exemplare hinzuzufügen, und so bestellte ich Toms Buch. Seine aufrichtige Art der Darstellung gefiel mir, und nicht lange darauf traf ich den Autor. Damit begann eine enge Freundschaft, und nun, da ich Tom besser kenne, hat sich der Eindruck beim Lesen seines ersten Buchs nur bestätigt.

Er ist ein Mann von fast gläserner Integrität ohne den Ehrgeiz, mehr gelten oder mehr Geld haben zu wollen. Was ihn leitet, ist allein der Wille, die Erfahrungen aus seinem privaten Zirkel weiterzugeben und mit uns die rückhaltlose Überzeugung zu teilen, dass das Leben nach dem Tod eine Realität ist. Diese Überzeugung hat ihm eine tiefe Demut und spirituelle Präsenz verliehen, die alle berührt, die ihm begegnen. Gemeinsam mit vielen anderen habe ich Tom immer wieder bedrängt, einen gründlicheren Bericht seiner Erlebnisse zu verfassen, und es freut mich, dass er zuletzt einwilligte und uns damit an seinen Erfahrungen und seiner sanften, unergründlichen Weisheit teilhaben lässt.

Warum sind diese physikalischen Phänomene, wie sie Tom beschreibt, so wichtig? Der physikalische Mediumismus, der einst im Mittelpunkt der Untersuchungen illustrer parapsychologischer Forscher wie Sir William Crookes, Sir William Barrett und Alfred Russell (Entdecker der Evolution mit Darwin) stand, war allmählich in Misskredit geraten, vor allem wegen Vorwürfen des Betrugs und Unredlichkeiten, die gegen einige der physikalisch tätigen Medien vorgebracht wurden. So ging deren Zahl in den Jahren stark zurück (obwohl es nun Zeichen dafür gibt, dass dieser Rückgang zum Halten gebracht wurde und es nun wieder aufwärts geht).

Warum sollten wir uns dennoch um physikalische Phänomene kümmern? Die Antwort ist, dass unter der Bedingung, dass die Geistwesen, die für diese Phänomene verantwortlich sind, die Teilnehmer davon überzeugen können, dass sie die sind, die sie vorgeben zu sein und unter strenger Durchführung, die Betrug ausschließt, die physikalischen Phänomene paranormale Ereignisse von einer Dimension und Kraft sind, die nie von Lebenden wiederholt werden können, so groß ihre Begabung auch sein mag. Dies schwächt das Argument, dass jeder Beweis für ein Leben nach dem Tod, der durch Medien geliefert wird, getrost ignoriert werden könne, weil das Medium seine Information durch Telepathie oder Hellsehen bekommen habe. Mir sind keine Dokumente dafür bekannt, dass Lebende dieses Ausmaß der Phänomene produzieren können, die im Kontext des physikalischen Mediumismus hervorgerufen wurden. Lesen Sie Toms Buch und ziehen Sie Ihre eigenen Schlussfolgerungen.

Darum haben wir allen Grund, Tom Harrison dankbar zu sein: erstens dafür, die Geschehnisse im Zirkel aufgezeichnet zu haben und zweitens dafür, diesen Bericht mit uns zu teilen. Und genauso haben wir Grund, der verstorbenen Minnie Harrison dankbar zu sein sowie den anderen Mitgliedern ihres Kreises, von denen fünf nicht mehr in unserer Welt leben. Sie verwandten viel Zeit und Energie auf diese wöchentliche Treffen, um das Leben nach dem Tod zu beweisen. Toms Buch ist voller herausragender Beispiele in diesem Sinne und auch voller Wärme und Humanität. Wie ich eingangs sagte: ein bemerkenswertes Buch von einem bemerkenswerten Mann. Danke, Tom.

Professor David Fontana
Früherer Präsident der *Society for Psychical Research*

Vorwort zur zweiten Auflage

Ich bin froh über die Möglichkeit, zur Veröffentlichung der zweiten Auflage von Toms Buch ein paar Worte verlieren zu können. Es ist höchst erfreulich zu wissen, dass die erste Auflage begeistert aufgenommen wurde und sich glänzend verkauft hat – und dass Tom die Zeit fand, das

Buch durch die Hinzufügung einiger außergewöhnlicher Fotografien von den wöchentlichen Treffen des privaten Zirkels zu erweitern. Fotos von Materialisationen und anderen Phänomenen, die bei Séancen gemacht werden, tut man oft als belanglos ab, da solche Aufnahmen nicht nur leicht gefälscht werden können, sondern noch dazu nicht besonders attraktiv aussehen! Manche sind unscharf und vage, andere wirken unecht, als ob sich die Materialisation nur teilweise gebildet hätte – oder sie sehen aus, als hätte sich ein Amateurfotograf bei einer Modenschau versucht. Zweifellos sind über die Jahre viele Fotografien gefälscht worden, was allerdings nicht zu der Annahme verleiten darf, dass alle gefälscht seien.

Wir müssen berücksichtigen, unter welchen Bedingungen diese Fotos entstanden sind und dürfen die Persönlichkeit des Autors nicht außer acht lassen. Im Fall von Toms Fotografien fehlten in der Gruppe die Kenntnisse, wie geschickte Fälschungen von Geisterfotos herzustellen wären, und obendrein ist die Rechtschaffenheit von Tom und der Mitglieder des Zirkels nie in Frage gestellt worden. Und da ich Tom gut kenne, muss ich sagen, dass ich, wenn es um Ehrlichkeit geht, für niemanden freudiger die Hand ins Feuer legen würde als für ihn. Die vor 50 Jahren entstandenen Fotos waren nie für die Publikation vorgesehen und sollten bloß als persönliche Erinnerungen dienen. Tom hat nie versucht, aus seinen Erlebnissen Kapital zu schlagen. Begehen Sie nicht den Fehler der Skeptiker, die Fotos nur aus Vorurteilen sowie der Überzeugung heraus verwerfen, dass solche Dinge einfach nicht wahr sein können.

Tom Harrison hat einen wichtigen Beitrag zur Frage des Lebens nach dem Tod geliefert. Er hat uns auch einen faszinierenden Bericht überlassen, der die Hingabe zeigt, die einen erfolgreichen privaten Zirkel in der Mitte des 20. Jahrhunderts prägte. An diesem Zirkel war nichts Dramatisches oder Sensationelles. Es wurde nicht der Versuch unternommen, andere zu beeindrucken oder berühmt zu werden. Die Mitglieder des Zirkels saßen jede Woche zusammen, einzig auf Grund ihrer Überzeugung, dass eine Verbindung zwischen dieser Welt und der nächsten nicht nur existiert, sondern grundlegende Bedeutung für unsere spirituelle Entwicklung besitzt. Am stärksten bewegt uns in Toms Buch das Band der Liebe, das den Zirkel mit seinen Geisterbesuchern verband sowie die selbstverständliche Ansicht, dass ihre Arbeit so natürlich war wie jedes wöchentliche Treffen mit alten Freunden. Vielleicht waren die Menschen in den Jahren unmittelbar nach dem Zweiten Weltkrieg (und nur eine Generation nach dem Ersten Weltkrieg) enger mit dem Tod vertraut, als wir es heute sind, wodurch die Idee eines Kontakts zwischen den Welten bereitwilliger akzeptiert wurde als heute. Das half dem Harrison-Zirkel vielleicht, derart bescheiden und unbeeindruckt vom unglaublichen Erfolg seines Tuns zu bleiben. Wie immer sich das verhält – Toms Buch legt dauerhaft Zeugnis ab, und die zweite Auflage ist höchst willkommen.

Kollegen in der parapsychologischen Forschung kritisieren mich manchmal dafür, dass ich so viel Wert auf persönliche Erfahrungen lege. Den Grund begreife ich nicht. Persönliche Erfahrungen sind der Grundstock der Arbeit in dieser Disziplin. So sehr man auch die Literatur studieren mag, so ersetzt nichts das direkte Miterleben eines Phänomens. Ich weiß aus eigener Erfahrung, welchen Unterschied das macht. Wenn man einmal Phänomene gesehen hat, die auf normale Weise nicht erklärt werden können, dann weiß man – wie stark das auch immer die eigene Sicht auf die Welt und die wissenschaftlichen Gesetze beeinträchtigen mag –, dass solche Dinge eben passieren. Mit diesem Wissen im Hintergrund ändert sich der Blick des Zeugen auf die Realität radikal und dauerhaft. Toms Buch ist ein Bericht persönlicher Erfahrungen. Er weiß, was er sah und hörte, und mehr als ein halbes Jahrhundert später erweist sich seine Erinnerung, aufgefrischt durch seine Notizen und Fotografien, als so frisch wie stets. Und diese Erinnerungen sind es, die das vorliegende Buch zu einem ganz besonderen machen.

Ich beschloss mein Vorwort zur ersten Auflage, indem ich Tom für die sorgfältige Mitschrift dankte, die er über all die Jahre gewährleistete. Ich möchte diesen Dank mit noch mehr Wärme wiederholen und ihn auf andere Mitglieder des Zirkels erstrecken, ob in dieser Welt beheimatet oder in der nächsten, und vor allem auf Minnie Harrison, dieses höchst bemerkenswerte und zurückhaltende Medium (ich hätte mir gewünscht, sie hätte das Buch ihres Lebens geschrieben!). Schließlich weiß ich, dass es Tom gefallen würde, wenn ich seiner Frau Ann danken würde, nicht nur wegen der Liebe und Unterstützung, die sie ihm und seiner Arbeit entgegenbrachte, sondern auch für die Mühe, die sie als Sekretärin und Verlegerin aufwandte, um diese zweite Auflage (wie schon die erste) in Druck geben zu können. Das Buch ist ein Monument für ihren und Toms Einsatz – und für zehn unvergessliche Jahre seines Lebens. Das Buch verdiente es, in der Literatur über den Mediumismus ein Klassiker zu werden.

Professor David Fontana
Früherer Präsident der *Society for Psychical Research*
Autor von *Is There an Afterlife?*

Anmerkung des Verlags

David Fontana starb im Oktober 2010, nur 5 Tage vor Tom.

Einführung - Willkommen in meiner Welt

Der Tod ist nichts.
Ich bin nur schon in den nächsten Raum geschlüpft.
Ich bin ich, und du bleibst du.
(...)
Was ist dieser Tod anders als ein Unfall, unbedeutend?
Warum sollte ich nicht mehr in deinen Gedanken sein,
nur weil du mich nicht mehr siehst?
Ich warte auf dich, eine Weile lang,
Irgendwo, ganz nah, gerade ums Eck.
Alles ist gut.
— *Canon Henry Scott Holland*

Willkommen in der Geistigen Welt, der sogenannten zukünftigen Welt, einer alles durchdringenden Sphäre, zu der wir alle gehören – hier und jetzt. Unser physischer Körper ist nicht mehr als eine vorübergehende Hülle, die ihren jeweiligen lebenden Geist während der Zeit bekleidet, in der er diesen materiellen Globus bewohnt, den wir Erde nennen.

Wenn der Körper sein „Verfallsdatum" erreicht hat und zu nichts mehr nütze ist, lebt der individuelle Geist, das „wahre Ich" in diesem Körper, einfach in der Geisterwelt weiter, jedoch befreit von der Schwere dieses hinderlichen „Anzugs aus Lehm". Ihr werdet frei und grenzenlos froh sein in der neuen, wundersamen, sehr realen Welt ursprünglicher Schönheit, in der weitaus feinere Schwingungen herrschen. Es ähnelt der Verwandlung der schwerfälligen Raupe in den zarten, hübschen Schmetterling, indem jener seinen Kokon abwirft – doch ist die

Erneuerung noch edler und strahlender. Die Raupe behält im Schmetterling ihre Individualität genauso, wie ihr eure eigene Persönlichkeit mitnehmt, wenn ihr in die Geistige Welt hinübergeht.

Vergesst nie, dass eure geliebten Menschen – Verwandte und Freunde – auf euch warten und euch willkommen heißen, wenn ihr euch zu diesem Übergang aufmacht, und sie wollen euch unbedingt wissen lassen, dass sie euch immer nah sind: nie mehr als einen Gedanken entfernt. Es ist wie mit diesem intuitiven Gedanken, der uns manchmal sagt, dass uns jemand Bestimmtes anrufen wird – und einen Augenblick später läutet das Telefon und der Betreffende meldet sich, um mit uns zu plaudern. Wenn wir diese „Intuition" nur öfter einsetzen könnten, um auf unsere geliebten Abgeschiedenen in der Geistigen Welt zu hören, wieviel schöner wäre es dann überall dort drüben! Das erinnert mich an eine jener Scherzfragen in der Schule, die lautete: „Was war die größte Insel, bevor Australien entdeckt wurde?" Nachdem alle unsere Antworten als falsch bezeichnet worden waren, sagte der Lehrer grinsend, dass es dieselbe Landmasse gewesen sei, die man aber noch nicht als Australien gekannt habe. Bevor es entdeckt wurde, war es immer schon dagewesen!

Also lest für „Australien" die „Geistige Welt": Es hat sie immer schon gegeben, und ich freue mich sagen zu dürfen, dass immer mehr Menschen sich mit ihr beschäftigen und den Kontakt zu ihr herstellen, sehr zur Freude unserer Freunde in jener Welt. Die einzige Gewissheit, die wir für unser Leben haben, ist die, dass wir ALLE „sterben" und unsere Reise in die Welt des Geistes unternehmen werden, unabhängig von unserer Nationalität und unseren religiösen Überzeugungen. Wäre es nicht herrlich, wenn Reiseagenturen farbige und illustrierte Broschüren bereit hätten, die diese besondere Reise vorstellten, wie sie sie für alle anderen fernen Länder haben, so dass wir uns eine Vorstellung unseres Ziels machen können? Leider gibt es solche Broschüren nicht, aber das WISSEN über unser Ziel LIEGT VOR – wenn die Menschheit sich nur die Zeit nehmen und die Mühe machen würde, am richtigen Ort zu suchen, der wie so oft in uns selbst liegt.

Aus persönlicher Sicht darf ich sagen, dass ich das Privileg hatte, davon bereits in jungen Jahren erfahren zu haben sowie das große Glück, dabeigewesen zu sein, als der Kontakt zu so vielen Bewohnern der Geistigen Welt hergestellt wurde. Meine Überzeugung war so unumstößlich, dass ich, als ich bei Eintritt in die Armee meine Religionszugehörigkeit kundtun musste, ohne jeglichen Zweifel angab, ich sei Spiritualist. Die Erfahrungen meines Lebens haben mich gelehrt, dass dieses besondere Wissen nicht durch das Etikett einer Religion bezeichnet wird und der ganzen Menschheit gehört. Die Botschaft, „Christi Grundsatz zu folgen", also seinen Nächsten zu lieben, die uns Douglas in einer Séance an Weihnachten gab, ist für unser Leben so fundamental, dass wir uns über die Trennungen durch Sekten und Religionen hinwegsetzen müssen. Mein ganzes Leben hindurch habe ich so wunderbare Erfahrungen machen dürfen, doch nichts kam der Begegnung mit der Geistigen Welt nahe. Derartige Privilegien sind ein wahrer Segen und sollten um der Menschheit willen geschätzt und gepflegt werden. Vergesst dabei nicht, dass alle Privilegien mit der persönlichen Verantwortlichkeit verbunden sind, sie mit äußerster Demut anzunehmen und auszuüben, denn nur so bewahren wir Qualität und Würde unseres Daseins.

Diese überarbeitete Fassung meines Buchs konnten wir um einige Fotografien ergänzen, um den Lesern die handelnden Personen näherzubringen. Die Ausrüstung unseres Zirkels wird näher vorgestellt, und im Druck erscheinen erstmals zwei Geisterfotos, die sich auf einem Film fanden, den Terry im Februar 1948 belichtete. Ich hoffe, ihr habt Freude daran.

Leider muss ich berichten, dass seit der ersten Auflage dieses Buchs meine liebe Freundin Gwen Schlegel in die Geistige Welt hinübergegangen ist. Das war im Mai 2007, doch sie ist zurückgekehrt und ließ uns über ein befreundetes Trancemedium wissen, dass sie weiter über ihren Ehemann wache. Die Teilnahme an unserem Zirkel veränderte ihr Leben, und ich weiß, dass Gwen wieder mit ihrer Schwester Cora vereint ist.

1

Der schlüssige Beweis – unsere Geschichte

"Wo fang' ich meine Geschichte an von dieser großen Liebe ..."
(*„Where do I begin to tell the story of so great a love ..."*)

Francis Lai & Carl Sigman

Überwältigende, fast greifbare Liebe – das ist die Emotion, die man spürt, wenn sie zurückkehren.

Dies ist eine Geschichte, die mir selber fast unglaublich vorkommt.

Alle eure Sinne werden sich sträuben, sie zu glauben.

Es wird von euch verlangt zu glauben, dass Menschen von den Toten zurückkamen – und nicht als flüchtige, vorbeiziehende Visionen in jemandes Inneren und auch nicht als blasse, durchsichtige Geister oder Gespenster.

Nein, sie kamen in völlig funktionierenden warmen Körpern zurück, deren Herzen schlugen.

Sie waren wieder da und sprachen mit demselben Klang ihrer Stimmen, die wir kannten.

Sie kamen zurück mit demselben Lachen und derselben Persönlichkeit von früher, und als ich aufgeregt ihre Arme um meinen Körper und ihre Küsse auf meinen Lippen spürte, war es auch dieselbe Liebe von früher.

Ja, ihr werdet euch dagegen wehren, es zu glauben.

Aber ich weiß, dass es geschehen ist. Ich war dabei. Ich traf diese wirklichen Menschen, die sich aus der Welt jenseits des Todes materialisiert hatten, und viele hunderte Male traf ich sie. Und ich besitze meine Aufzeichnungen darüber, die Tonbandaufnahmen, die Fotografien, die dabei aufgetauchten Gegenstände – Geschenke, zu uns als konkrete Beweise aus einer anderen Dimension teleportiert.

Und wenn ihr euch dann immer noch weigert, das Unglaubliche zu glauben, stelle ich euch die Zeugen vor – die Menschen der unterschiedlichsten Schichten, die gleichfalls acht Jahre lang den „lebenden" Toten bei den experimentellen Séancen unserer Gruppe begegneten, die wir die „Saturday Night Club" nannten.

Es passierte alles in einem winzigen Hinterzimmer eines Häuschens in Middlesbrough in Großbritannien, wo unsere Familie allwöchentlich zu ihrem privaten Zirkel, ihrem Home Circle, zusammenkam.

Meine Mutter Minnie Harrison war zweifelsohne das Zentrum unseres kosmischen Durchbruchs, die die Tür zu einer anderen Dimension aufschließen half.

Ihre mediale Fähigkeit brachte es zustande, dass durch ihren Körper die mysteriöse Substanz namens Ektoplasma fließen konnte, welche die Wesen ausstattete, als die wir dann unsere „dahingegangenen" Lieben erkannten.

Diese Erfahrungen, die sich von frühester Kindheit an in mein Leben verwoben, veränderten das Leben unserer Gäste bei unseren wöchentlichen Sitzungen, und das betraf Roy, Gwen, Don und Emily, die, wie wir gleich lesen werden, Kostproben von ihren unglaublichen Treffen mit denen geben, die körperlich von jenseits des Todes zurückkamen.

<u>Roy Dixon Smith</u>: Der Oberstleutnant im Ruhestand war uns völlig fremd, als er 1948 den Zug von London nach Middlesbrough bestieg, ausdrücklich, um eine Stunde mit uns in unserem privaten Zirkel zu verbringen. Hier herrschte gutes rotes Licht, und er traf seine geliebte Frau Betty, die etwa vier Jahre zuvor gestorben war, sprach mit ihr, hielt ihre Hand, sah ihr in die Augen und küsste schließlich seine durch Ektoplasma voll materialisierte Frau. Die Wiedervereinigung mit Betty und das Treffen mit anderen geistigen Wesen, die für ihn „absolut real" waren, berührten ihn so tief, dass er in seinem Buch *New Light on*

Survival (Neue Aspekte des Überlebens) ein Kapitel über uns schrieb. Einen Auszug habe ich in dieses Buch aufgenommen.

<u>Gwen Schlegel</u>: Die in Middlesbrough aufgewachsene und lebende kluge Frau war nach einem Besuch unseres Zirkels mit ihrer Mutter 1954 so überwältigt, dass sie freudig zustimmte, über ihre Erfahrungen ausführlich in der Sendung *Christmas Spirits* (Weihnachtsgeister) des Programms BBC Radio 4 zu sprechen, die im Dezember 2003 ausgestrahlt wurde. Sie sprach überzeugend und kenntnisreich und sagte:

„Ich weiß ohne den Schatten eines Zweifels, dass es ein Leben nach dem Tod gibt. Es ist keine Frage – und was für ein Trost ist es! –, dass die von mir geliebten Menschen auf mich warten. Vor der Séance stand ich große Ängste aus, aber dann ging es los, und zu meiner Überraschung kam in den Raum, der in rotem Licht lag, diese kleine alte Dame. Sie war absolut fantastisch, gab sich lustig, freundlich und voller Humor.

Sie kam abwechselnd zu jedem von uns, schüttelte uns die Hand und hieß uns willkommen. In diesem Augenblick waren alle meine Ängste verflogen. Ich sah ihr Gesicht klar, ganz klar. Sie steckte in einer Art weißem Umhang – das Ektoplasma. Ihr Gesicht war ein menschliches Gesicht mit einem anziehenden Lächeln und fröhlich blitzenden Augen. Es war die Hand einer alten Dame, die ich ergriff, und sie war warm wie die eines lebenden Menschen. Ich wünsche mir so sehr, jeder könnte das erfahren.

Nachdem die alte Dame verschwunden war, kam Tante Jane, die Schwester meiner Mutter. Sie war unglaublich. Sie war ein paar Jahre tot, und es war das erste Mal, dass sie sich materialisierte. Es fiel ihr ziemlich schwer – sie schaffte es nicht, sich zu ihrer vollen Größe aufzurichten, aber ich erkannte sie. Die ganze Zeit über, als ich sie gekannt hatte, war sie taub und stumm gewesen, aber an diesem Abend war sie aufgeregt, weil sie ihre Schwester Phoebe [Gwens Mutter] direkt ansprechen konnte. Sie sprach den Namen langsam aus, so wie 'Phiiii … biii'. Ich erinnere mich so lebhaft daran – es war das erste Mal, dass ich sie sprechen hörte. Es war alles so wundersam in diesem roten Licht. Alles war deutlich sichtbar. Ich werde das nicht vergessen, so lange ich lebe. Sie umarmten uns. Wir hielten uns an den Händen. Es war unglaublich.

Ich kann Menschen verstehen, die das alles für verrückt halten. Ich hätte ebenso reagiert, aber jetzt habe ich es erlebt und denke anders darüber."

Gwen war auch verzückt, dass sie eine Nelke mit nach Hause nehmen konnte, die in den Raum als „Apport" gekommen war. Die kleine alte Dame war „Granny" (Oma) Lumsden, die Großmutter meiner Frau und einer unserer regelmäßigen Besucher aus der Geistigen Welt, der ein gesondertes Kapitel gewidmet ist.

<u>Don McKenzie:</u> Der pensionierte Elektroingenieur hatte als junger Mann von 19 Jahren seinem Vater geholfen, die Aufnahme-Apparatur für unsere Weihnachtsparty-Sitzung im Januar 1954 aufzubauen, und dann war er zu seiner

Don McKenzie (links) und Tom mit der Fernseh-Produzentin, während sie bei den Filmaufnahmen on location für das Fernsehprogramm „Science & Séance" im Mai 2005 von ihren Erinnerungen an den Zirkel berichten. ...

ersten Séance geblieben. Wie Gwen beeindruckte ihn das Gesehene so stark, dass er ohne Schwierigkeiten die Ereignisse jenes Abends fünfzig Jahre später in der bereits erwähnten Sendereihe *Christmas Spirits* nacherzählen konnte.

„Ich sah, wie sich eine materialisierte Form aufbaute und aus dem Kabinett kam. Ich ging gleich hinüber und schüttelte die Hand eines der regelmäßigen Geisterbesucher, denn sie standen ziemlich kräftig da. Ein wunderbares Erlebnis – ein wahrer Beweis für mich – war es, als ich dieser alten Dame die Hand gab und mit ihr sprach. Fester Händedruck. Ein wichtiges Ereignis in meinem Leben."

„Könnte man da getrickst haben?" fragte die Produzentin des Programms. – „Unmöglich. Wir durften den Raum betreten, bevor es losging und uns umschauen – ein gewöhnlicher Raum in einem Wohnhaus. Es konnte keine andere Erklärung geben, wenn du die materialisierte Form aus dem Kabinett kommen sahst. Das Medium war eine große, etwas kräftige Person – und dann siehst du eine schlanke Geisterform vor dir stehen, aufrecht, die deine Hand ergreift. Kann nicht getrickst sein."

Zusätzlich zu den anderen Materialisationsphänomenen an jenem Abend sah Don auch, wie sich sein Bruder Bruce materialisierte. Bruce sprach mit Don sowie mit seiner Mutter und seinem Vater, war aber nicht stark genug, ihre Berührung auszuhalten. Don hörte durch die Trompete auch die Stimmen der Mutter seiner Mutter, Margaret Phoenix und der Großmutter seines Vaters, Margaret MacKenzie, die alle das Wort an ihn richteten. Sein Vater war sehr aufgeregt, weil er zum ersten Mal ihren typisch schottischen Akzent auf dem Tonband hatte.

„Es war ein Segen, dass wir sehen durften, was die regulären Teilnehmer jede Woche miterlebten. Sehen, hören, berühren und spüren – das ist eine Erfahrung, die für den Rest deines Lebens in dir bleibt. Sogar jetzt, fünfzig Jahre später, erinnere ich mich daran."

Emily Nicholsons Erfahrungen als „Beisitzerin" unseres Zirkels in den späten 1940-er Jahren sind mir von ihrer Tochter Mary Hastie erzählt worden. Das war nach einem meiner Vorträge im Mai 1996 in der Kirche von Billingham, und Mary mag Ende sechzig gewesen sein.

Mary sagte mir, dass ihre Mutter nie aufgehört hätte, davon zu reden; so viel hatte es ihr bedeutet. Bei der Sitzung materialisierte sich ihre Stiefmutter Polly und trat aus dem Kabinett. Sie ging zu Emily hin, die schon ihre Hand ausgestreckt hatte, doch Polly schob die Hand beiseite und sagte „Wir geben uns nicht die Hand", – wonach sie Emily zu einer liebevollen Umarmung in ihre Arme schloss, die für Emily warm und handfest wirkte. Liebe strömte von Polly zu Marys Mutter und hüllte sie ein. Es war ein wahrhaft wunderbares Erlebnis für sie, das sie nie wieder vergaß. Später erhielt sie in der Séance noch eine Nelke als Apport, die sie jahrelang wie einen Schatz hütete.

Dies waren nur vier der mehr als 200 Gäste bei unseren Séancen, deren Erfahrungen alle ähnlich waren – unvergessliche, sehr persönliche und aufregende Kontakte mit liebenden Geistwesen, die sie kannten und deutlich wiedererkannten.

„Alles getürkt" lautet der übliche, wegwerfende Kommentar des Skeptikers dazu. „Jeder Zauberer könnte das machen. Man hat euch hereingelegt." Wirklich?

Ich bin mir absolut sicher, dass kein Zauberer irgendetwas Ähnliches hervorrufen könnte, das auch nur annähernd den wunderbaren Materialisationen gleichen würde wie denen, mit denen wir von Woche zu Woche gesprochen haben und die wir trafen. Denn der Zauberer hätte keine Ausrüstung und müsste in einem kleinen Zimmer in einem seltsamen Haus auf einem Wohnzimmerstuhl sitzen, und man könnte kein Fenster öffnen, ohne dass jemand aufstünde, und was auch geschähe, geschieht sichtbar für alle Anwesenden.

Und dann stelle ich euch eine ganz einfache Frage: Welchen Sinn hätte ein Betrug haben sollen? Es gab kein Motiv dafür, sei es finanziell oder anderweitig. Kein Geld wurde je verlangt, meine Mutter fand das abwegig, und alle Gäste nahmen danach das von Gladys vorbereitete Abendessen zu sich.

Auch wenn meine Mutter die Ausrüstung und die Fähigkeit dazu besessen hätte – warum sollte sie denn ihren Ehemann, meine Frau und mich und zwei sehr enge Freunde – Syd und Gladys Shipman – überlisten, zu deren Haus sie mit dem Bus anreiste, wenige Minuten bevor die Sitzung begann? Meine Mutter war bestimmt nicht asozial veranlagt. Sie war bescheiden, liebenswert, unprätentiös und warmherzig. Sie wollte immer denen helfen, die in Not waren und beschenkte alle freigebig mit den Früchten ihrer bemerkenswerten Gabe. Sie opferte jede Woche ihre Zeit, damit andere etwas davon hätten.

Mit meinen sieben Jahren Erfahrung in der Armee bin ich, denke ich, ein vernünftiger Mann, der seine Sinne beieinander hat, und ich bin davon überzeugt, dass die mehr als 1500 solide materialisierten Geistwesen, in rotem Licht wahrgenommen, diejenigen waren, die sie sagten, dass sie seien. Ich kannte die Schwester meiner Mutter, Tante Agg, wirklich sehr gut; ich war oft bei ihr gewesen und hatte bei ihr gelebt, bei dieser freundlichen und netten Frau. Ich zweifelte keine Sekunde daran, dass die materialisierte Person, die sich fast jede Woche bei uns einstellte, nicht dieselbe Dame war, die 1942 gestorben war. Mein Vater, meine Frau Doris und Sydney, die sie auch gut gekannt hatten, sahen es genauso. Und Doris wie auch ihre Mutter Annie (eine geborene Lumsden) als häufiger Gast waren in der gleichen Weise davon überzeugt, dass die „materialisierte lebhafte kleine alte Frau", die so oft auftauchte wie von Gwen beschrieben, wirklich ihre Granny Lumsden war, die bereits 1930 hinübergegangen war.

Ihr werdet im Fortgang des Buchs mehr von diesen Leuten und vielen anderen hören. Alles, worum ich euch bitte, ist, aufnahmebereit und vorurteilsfrei zu bleiben und die fesselnden Geschichten solcher freudiger Familientreffen zu genießen.

Die Freude spürt man deutlich in dem Gedicht „Wir leben", 1954 von meinem Onkel Jack Bessant geschrieben. Er war der Bruder meiner Mutter und wurde 1927 bei einem Arbeitsunfall getötet. Ich erlebte die Freude und das Privileg, das Gedicht aufschreiben zu dürfen. Er diktierte es meiner Mutter, die sich als Medium in Trance befand, also im „Schlaf", und die nichts wahrnahm, was sich um sie herum abspielte.

Jack Bessant, etwa 1914

Wir leben!

Trauert nicht um mich, ihr Lieben, denn ich bin doch hier,
Bin nicht geeilt in ferne Welten,
Und auch nicht übers Meer, weit weg vom Pier.
Ich lasse euch nicht ohne Trost, dafür geb ich mein Wort
Drum trocknet eure Tränen, lächelt und schaut her. Ich bin
nicht fort.

Die Augen hab ich offen, der Blick ist gut und klar,
Ich seh ein unvergänglich Licht,
Wo früher nur ein dunkler Schimmer war.
Der Schleier ist gelüftet, meine Lieben seh'n mich an,
Die lang zuvor gegangen; sie warten, wie sie's taten dann.

Noch hüllt mich ihre Liebe ein, die Geister sind in Sicht.
Ich kenne alles und werde erkannt.
Wir leben! Tote gibt es nicht.
Werft Zweifel und die Ängste ab, der Trost, er ist nun da:
Wir leben und wir gehn mit euch – die Lieben sind euch nah.

O meine Freunde, klagt nicht laut, vergießt doch Tränen nicht.
Ich wandere mit euch durch eurer Erde dunkle Nacht,
bis dass der Tag anbricht.
Erhebt nun dankend eure Herzen und preist den, der aus dem
Dunkel stieg.
O Tod, wo ist dein Stachel?
    O Grab, wo ist dein Sieg?

Minnie Rose Harrison, meine Mutter
(1942)

2

Meine Mutter, Minnie Rose Harrison

Minnie Rose wurde am 17. März 1895 im Middlesbrough geboren. Sie war das jüngste von 11 Kindern der Familie Bessant.

Der Vater war Zuckersieder und Konditor, und die Familie lebte zu verschiedenen Zeiten in Middlesbrough [tatsächlich in der Mitte der Insel, an der Ostküste] und in der Gegend um Bristol 300 Kilometer südlich davon. Minnies Mutter starb, als sie erst fünf Jahre alt war. Ihr Vater heiratete die Schwester seiner verstorbenen Frau, damit sie der Familie beistehen konnte, und so trat die Dame in unsere Mitte, die wir zärtlich Tantchen-Oma (Auntie-Grandma) nannten.

Während die Familie in Bristol lebte, wurde Albert, der Älteste der Familie und 25 Jahre älter als meine Mutter, als Delegierter zu einer Konferenz der Heilsarmee nach York geschickt. Als er in seiner Pension zu Bett ging, wurde seine Kerze plötzlich ausgeblasen; er zündete sie wieder an, und erneut ging sie aus. Leicht verärgert ging er zu Bett, als ihm die Bettdecke weggezogen wurde. Wir wissen nicht, wie der Rest der Nacht für ihn verlief, doch als er wieder in Bristol war, erzählte er einem Arbeitskollegen davon, der ihm vorschlug, einen Freund zu konsultieren, der Spiritualist sei.

Das Gespräch führte zur Einladung in einen privaten spiritualistischen Zirkel und in der Folge dazu, dass die ganze Familie ihre Medialität entwickelte. Die Ermutigung durch ihren Vater ließ bei meiner Mutter diese Entwicklung natürlich und unbeeinflusst vor sich gehen, und so war sie bereits als Teenager hellseherisch begabt und hörte auch Stimmen. Alle Kinder waren in unterschiedlichem Umfang medial befähigt. Fünf von ihnen – Albert, Jack, Mary, Agnes und meine Mutter Minnie – wurden zu Trancemedien.

Als meine Mutter halbwüchsig war, also wenige Jahre vor dem Ersten Weltkrieg, lebten die Bessants in der Union Street in Middlesbrough neben einem Blinden, Mr Bartle. Sie erzählte gern, wie sie mit ihrer Schwester in sein Haus eindrang, weil sie ihn überraschen wollte, er aber immer wusste, dass sie da waren – sein Gehör war so gut. Mit ihm sprachen sie über das Leben nach dem Tod, woran Mr Bartle nicht richtig glauben konnte. Jedoch gab er meiner Mutter ein Versprechen: „Wenn irgend etwas an deinem geliebten Spiritualismus dran ist, Minnie, komme ich nach meinem Tod zurück und gebe dir Bescheid." Kurz nach diesem Versprechen starb Mr Bartle, und sein Versprechen verblich mit ihm.

Als Mary, eine von Minnies älteren Schwestern heiratete und nach Bristol zog, blieb meine Mutter gern während ihrer Ferien bei ihr. Sie ging gewöhnlich in der Innenstadt herum und erforschte auch ein paar der engen Seitenstraßen. In einer dieser Gassen fand sie einen Hinweis auf eine Spiritualisten-Kirche, von denen es damals viele gab, oberhalb eines Ladens. Meine Mutter fing Feuer. Sie stieg die Treppen hoch und setzte sich in eine der hinteren Reihen.

Die Messe hatte angefangen. Das Medium war eine Frau, die meiner Mutter völlig unbekannt war, da sie Bristol ohnedies nur gelegentlich aufsuchte. Einige aus der Gemeinde erhielten Botschaften von Geistwesen, und dann kam das Medium zu meiner Mutter. Was sie ihr mitteilte, war sehr kurz, aber ziemlich erregend. Beschrieben wurde ein Gentleman, der neben meiner Mutter stehe und ihr sage, er sei blind gewesen und habe nur sagen wollen: „Ja, Minnie, es ist etwas dran an deinem geliebten Spiritualismus."

Sie war natürlich getroffen von diesem bemerkenswerten Beweis und vergaß nie, dass Mr Bartle sein Versprechen hielt, das er ihr ein paar Jahre zuvor gegeben hatte. Soweit ich weiß, war es die einzige Begegnung mit ihm, doch es mag leicht ausgereicht haben, ihren Glauben daran zu bestärken, dass es ein Leben nach dem Tod gäbe – wie sie durch ihre außergewöhnliche Medialität mehr als 30 Jahre später bewies.

Meine Mutter heiratete im April 1915 mitten im Ersten Weltkrieg Thomas Henry Harrison, der mein Vater werden sollte. Mit ihrem Vater und dessen zweiter Frau lebte sie in Middlesbrough, während ihr Ehemann, „Tosher" genannt, in Frankreich kämpfte, wo er auch in Senfgas geriet, dessen Nachwirkungen ihn bis zum Ende seines Lebens quälten.

Als ich noch ganz klein war, musste meine Mutter auch arbeiten, um den geringen Lohn aufzubessern, den mein Vater bei der Eisenbahn bezog. Sie ging also Mr und Mrs Cowell Pugh zur Hand, die eine kleine Postfiliale und einen Gemischtwarenladen betrieben. Sie waren eiserne Spiritualisten und beherbergten immer Billy Hope und Mrs Buxton, wenn diese nach Middlesbrough kamen, um Bürger der Stadt zu fotografieren, wobei auf den Fotos oft zusätzliche Details zu sehen waren, die sogenannten „Spirit Extras". Viele Mitglieder unserer Familie ließen sich so ablichten, und ich habe noch ein paar Aufnahmen als unschätzbare Erinnerung.

Mitte der 1920-er Jahre, als wir in der Shakespeare Street lebten, machte meine Mutter ihr erstes Geschäft mit selbstgemachten Sahnebonbons auf. Diesem Erwerb ging sie viele Jahre in verschiedenen Häusern nach, die sich meist in der Nähe von Schulen befanden. Ihr Vater gab dreien seiner Kinder seine „Handels-Geheimnisse" weiter. Die anderen zwei waren Onkel Toss und Tante Agg, die beide eine Reihe von Jahren gut laufende Konditoreien in Middlesbrough hatten. Unser Haus stand direkt gegenüber dem Schulhof, also ideal, damit die Schulkinder auf dem Hin- und Rückweg ihr Kleingeld bei uns ließen. Sie fanden eine gute Auswahl vor, darunter Minze-Stein, Anis-Twist, Nußbonbons und Pfirsichtropfen [pear drops, klang fast wie Tränen, tear drops], die entstanden, indem die fast fertigen Bonbons durch eine Messingwalze gedreht wurden, die mit Zähnen versehen war. Am beliebtesten waren die Sirupbonbons; für einen Penny war ein Viertelpfund zu haben. Sie machte meine Mutter aus ihrem Spezialmix von braunem Zucker mit einem Tupfer Creme aus Weinstein, damit das Produkt in feuchtem Wetter nicht schmierig wurde. Wenn Äpfel in passender Größe verfügbar waren, liefen Sahnebonbonäpfel auch ganz gut.

Da meine Mutter Kinder immer geliebt hatte, betrachtete sie ihre Stammkunden fast als ihre Familie, und manchmal vergab sie so ganz nebenbei, wie das ihre Art war, Tüten mit einem innen aufgedruckten T, das ein glücklicher Buchstabe war, denn er verlieh dem oder der Glücklichen das Anrecht auf eine Gratis-Tüte Bonbons am nächsten Tag. Mam sorgte immer dafür, dass die T-Tüten, die sich an einem gesonderten Platz befanden, an Kinder gingen, die es verdient hatten. Mam war dem heutigen Handel mit seinen Prämien und Preisen weit voraus.

Um unsere Einkünfte aufzubessern, verkauften Mam, Dad und ich mit ein paar unseren Freunden die Süßigkeiten an Samstagen auch an Ständen der regionalen Märkte von Stockton, South Bank und Redcar. Ich kann mich gut erinnern, wie ich laut unsere Schätze anpries, um Passanten für unsere selbstgemachten Sahnebonbons zu gewinnen, und es gab eine Menge zufriedener Käufer, die mich mit einem Lächeln, einem freundlichen Wort oder einem halben oder einem ganzen Extra-Penny bedachten. Manchmal ging ich mit Sixpence in der Tasche nach Hause, und das war für einen Zehnjährigen eine Menge Geld! Einer der Höhepunkte jener Tage war gekommen, wenn ich mit einem schicken Metallhammer die Bonbontafeln zerschlagen durfte. Was war das für ein Spaß! Die Bonbontabletts transportierten wir in zwei oder drei Metallkoffern im Bus. Das waren anstrengende und ausgefüllte Tage, vor allem, wenn es regnete oder die Straßen mit Eis und Schnee bedeckt waren, aber wir schafften es immer, rechtzeitig anzukommen. Damals war es ein Segen, die halb erfrorenen Finger an einen Becher mit heißer Fleischbrühe aus dem Teeladen nebenan zu wärmen, der einen Penny kostete!

Ich kann es heute kaum mehr glauben, wie meine Mutter es fertigbrachte, die Riesenmenge Zucker auf dem kleinen Gaskocher, den wir hatten, zu schmelzen; wie mein Vater das kleine Auslagenfenster und den Verkaufstresen in dem winzig kleinen Wohnzimmer unseres gemieteten Hauses hinzimmerte, was beides jeden Abend abgebaut werden musste wegen der vielen Leute, die uns besuchen kamen. Unsere Tür stand Freunden und Verwandten immer offen, von denen viele keine Arbeit hatten, und im Rückblick denke ich mir, dass Mam viel Geld aus dem Laden dazu hernahm, allen etwas zu essen zu geben und ihnen zu helfen. Doch das war typisch für meine Mutter – sie war ihr Leben lang immer großzügig. Sie opferte sich für die anderen auf, wie sie es auch tat, als Doris und ich unsere Familie mit drei Jungs und drei Mädchen aufzogen. Ich habe das erst nach ihrem Tod entdeckt – aber sie hätte es nie an die große Glocke gehängt.

In den späten 1930-er Jahren empfahl Tante Agg – zehn Jahre älter als ihre Schwester und bereits professionell als Medium in London bei der Marylebone Spiritualist Association tätig – meine Mutter dort als Medium. Diese bestand alle Testsitzungen, beschloss aber, nicht mit Tante Agg zu arbeiten, sondern in Middlesbrough zu bleiben. Das Geld, das es für Sitzungen in London gab, musste für jemanden, der sich in der harten Zeit damals durchschlug, verführerisch gewesen sein, aber ich glaube, es war genau der Punkt, der sie dazu brachte, abzusagen, denn sie konnte es nie über sich bringen, Geld für ihre

Tante Agg gibt 1938 in der Queen's Hall, London, eine Demonstration (Daily Mail, 1938)

Séancen zu verlangen. Kein Teilnehmer am Saturday Night Club musste jemals eine Gebühr bezahlen – meine Mutter verabscheute es, Geld zu verlangen, trotz unserer klammen Finanzen.

Meine Mutter war seit ihren Jahren als Teenager wie ihre Brüder und Schwestern aktives Mitglied im Lyceum, der Sonntagsschule der Nationalen Spiritualisten-Union (Spiritualist National Union, SNU). Dort schloss sie enge Freundschaft mit Charles und Annie Hudson, die eingeschworene Gefolgsleute und Mitarbeiter der Spiritualistenkirche Middlesbrough waren. Doris, die Zweitälteste ihrer Familie mit zehn Kindern, wurde von meiner Mutter bevorzugt, die auch dafür sorgte, dass Doris und ich gut miteinander bekannt wurden. Meine Mutter war in allen Kirchen der Gegend als Medium bekannt und reiste mit Sydney Shipman zu Auftritten bei den Messen. Sydney hatte sich zu einem guten Redner über die philosophischen Aspekte des Spiritualismus ausgebildet, und meine Mutter stellte den Kontakt zu denen in der Geistigen Welt her.

Ich kann mich noch gut erinnern, wie nervös in den späteren Jahren meine Mutter vor den Treffen in der Kirche von Middlesbrough war, die ich leitete. Sie hatte Angst, es würde sich möglicherweise kein Geist melden. Sobald sie dastand, um sich als Kontakt zur Geistigen Welt zur Verfügung zu stellen, versank sie in einen schlafähnlichen Zustand, in eine tiefe Trance, und dann fungierte ihre Schwester Agnes als ihre „Kontrolle" und moderierte alle Kontakte von drüben zu den Anwesenden; das war Trance-Hellsehen, eine seltene Art der Medialität.

Schon 1940 wurde meine Mutter wegen Krebs operiert, und die Vorfreude, Großmutter zu werden, half ihr bei der Genesung. Als sich jedoch unser Erstgeborener einstellte, war die positive Wirkung fast schon wieder dahin. Sobald Doris erkannte, dass der Termin in wenigen Tagen war, zogen meine Eltern bei ihr ein, um ihr zur Seite zu stehen.

In den frühen Morgenstunden des 23. Februar 1942 hatte mein Vater Botendienst. Er rief die Hebamme an und ging zu Doris' Mutter, um ihr zu sagen, dass es soweit wäre, und sie kam gleich zu uns herüber. Es hatte in Middlesbrough seit dem Abend zuvor geschneit; nun lag der Schnee fast 40 Zentimeter hoch und fiel immer noch vom Himmel. Die Hebamme schaffte es nicht, die zwei Meilen auf dem Fahrrad zu unserem Haus in der Lambeth Road zu fahren. Damals hatten Hebammen noch keine Autos.

Da die Hebamme ausblieb, musste Doris ihre eigenen Kenntnisse nutzbar machen. Weder meine Mutter noch Mrs Hudson hatten je zugeschaut, wie ein Kind geboren wurde, auch wenn Doris' Mutter ja zehn Kinder zur Welt gebracht hatte. Nun konnten sie etwas lernen! Nach Doris' Instruktionen kam Colin gut zur Welt. Die Hebamme traf wenig später ein und kümmerte sich um die „Aufräumarbeiten". Es muss eine aufregende Nacht für alle gewesen sein!

Die ganze Zeit des Krieges über und während ich in der Armee Dienst tat, gingen meine Mutter und mein Vater mit Doris jeden Samstag zu Sydney und Gladys Shipman. Da wurde dann geplaudert und gesungen. Syd spielte Geige, und Gladys begleitete ihn am Klavier. Wenn ich einmal frei hatte, gesellte ich mich dazu. Wenn ich mit meiner Einheit zufällig im Vereinigten Königreich war, tat ich alles, um eine Telefonzelle zu finden, und dann rief ich Syd und Gladys an oder sprach mit Doris und meinen Eltern, die in ihrem Geschäft einen Telefonapparat hatten, der ein wichtiges Verbindungsglied zwischen uns sechsen war.

Nach der Demobilisierung im März 1946 gingen wir weiterhin jeden Samstag Abend ins Haus von Syd und Gladys und verbrachten eine schöne Zeit. Erst drei Wochen später machte Syd den Vorschlag, wir sollten doch einen privaten spiritualistischen Zirkel, einen Home Circle gründen, dem alle begeistert zustimmten, ohne auch nur annähernd zu ahnen, welche unglaublichen Resultate wir in den nächsten Jahren erzielen sollten. Die Medialität meiner Mutter verblüffte und erstaunte uns, nicht nur durch die Schnelligkeit, mit der sie sich weiterentwickelte, sondern auch durch ihre unerwartete Qualität. Der 6. April bedeutete den Beginn von etwas Einzigartigem und Besonderem: Der Saturday Night Club wurde ins Leben gerufen.

Gegen Ende 1946 sprachen Mam und ich über den Plan, zusammen einen Fisch-und-Chips-Laden zu betreiben, während Dad weiter im Materiallager der Eisenbahn arbeiten würde. Das war ein Geschäftszweig, in dem wir keinerlei Erfahrung besaßen, aber wir wollten unser Glück versuchen. Nach wenigen Wochen wurde plötzlich ein Ladenlokal in der Garnet Street frei, und wir beschlossen, uns darum zu bemühen.

Wir eröffneten unser Fisch-und-Chips-Geschäft Anfang Dezember. Mam und Dad verkauften ihr Haus in der Langford Street, von wo ich weggeheiratet hatte, und zogen Ende des Monats in das lebhafte Viertel, in dem der neue Laden lag. Die Ware unterschied sich ziemlich von den früheren Sahnebonbons, doch das Geschäft erwies sich als recht erfolgreich. Bald nahmen wir wöchentlich 80 Pfund ein, und es blieb ein ansehnlicher Gewinn übrig, mit dem sich mein früherer Lohn nicht messen konnte. So konnten wir unseren Alltag angenehmer gestalten.

Schließlich verkauften wir den Laden in der Garnet Street an einen Angehörigen von Mary – Mams Schwester – in Bristol. Mam und Dad erwarben ein anderes Fisch-und-Chips-Lokal in der Bow Street, wo sie ein paar Jahre blieben. Als sich Dads Atemprobleme verschlimmerten, verließ er die Eisenbahn und half bei der Zubereitung des Fischs und der Kartoffeln mit. Mam und Ethel - eine der Töchter von Onkel Toss, die wir nur als „Eth" kannten, eine freundliche und fröhliche Witwe – standen im Geschäft. Als sich bei meiner Mutter der Krebs auszubreiten begann und sich ihre Gesundheit verschlechterte, verkauften meine Eltern den Laden und lebten dann bei uns in der Oxford Road.

Wenn sie sich dann im Rahmen unseres Zirkels in das Kabinett gesetzt hatte, vor den Materialisationsphänomenen, trugen wir mit dem Lied *Stille Nacht* dazu bei, dass Mam leichter in Trance fiel. Wir sangen gewöhnlich zwei Strophen, bevor Sunrise aus dem Kabinett zu uns sprach, wenn er bereit war, die Phänomene beginnen zu lassen. Im Jahr 1948, als es auf das Christfest zuging, waren Doris und meine Mutter in der Stadt beim Einkaufen. Sie gingen in eines der Cafés, und aus den Lautsprechern kamen leise Weihnachtslieder, was sehr angenehm gewesen sei, berichtete Doris später - bis *Stille Nacht* kam. Sobald dieses Lied erklang, schloß meine Mutter die Augen und, durch den Einsatz des Liedes bei unseren Sitzungen konditioniert, glitt sie allmählich in Trance. Doris musste sie öfter beim Namen rufen und sie wach halten, damit sie ihren Kaffee trinken konnte. Was wäre gewesen, wenn meine Mutter allein gewesen wäre? Sicher wäre ihr nichts geschehen. Dafür hätten Sunrise und Tante Agg gesorgt, aber die anderen Besucher des Cafés hätten sich gewundert, und für meine Mutter wäre es etwas peinlich gewesen.

Der ersten Operation 1940 folgten über die nächsten achtzehn Jahre weitere kleinere Eingriffe und Behandlungen, und die Spezialisten waren verwundert, wie gut sich meine Mutter hielt. Sie gingen sogar so weit zu sagen: „Jemand hilft Ihnen mehr, als wir es können." Mr Jones, ein guter Freund ihres Arztes, erzählte ihm dann von Sunrise und den Vorzügen des Geistigen Heilens.

In den wöchentlichen Sitzungen unseres Zirkels erhielt Mam, während wir um sie herumsaßen, aus der Geistigen Welt Heilenergie, wofür sie so dankbar war! Normalerweise hatte sie Schmerzen, besonders im linken Arm, die sie nicht schlafen ließen. Nur nach unserer Séance Samstagnacht genoss sie fünf Stunden ungestörten und erholsamen Schlafs. Nach ihrer Brustamputation 1940 war ihr linker Arm beträchtlich angeschwollen und ließ sich, an der Seite hängend, nur eine Handbreit bewegen, außer wenn Sunrise die Kontrolle übernahm, normalerweise am Ende der Trompetenphänomene.

Wenn wir dann für den zweiten Teil des Zirkels, die Materialisationen, das rote Licht einschalteten, führte Sunrise oft dieses einzigartige „Heilwunder" auf. Er sprach durch meine Mutter und ließ sie aufrecht stehen, ließ sie ihren linken Arm langsam nach vorn heben und ihn schnelle Kreise beschreiben, wobei er wiederholte: „Ich gebe Meedi Heilung." (Sunrise nannte meine Mutter immer „meine

Meedi".) Das dauerte eine Minute, und dann ließ er sie sich wieder hinsetzen und begab sich ins Kabinett, hinter sie.

Wir staunten immer wieder, wenn wir sahen, wie Mutters Arm, den sie normalerweise kaum bewegen konnte, pausenlos herumwirbelte. Sie konnte es fast nicht glauben, wenn wir es nach der Sitzung erzählten, aber sie war Sunrise sehr für seine Hilfe dankbar, die es ihr gestattete, ihre Arbeit zum Wohle der Geistigen Welt fortzuführen. Ihr Arm ließ sich weiterhin nur beschränkt bewegen, jedoch wurde die Behinderung nicht schlimmer, ganz gegen die Vorhersagen der Mediziner. Auf dem Band mit der Aufnahme der Christmas Party ist Sunrise mit dem Worten zu hören: „Wir sorgen dafür, dass Meedi körperlich in Form bleibt, damit sie die Arbeit tun kann."

Wie wussten, dass die Geister immer in der Nähe waren, vor allen Dingen ihre Schwester Agg, zu der sie eine besonders enge Beziehung hatte. Dies konnten wir im Krankenhaus erleben, wo sie sich einer kleineren Operation unterziehen musste, damit sich der Krebs nicht weiter ausbreitete. Bei einem unserer Besuche hatten Doris und ich die Erlaubnis, die ganze Stunde der Besuchszeit an ihrem Bett zu sitzen, bis die Wirkung des Narkosemittels abgeklungen wäre, was, wie wir erfuhren, noch eine Weile dauern könne. Die Station war voll mit anderen Besuchern, die mit ihren kranken Freunden sprachen, während wir einander gegenüber am Bett saßen und versuchten, Mam spirituelle Heilenergie zu senden.

Wir saßen ruhig uns gegenüber an den Seiten des Bettes und hielten ihre Hand, schauten auf ihr Gesicht, und zwischendurch bemerkten wir einmal völlig verwundert, dass sie mit noch geschlossenen Augen uns anlächelte. Anscheinend wollte sie uns etwas sagen, also lehnten wir uns vornüber und versuchten, aus dem allgemeinen Geräusch, das uns umgab, ihre Worte zu erlauschen. Als wir unsere Gesichter dem ihren näherten, begriffen wir beide, dass Tante Agg sie kontrollierte. „Tante Agg?" fragte ich. - „Ja. Ich kam nur rasch vorbei, um euch zu sagen, dass unsere Min bald wieder auf dem Damm ist. Wir kümmern uns um sie." Und dann war sie auch schon wieder weg, und niemand auf der unruhigen Station hatte mitgekriegt, was sich bei uns ereignet hatte. Die vielen Besucher konnten nicht verstehen, was wir soeben erlebt hatten – unter solchen Umständen ein kleines Wunder, das einmal mehr die enge Beziehung der beiden Schwestern bewies.

Schließlich wurde es mit dem Krebs immer schlimmer. Er war der Grund für ihren Hinübergang in die Geistige Welt am 7. November 1958, im Alter von 63 Jahren. Ihr Dahinscheiden riss bei uns selbstverständlich eine große Lücke. Abgesehen vom greifbaren Verlust meiner Mutter und dem Verlust der geliebten „Narnee" für meine Kinder verloren wir mit ihr auch den regelmäßigen, wunderbaren physischen Kontakt zu unserer Familie, zu den Freunden und den Helfern in der Geistigen Welt, den wir 12 Jahre lang so intensiv gepflegt hatten. Mit ihrer medialen Begabung und ihrem treusorgenden Wesen hatte sie das Leben so vieler Menschen bereichert.

Wir sitzen weiterhin in einem privaten Zirkel, in dem einige Familienmitglieder ihre Fähigkeiten als Mentalmedium oder leichtes Trancemedium weiterentwickeln; das Talent meiner Mutter, das so selten und wunderbar war, ist jedoch weder auf mich noch auf eines unserer sechs Kinder übergegangen, und das Kapitel Saturday Night Club war abgeschlossen. Seitdem habe ich jedoch als Mitglied eines anderen, hervorragenden Zirkels mit ihr und meinem Vater gesprochen, auch ihre Berührung gespürt, und ich weiß, dass sie dort ein glückliches Leben führen ohne den Schmerz und die Misshelligkeiten, die sie auf Erden durchmachten.

Danke, Mam, für die liebende Fürsorge, die du uns und anderen zuteil werden hast lassen.

*Tom mit 3 Jahren, mit seiner Mutter und seinem Vater
1922*

3

Ein paar Worte über mich

Natürlich werdet ihr euch fragen, wer es ist, der diese höchst ungewöhnliche Geschichte über das Leben nach dem Tod schreibt, und das ist euer gutes Recht. Bin ich ein Exzentriker, der in einer Traumwelt lebt? Oder bin ich doch ein ganz normaler Mensch mit einem normalen Leben, das insofern ein besonderes war, als ich einzigartige Beispiele paranormaler physikalischer Phänomene durch die erstaunliche Medialität meiner Mutter Minnie Harrison erleben durfte? Ich glaube, Letzteres trifft zu. Ich bin ein normaler Mann wie all die anderen, aber ein kurzer Abriss meines Lebens könnte bei der Bildung eines eigenen Urteils darüber helfen.

Geboren wurde ich in Middlesbrough (Nord-Yorkshire) am 8. August 1918 und somit auf dem Höhepunkt der Grippe-Pandemie, die weltweit etwa 15 Millionen Menschen das Leben kostete. Meine Mutter war 23 Jahre alt und litt unter einem schwachen Herzen. Ich erfuhr später, dass ich von frühester Kindheit an als „schwächliches" Kind galt. Meine Gesundheit blieb dennoch so stabil, dass ich die dunklen Jahre der Depression zwischen den Weltkriegen überstehen konnte. Mein Vater war im Ersten Weltkrieg in die Gräben abkommandiert worden und geriet in einen Gasangriff, wurde an der Somme am Bein verwundet und konnte froh sein, eine feste Stelle als Kontrolleur bei der Nordöstlichen Eisenbahn zu bekommen.

Sein Wochenlohn betrug etwa zwei Pfund, was keine fürstliche Summe war, aber doch wesentlich mehr als das, was die vielen tausend Arbeitslosen im Nordosten in Form einer Unterstützung bekamen. Es gab auch Leute, die gar nichts erhielten. Ich muss zugeben, dass ich zu jung war, um mich an die schlimme Zeit damals zu erinnern und das Glück hatte, als Einzelkind eine behütete Kindheit gehabt zu haben.

Damals lebten wir in einem sehr kleinen Haus in der Shakespeare Street zur Miete, und vor der Tür stieß man zum eigenen Missvergnügen immer gleich auf die Toilette und die Kohlenkammer. Ein eigenes Bad hatte niemand von allen, die wir kannten. Bei uns war der Freitag der Abend des gemeinsamen Bads, und die Zinkbadewanne stand vor dem offenen Kamin. Unsere Hausnummer 95 lag gegenüber dem Hintereingang der Victoria Road School, die ich trotz diverser Umzüge besuchte, bis ich elf Jahre alt war und ein Stipendium für die Middlesbrough High School gewann. Mathematik und wissenschaftliche Fächer mochte ich immer am liebsten, und 1934 erhielt ich mein Reifezeugnis. Ich sah ein, dass ich nie die Universität würde besuchen können, da es viel zu wenig Plätze gab. 1935 hatte ich das Glück, in jenen schwierigen Zeiten eine Stelle als Juniorangestellter in einer kleinen neuen Gesellschaft zu bekommen, die sich in Billingham niedergelassen hatte. British Titan Products (B.T.P.), später in Tioxide umbenannt, ist nun ein großes Firmenkonglomerat mit einer weiteren großen Fabrik auf der Südseite des Flusses Humber.

Zur Schule ging ich gern, und mit Vorliebe betrieb ich Sportarten wie Leichtahtletik, Fußball und Rugby. So erstritt ich mir meine „Schulfarben", eine Auszeichnung, die damals nur guten Sportlern vorbehalten blieb. Die vier Jahre bei B.T.P. genoss ich auch, und dazu gehörte sogar die 25 Kilometer lange Fahrradfahrt zur Arbeit und dieselbe Strecke zurück ... bis die Regierung 1939 beschloss, Trupps von 20-jährigen Zivilarbeitern zusammenzustellen (die Vorläufer des National Service; in Deutschland hieß das während des Nationalsozialismus "Arbeitsdienst"). Das führte dazu, dass ich und 200 andere uns am 15. Juli beim Königlichen Pionier-Korps in Aldershot melden mussten. Wir sollten 6 Monate Dienst tun, während der uns unsere Arbeitsstelle zugesichert blieb, doch wegen der Kriegserklärung am 3. September dauerte das Engagement den ganzen Zweiten Weltkrieg, was sich auf über sieben Jahre addierte. Wiederum meine ich, Glück gehabt zu haben, denn ich erlebte einen (um es salopp zu sagen) „ruhigen" Krieg, freilich mit den üblichen Einschränkungen und der Sorge um die Familie daheim.

Aber lasst mich drei bedeutsame Geschehnisse mit paranormalen Phänomenen physikalischer Art erzählen, die in die Jahre vor meiner Zeit in der Armee fielen. Bei uns kam immer eine Menge Freunde vorbei, aber ein Abend in der Woche war ein ganz besonderer, denn es traf sich ein und dieselbe Gruppe von Leuten in dem kleinen Wohnzimmer in der Shakespeare Street. Ich war damals höchstens vier Jahre alt und freute mich daran, meiner Mutter am kleinen Harmonium zuzuhören, während die meist sieben Freunde stimmungsvolle Lieder sangen. Ich wusste nicht, worum es da an dem Abend ging, aber bevor ich einschlief, hörte ich, im Bett liegend, noch zu ... Da wurde ich von einer ziemlich lauten, seltsamen Stimme geweckt, die aus dem Zimmer unten kam. Neugierig wie immer, schlich ich mich das offene Treppenhaus hinunter, um nachzusehen – und im Schein der glimmenden Scheite saß die Gruppe um das Feuer, und der Bruder meiner Mutter, Onkel Jack, stand vor ihnen und sprach mit dieser seltsamen Stimme. Er wurde vom Geist eines amerikanischen Indianerhäuptlings „kontrolliert", der sein hauptsächlicher Geistführer war. Mam sah mich auf den Stufen und winkte mich zu sich; ich setzte mich ihr auf den Schoß. Ich weiß noch, dass ich kein bißchen Angst hatte und mich ganz behaglich fühlte, aber an mehr erinnere ich mich nicht. Ich bin wohl schnell eingeschlafen und wurde dann wieder hinaufgetragen ins Bett. Das war meine Einführung in Trancephänomene in einem ungewöhnlich frühen Alter.

Bei meiner nächsten Erinnerung bin ich 17 Jahre alt. Ich verbrachte die Ferien mit meinen Eltern in Tante Aggs Haus in Cricklewood bei London. Tante Agg war, wie ich schon sagte, ein professionelles Medium bei der Marylebone Spiritualist Asscociation (MSA, später in SAGB umbenannt), führte aber immer noch ihren eigenen privaten

Zirkel, wo sie „Trompetenmedium" war. Mam und Dad saßen mit in der Runde, doch mir bedeutete das damals nichts, und so gingen mein Cousin Terry und ich in ein Café. Als wir zurückkamen, saßen die anderen immer noch beieinander. Wir gingen ruhig in die Küche, und ich bemerkte noch, dass ich das alles für einen „Haufen Unfug" hielte. Ein paar Minuten später waren sie fertig und luden uns ein, zu ihnen ins Wohnzimmer zu kommen.

Als wir eintraten, wiederholte ich meinen Spruch – „Das ist doch ein Haufen Unfug" –, und die Teilnehmer brachen in lautes Gelächter aus. Anscheinend hatte einer der Geistführer von Tante Agg, Paddy, ihnen kurz zuvor Folgendes verraten: „Junger Herr sagt, alles Haufen Unfug." Ich blieb bei meiner Meinung und wollte nicht einsehen, dass ich mich irrte; wie sehr ich mich geirrt hatte, lernte ich erst elf Jahre später in unserem privaten Zirkel, und ich erfuhr alles über die Trompete und andere Formen physikalischer Phänomene, Materialisationen eingeschlossen.

Die eindrücklichste Erinnerung habe ich an eine Szene, als ich 19 Jahre alt war. Mir war erlaubt worden, im Materialisationszirkel von Helen Duncan zu sitzen, wobei meine Mutter als „Gastgeberin" für einen Freund fungierte, Sam Ingham, in dessen Haus die Séance stattfand. Zu der Zeit wusste ich sehr wenig über Materialisationen, aber gelesen hatte ich darüber und interessiert war ich auch sehr. Meine Mutter gehörte zu den Damen, die an Helen den üblichen „Strip search" vornahmen, sie also entkleideten und genau untersuchten, als sie nackt war. Danach legte das Medium ein einfaches schwarzes Gewand an und war bereit für die Sitzung. Die Damen begleiteten es zum Kabinett, um sicherzustellen, dass es auf dem Weg dorthin keine Gegenstände an seinem Körper befestigen konnte. Andere unparteiische Teilnehmer hatten den Raum untersucht, und Helen nahm auf einem einfachen Esszimmerstuhl hinter dem schwarzen Vorhang Platz, der sich in der entfernten Ecke neben dem Kamin befand.

Die Séance wurde bei schwachem rotem Licht abgehalten, und ich wurde in die dritthinterste Reihe verwiesen und konnte die Geistwesen, die in Ektoplasma eingekleidet vor dem Kabinett standen, darum auch nicht genau beschreiben. Von diversen Teilnehmern, die näher dabeisaßen, wurden sie offenbar wiedererkannt. Albert, Helens Erster Geistführer, trat als „Zeremonienmeister" auf, und der ganze Abend gestaltete sich äußerst vergnüglich. Für meine Mutter und mich kam dann der Höhepunkt – mit der letzten Materialisation.

Es war Mutters Bruder Jack, der etwa zehn Jahre zuvor bei einem Arbeitsunfall ums Leben gekommen war und den ich auch an jenem Abend in Trance sprechen hatte hören, als ich bei meiner Mutter auf dem Schoß saß. Er baute sich sehr stark auf, blieb rund vier Minuten und sprach deutlich zu meiner Mutter, die in der ersten Reihe saß. Nachdem er sich hinter den Vorhang begeben hatte, hörten wir ihn noch zu Albert sprechen, der dann verkündete, dass diejenigen, zu denen „dieser Gentleman" Kontakt gehabt habe, die richtige Energie für physikalische Phänomene mitbrachten. Obwohl meine Mutter damals schon ein recht gutes Mentalmedium war, begriffen wir diese unerwartete und bedeutungsvolle Information nicht zur Gänze, die ja noch dazu von einer sehr verlässlichen Quelle kam. Wir konnten nicht ahnen, dass sich, was Albert seinerzeit bei jenem hochspannenden Abend Helen Duncan gesagt hatte, sich in unserem eigenen Zirkel bewahrheiten würde.

Ich erinnere mich, dass mich meine Mutter schon früh jeden Sonntag in die Lyceums-Sonntagsschule mitnahm, wo ich Freundschaft mit so vielen Kindern schloss und auch interessante Lektionen über das Leben in der Geistigen Welt erhielt.

Dort geschah es, dass Doris und ich, als wir Halbwüchsige waren, uns kennenlernten. Unsere Freundschaft wurde enger, und mir gefiel es, zur Hudson-Familie mit ihren zehn Kindern zu gehören, die alle das Lyceum besuchten. Unsere Freundschaft wurde noch intensiver, ich warb um sie, und am 2. April 1940 wurden Doris und ich in der Spiritualistenkirche von Middlesbrough getraut, als ich zum zweiten Mal Heimaturlaub von der britischen Expeditionsarmee bekommen hatte, die in Frankreich stationiert war. Aus meiner Dienstzeit als Fahrer für die Kartierungseinheit des Field Survey ist nichts Bemerkenswertes zu berichten, außer dass ich vom Fahrer zum Korporalangestellten befördert wurde und die Jahre den Beinamen „Kriegslangeweile" bekamen (Bore War) – bis die Deutschen die Verteidigungsstellungen der französischen Maginot-Linie umgingen und uns, die wir nicht zur kämpfenden Truppe gehörten, zu einem eiligen und unangenehmen

Die Spiritualistenkirche von Middlesbrough in der Grange Road, wo auch der Unterricht des Lyceums stattfand. Hier traf ich Doris, als wir Kinder waren, und hier haben wir auch geheiratet.

Rückzug nach Dünkirchen zwangen, wo wir es auf eines der letzten Schiffe schafften, die den Hafen verlassen konnten.

Sobald wir in Dover gelandet waren, steckte man uns in einen Zug, und Endstation war Llandudno in Nordwales. Dort blieben wir vier Monate, bevor wir von Glasgow ablegten und nach vier Tagen Fahrt auf rauher See in Island ankamen, um dort ein wenig die wichtigsten Häfen der Nord- und Ostküste zu kartieren. Wir waren in der Hauptstadt Reykjavik stationiert, zunächst in glockenförmigen Zelten auf hart gefrorenem Untergrund, bis schöne Hütten auf dem Landstreifen neben den Büros unseres Hauptquartiers an der Küstenlinie bereit waren.

Mir sind ein paar dauerhafte Eindrücke von unserem einjährigen Aufenthalt in Island geblieben. Dazu gehörten die unverändert unter Null liegenden Temperaturen, an die wir uns erstaunlich schnell gewöhnten sowie die „ewige Nacht" in den Wintermonaten, als das einzige Tageslicht, das wir sahen, aus zwei Stunden Dämmerung um die Mitte des Tages bestand. Da es kein frisches Gemüse gab, schluckten wir unsere tägliche Ascorbin-Tablette, um Skorbut zu verhüten, aber wir durften uns sicher nicht beklagen, vergleicht man es mit der Lage der Armee in den Kampfgebieten und der zivilen Bevölkerung unter dem Horror der Bombardierung so vieler britischer Städte, wovon wir nur am Radio hörten.

Die lebhafteste Erinnerung jedoch betrifft die wenigen Wochen der Aurora borealis – der Nordlichter mit ihrer wunderschönen Szenerie und den unvergesslichen Farben. An den Abenden saßen wir oft am zugefrorenen See im Zentrum von Reykjavik, über die erfahrene Schlittschuhläufer glitten, und genossen das Spektakel. Die Bahnen des großen vielfarbigen Vorhangs, der scheinbar aus den oberen Himmelsregionen herabhing, wurden wie von einem unsichtbaren Riesen hin- und herbewegt, und sie hingen so tief, als wollten sie die Läufer liebkosen: Es war ein atemberaubender Anblick.

Als wir im Juli 1941 ins Vereinigte Königreich zurückkehrten, wurde ich zu meiner Freude zum Feldwebel befördert. Wir waren in Avebury in Wiltshire auf dem Anwesen des berühmten Rennpferdtrainers Fred Darling stationiert, wo wir einige hervorragende Vollblüter sahen, unter ihnen einige Sieger von Klassiker-Rennen. Mein Rang gestattete es mir, privat im Dorf zu leben, wohin Doris auf ein paar Monate zu mir kam.

Die Einheit wurde nun rasch neu aufgerüstet, um in den Nahen Osten geschickt werden zu können, und die Aussicht auf die große Hitze machte mir Sorge. Jedoch kam wenige Wochen vor der Einschiffung die für mich überraschende und erleichternde Nachricht, dass ich als Lehrkraft für den Landvermesser-Lehrgang HQ in Wynnstay Hall bei Ruabon in Nordwales vorgesehen war, mitten in einer wunderbaren Landschaft. Ich bedankte mich postwendend und innig bei meinen Schutzgeistern für ihre fortdauernde Hilfe. In Ruabon zu leben hieß, dass ich 12 Stunden nach der Geburt unseres Sohnes Colin, am 23. Februar 1942, bei Doris und unserem Erstgeborenen sein konnte, um mit ihnen einige Tage zu verbringen. Das Leben in der Feldwebelmesse in Wynnstay Hall war ziemlich angenehm, zudem war ich durch den Umstand begünstigt, für das Offizierstraining im Landvermesser-Corps der Königlichen Armee vorgeschlagen worden zu sein, wo ich nach viermonatigem Training im Juli 1943 zum Oberleutnant befördert wurde.

Nach einer weiteren sechsmonatigen Ausbildung bei der Abteilung Motorteile in Chilwell, einem der größten Gerätedepots der Armee, wurde ich zum 14. Vorgerückten Gerätedepot versetzt, das mobilisiert worden war, um in Erwartung der Landung in der Normandie im Juli 1944 die Truppen an der Front zu unterstützen. Die Landung wenige Tage nach dem D-Day war recht anstrengend und furchterregend, aber die Einheit blieb intakt und baute einige Kilometer im Hinterland – in der Nähe des Dorfes Andrieu – ein Depot auf. Vor ein paar Jahren habe ich es bei einer Fahrt von Spanien nach Calais wiedergesehen. Uns fiel die Aufgabe zu, die kämpfenden Truppen mit Ersatzteilen zu versorgen. Das bedeutete ständiges meist nächtliches Reisen zur Küste und eine Fahrt über einen halben Kilometer hinaus aufs Meer, vorbei an schwankenden Pontons zum Abladegebiet im Mulberry-Hafen, um die Ersatzteile aufzunehmen, die von Schiffen gebracht worden waren. Nach der Kapitulation Deutschlands zog die Einheit nach Glinde bei Hamburg, wo ich im März 1946 demobilisiert wurde.

Damit endete mein geplantes sechsmonatiges Armeetraining sieben Jahre später, und ich ging auf meinen Posten als Juniorangestellter bei British Titan Products in Billingham zurück. Ich stand wieder im bürgerlichen Leben, mit einer Famile von drei Kindern und vermutlich einem vierten, das in wenigen Monaten erwartet wurde. Nach Jahren mit viel Verantwortung in der Armee kam mir das Leben des untergeordneten Angestellten mit geringem Lohn ziermlich schäbig vor, und ich musste einen Ausweg finden, um das Familieneinkommen aufzubessern. Die Partnerschaft mit meiner Mutter bei dem Fisch-und-Chips-Geschäft erwies sich als sehr hilfreich, und das wurde mit ein paar Pfund aus einem Mathematikunterricht an Abendschulen veredelt.

Wichtiger war indessen, dass im April – gerade drei Wochen nach meinem Abschied von der Armee – die erstaunlichsten und erregendsten acht Jahre meines „sozialen Lebens" begannen. Bei dem üblichen Treffen Samstagabend im Haus von Syd und Gladys schlug Syd vor, wir sollten einen privaten Zirkel gründen, einen Home Circle. Wir hatten keine Ahnung, welche Wunder auf uns warteten und wie segensreich es sein würde, all das zu erleben – und dass ich fünfzig Jahre später ein Buch darüber schreiben würde.

1945, Kriegsende. Zurück bei der größer werdenden Familie

4

Was verstehen wir unter ...?

Da dieses Buch – meine Geschichte – sich mit der paranormalen Kommunikation und derjenigen mit Geistern in ihren vielen unterschiedlichen Formen durch mentalen und physikalischen Mediumismus befasst, halte ich es für sinnvoll, zu Beginn einige Schlüsselbegriffe zu erläutern, die meinen Lesern womöglich nicht geläufig sind.

DIE GEISTIGE WELT oder Ätherische Welt, auch Seelenwelt (Soul World) genannt, sind Ausdrücke für das, was ich gern „Die Welt in unserer Mitte" bezeichne. Wenn wir unseren physischen Körper verlassen, lebt unser Geist in seinem Ätherischen Körper zusammen mit der Seele und dem Bewusstsein (mind) weiter und bewegt sich mit rascheren Schwingungen, ohne vom Gefäß eines irdischen Körpers eingeschränkt zu sein. Der neue Leib nimmt keinen Raum ein und kann sich in der physischen Welt bewegen, ohne mit ihr in eine Wechselwirkung zu treten, außer wir verlangen nach einem Kontakt. Ich persönlich bevorzuge den Begriff Geistige Welt, den ich in diesem Buch auch verwenden werde.

Was ihren genauen Ort angeht, so kann ich allenfalls die Analogie mit der geheimnisvollen Welt der Radio- und Fernsehwellen anbieten, die wir weder sehen noch spüren können. Und dennoch umgeben sie uns und sind immer bei uns, aber „real" und „greifbar" werden sie erst, wenn wir ein passendes Übertragungsgerät besitzen wie ein Radio oder einen Fernsehempfänger, die die uns unsichtbaren Wellen in Klänge und Bilder verwandeln. Auch die Geistige Welt ist um uns her und in unserer Mitte, bewegt sich mit höherer

Vibrationsgeschwindigkeit als bei uns und ist ebensowenig mit unseren fünf Sinnen erfahrbar, bis wir ein menschliches Medium treffen, das von unseren Geisterfreunden benutzt werden kann, um die Schwingungen aus der Geistigen Welt in Klang und Bild umzuformen. Geisterstimmen werden manchmal durch Medien manifest, die über die Gabe des „Hellhörens" verfügen und „mental" zu hören verstehen. Die Laute können auch durch ein „Direktstimmenmedium" deutlich werden wie die Stimme, die wir durch die Trompete hörten.

Bei den Materialisationen mit Ektoplasma hören wir dann nicht nur Stimmen von Geistwesen, sondern wir können sie in solider Form vor uns stehen sehen. Beide Typen von Phänomenen sind ungeheuer anschaulich, und wir hatten in den Jahren unseres privaten Zirkels das Glück, sie beide zu erleben, und sie bewiesen uns, dass es die Geistige Welt wirklich gibt. Diese Welt ist kein erträumter Ort im „siebten Himmel", in dem die Bewohner mit Flügeln über den Wolken schweben, eine Harfe zupfend – weit entfernt davon. Unsere verlässlichen und getreuen Geisterfreunde versichern uns, dass ihre Welt absolut real ist, den Raum um uns durchdringt, uns nahe berührt, aber nie in unser Leben eingreift.

PHÄNOMENE sind die Geschehnisse, die durch die Gabe der Medialität auftreten, seien sie mentaler oder physikalischer Art.

„Mentale" Phänomene bestehen aus den drei Hauptaspekten Hellsehen, Hellhören und Hellfühlen, wobei nur das Medium etwas von der Geistigen Welt sieht, hört oder fühlt und in der Lage ist, Botschaften an geliebte Menschen hier auf Erden weiterzugeben. Diese Phänomene sind es gewöhnlich, die auf Kanzeln oder Bühnen in Kirchen oder öffentlichen Sälen dargeboten werden – und auch bei Sitzungen unter vier Augen.

„Physikalische" Phänomene unterscheiden sich grundsätzlich von den mentalen, indem sie von allen im Raum zur selben Zeit gesehen, gehört oder gefühlt werden. Damit physikalische Phänomene auftreten können, muss sich das Medium normalerweise in einem schlafähnlichen Zustand befinden, der als Trance bekannt ist.

Es gibt unterschiedliche Arten physikalischer Phänomene: Apporte, Stimmenkommunikation, Telekinese, Geisterlichter und Geisterschrift. Diese fünf Arten durften wir bei den Sitzungen des Saturday Night Club miterleben, die weiter hinten in allen Details geschildert werden.

Dann gibt es natürlich auch die Materialisationen, bei denen die Geister solide Form gewinnen: Sie bauen sich auf. Ich hatte das unverschämte Glück, während der Zeit des physikalischen Mediumismus meiner Mutter Minnie Harrison mehr als 1500 lebende, materialisierte Geister zu treffen, ihre Hand zu schütteln, sie manchmal zu umarmen und manchmal mit ihnen zu reden.

Die Mehrzahl der Geister, die wir trafen, waren Verwandte oder Freunde, die wir während ihrem irdischem Leben gut gekannt hatten und die wir als genau dieselben wiedererkannten, die sie waren. Sie hatten ihre Merkmale von früher, obwohl sie vorübergehend einen ektoplasmatischen materialisierten Körper bewohnten, den sie länger oder kürzer aufrecht zu erhalten verstanden.

Die „Debütanten" schafften es normalerweise nur eine oder zwei Minuten, während erfahrenere Geister wie Tante Agg oder Oma Lumsden bis zu 15 Minuten unter uns waren.

Von Zeit zu Zeit kamen Geisterbesucher zu uns, die wir nicht so innig gekannt hatten, die uns aber bald klare Hinweise auf ihre Identität gaben, die wir erfolgreich nachprüfen konnten. Ein besonderer Besucher in dieser Kategorie war der wohlbekannte spiritualistische Pionier Alfred Kitson, dessen Auftritt ein eigenes Kapitel gewidmet ist. Nach 18 Monaten waren wir in der Lage, bei rotem Licht eine Reihe von Fotografien zu machen und ein Jahr darauf einige Infrarot-Fotos, von denen eine Auswahl dem Buch beigegeben ist.

Stimmenkommunikation vollzieht sich auf verschiedenerlei Art:

– durch direkte Geisterstimmen, wobei das Medium durch den Geist beherrscht wird, der spricht, indem dieser als „Trancekontrolle" die Stimmbänder des Mediums bedient;

– durch unabhängige direkte Geisterstimmen, wobei die Stimmen mit Hilfe einer Stimmbox, konstruiert durch Wissenschaftler der Geistigen Welt, aus dem Raum zu uns dringen;

– durch eine Trompete, die ein einfaches, leichtes trichterförmiges Megafon aus Aluminium oder Plastik ist, wie unten abgebildet. Die Trompete kann von jeder Direktstimme benutzt werden, um den Klang der Stimmbänder des Mediums umzuwandeln; eine Röhre aus Ektoplasma verbindet dabei das Medium mit der Trompete. Die Stimmbox der Geisterwissenschaftler wird am schmalen Ende der Trompete angebracht, und so erzeugt das Megafon die unabhängige Direktstimme (*siehe Foto S.159*).

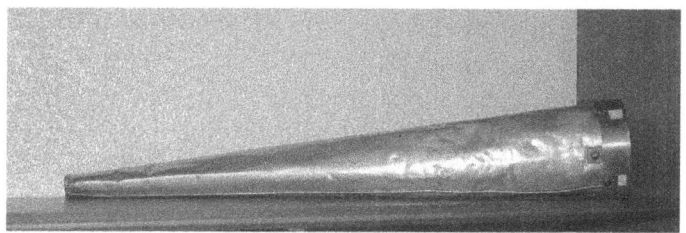

Tante Aggs Trompete, die unser Zirkel von Woche 8 an einsetzte. Sie hat leuchtende Plastikstreifen und auch leuchtene Klebebänder am Schalltrichter

Das bemerkenswerteste Kommunikationsmittel ist freilich die ektoplasmatische Materialisation eines Geistwesens, die frei vor uns steht und von Angesicht zu Angesicht mit uns spricht. Dies ist wirklich die aufregendste und wunderbarste Art aller Phänomene.

Telekinese ist die Bewegung eines alltäglichen physikalischen oder materiellen Objekts zum Beispiel innerhalb eines Raums ohne Einwirkung durch den Menschen.

In unserem Zirkel hatten wir stets eine große Kupferglocke in der Form einer Lady mit Krinolinen-Rock, die fast zwei Pfund wog, auf dem Kaminsims ihren Platz hatte und im ganzen Zimmer umher zu hören war (*siehe S.156, Tosher und Tante Agg*). Fotorahmen wurden vom Kaminsims in andere Ecken des Raums transportiert, und ähnlich ging es mit einem Aschenbecher. Ich würde so weit gehen zu sagen, dass Telekinese in unseren Wohnungen öfter auftritt, als wir meinen. Wie oft haben wir nicht einen Füller oder einen Bleistift oder die Autoschlüssel an einem besonderen Platz abgelegt, nur um festzustellen, dass sie nicht mehr da waren, wo wir sie zu finden erwartet hatten? Solch rätselhaftes

Glocke in Form einer „Krinolinenlady" ist 14 Zentimeter hoch

Verschwinden kann recht ärgerlich sein, aber oft sind es einfach Geisterkinder, die sich mit dir einen Spaß erlauben, doch wir können sicher sein, dass uns kein Leid geschieht, wenn sie um uns sind.

Diese harmlosen Akltionen unterscheiden sich von den destruktiven Handlungen von Poltergeistern, die gewöhnlich düstere, negative, desorientierte Geister sind, die auf sich aufmerksam machen wollen und dazu auch alle Mittel einsetzen, die ihnen zur Verfügung stehen. Sollten je unwillkommene Geister eure Privaträume heimsuchen, rate ich euch dringend, euch an ein seriöses, von vielen empfohlenes Medium in eurer Gegend zu wenden! Ihm sollte es gelingen, die Eindringlinge vom Unsinn ihrer Handlungsweise zu überzeugen und sie aus ihrer selbstgewählten Dunkelheit in die höheren Geistigen Regionen des Lichts zu führen. Albert Best, das berühmte keltische

Medium aus Glasgow, der eng mit Professor Archie Roy verbunden war, schaffte es immer mit ausgedehnten und intensiven Operationen, sogar mit ernsten und manchmal furchterregenden Problemen dieser Art fertig zu werden.

Apporte (aus dem Französischen: apporter – bringen) sind alltägliche Gegenstände, die von einem Platz ohne menschliche Einwirkung an einen anderen transportiert werden, jedoch durch solide Hindernisse wie Wände und Türen hindurch. Denken wir uns Apporte als weiterentwickelte Telekinese. Wir hatten in den Jahren unserer Sitzungen hunderte Apporte, hauptsächlich Blumen, aber auch Münzen und Abzeichen, wie ich es in meinen wöchentlichen Berichten festgehalten habe. Manche von ihnen sind von mir geschätzte Objekte, wahre Memorabilien, die mich, obwohl von unschätzbarem Wert und unersetzbar, immer zu meinen Vorträgen begleiten.

Die Geisterwissenschaftler sagten uns, diese „unmöglichen" Transporte brächten sie zustande, indem sie entweder –

a) den fraglichen Gegenstand dematerialisierten, wonach er ohne eine Struktur durch eine feste Mauer gebracht und im Raum wieder rematerialisiert werden könne; oder

b) einen Teil der Wand dematerialisierten, wodurch ein Loch entstehe, das groß genug sei, um das Objekt hindurchschleusen zu können. Hinterher werde das Loch durch Rematerialisierung wieder geschlossen.

Uns wurde zu verstehen gegeben, dass im Fall des Saturday Night Club für Gegenstände, die nicht Blumen waren, die erste Methode gewählt worden war. Das ähnelt der bekannten Prozedur aus der Fernsehserie „Raumschiff Enterprise", in der Captain Kirk befiehlt „Scottie, beam' mich hoch!" („Beam me up, Scottie!"), und Scottie die Mitglieder der Mannschaft einfach dematerialisierte, sie beförderte und danach wieder rematerialisierte.

Ich bin überzeugt, dass die Autoren der Serie eine ganze Menge über physikalische Phänomene wussten und dass

Apporte, von links nach rechts

Obere Reihe:
Mr Roeders Lyceums-Abzeichen mit einem Abbild von Andrew Jackson Davis, das mir die materialisierte Form Roeders in Sitzung 89 übereichte (siehe Kapitel 18)

Kanadische 5-Cent-Münze aus Sitzung 5 (Kap. 5)

Eine der vier roten Nelken, die mir Tante Agg bei ihrer ersten Materialisation gab (Kap. 7)

Nächste Reihe:
Abzeichen der Königlichen Artillerie, gebracht bei einem unserer „Soldaten-Abende"

Ein alter Penny, aus meiner Schachtel in der Lambeth Road entnommen und in den Zirkel apportiert, der sich drei Straßen weiter traf. In Sitzung 14 durch eine Absplitterung auf der Rückseite identifiziert (Kap. 8)

Untere Hälfte des Fotos:
Eine orangefarbene Feder, die Tante Agg Sunrise schenkte, als der Zirkel bei einer Sitzung seinen ersten Geburtstag feierte (Kap. 14)

Eine rote Mohnblume aus Seide, bei unserer Sitzung am Remembrance Day aufgetaucht.

Ein Heidezweig, als Glücksbringer gekommen. Einer unserer hunderte Blumen- und Pflanzen-Apporte

Einige der Apporte, die wir erhielten

dies auch auf den Drehbuchautor des ausgezeichneten US-Films *Ghost – Nachricht von Sam* zutrifft.

Wenn es um Blumen ging, musste die zweite Methode der Öffnung in der Wand benutzt werden, da, wie uns Sam in Sitzung 61 verriet, die Blumen durch das Dematerialisiertwerden ihre Farben einbüßen.

Vielleicht interessiert es euch zu erfahren, dass Wissenschaftler 1998 bekanntgaben, einen „Teleporter" entwickelt zu haben, der ein Lichtpartikel aus einem Teil ihres Labors in einen anderen übertrug. „Das ist ein großer Schritt vorwärts", sagte Dr Samuel Braunstein, ein australischer Dozent der Universität von Wales in Bangor, wo das Experiment stattfand.

Er arbeitete bei dem Projekt mit dem Institut für Technologie in Pasadena zusammen und fügte hinzu: „Im ersten Experiment teleportierten wir ein Lichtteilchen über einen Meter, aber jetzt, da sich die Theorie in der Praxis bestätigt hat, ist die Entfernung keine Hürde mehr. Es funktioniert, indem man etwas an einem Ort zerlegt und ihn an einem anderen rekonstruiert." Die Entdeckung wird in neuen Supercomputern zur Anwendung kommen.

Die Quantentheorie gibt es ja schon eine ganze Weile, und meine Aufmerksamkeit wurde von Paul Davies von der Universität Newcastle geweckt. Er sagte vor einigen Jahren:

„Die Quantentheorie gilt im Reich der Atome und subatomaren Partikel, einem Reich ähnlich Alices Wunderland. Auf diesem mikroskopischen Niveau lösen sich die scheinbar soliden Materialien auf, aus denen so vertraute Gegenstände wie Tische und Stühle gemacht sind, und wir bekommen ein flüchtiges Gewebe aus pulsierenden und sich übereinanderschiebenden Energiemustern. Ein Elektron kann an zwei Orten gleichzeitig erscheinen oder sich plötzlich dematerialisieren. Elektronen können verblüffende Tricks vollführen. Sie gleiten durch scheinbar undurchdringliche Barrieren und prallen von Löchern oder auch Objekten ab. Das Elektron hat keine feste Position im

Raum. Sein Verhalten ist völlig willkürlich. Die Quantendomäne ist vor allen Dingen eins: unvorhersehbar."

Die Quantentheorie spielte eine Schlüsselrolle bei einer Menge Erfindungen – von Transistorradios bis hin zu medinisch eingesetzten Scannern – und hilft dabei, die Frage nach dem Ursprung des Universums zu beantworten. Ich verstehe nicht viel von wissenschaftlichen Dingen und kann dazu nur sagen, dass die Geistige Welt derartige Theorien seit Jahren handfest demonstriert – und dass ich einen Ordner voll mit greifbaren Beweisen besitze. Aber es ist gut, dass die Welt allmählich aufholt; es wurde ja Zeit.

Geisterlichter werden von unseren Geisterfreunden produziert, wiederum ohne menschliches Eingreifen oder irdische Beleuchtungshilfen. Meine Aufzeichnungen zeigen, dass wir unsere ersten vier Geisterlichter bei Sitzung 26 am 26. Oktober 1946 hatten. Sie besaßen einen Durchmesser von fast 3 Zentimetern, glommen zwei oder drei Sekunden lang und wurden vor dem Kamin klar von allen Teilnehmern wahrgenommen. Als sich die Phänomene dann weiterentwickelten, bekamen wir noch viel mehr von diesen Lichtern, die heller waren als jene vier. Oft sahen wir zwei oder drei gleichzeitig, und sie hingen bis zu zehn Sekunden in der Luft. Diese spannende Phase unserer Arbeit hielt ein paar Monate an und endete dann, bis wir in Sitzung 75 so ein Licht fotografieren konnten. In Sitzung 80 am 22. November 1947 wurden

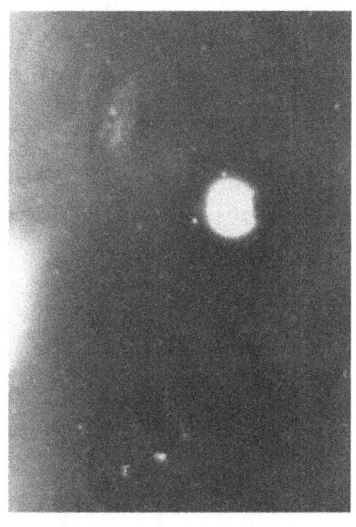

Ein Geisterlicht, das wir am 18. Oktober 1947 fotografierten

wir begeistert Zeugen einiger starker, heller Blitze aus weißem Licht hinter dem Kabinettvorhang und während der Materialisationsvorgänge, die wir damals seit etwa einem

Jahr beobachten durften. Geisterlichter sind nichts Dramatisches, sondern nur eines der Mittel, mit denen unsere Freunde auf spielerische Weise ihre Anwesenheit zeigen. Viele Menschen sehen solche Lichter im Freien und der Stille ihrer abgedunkelten Schlafzimmer.

<u>Geisterschrift</u> entstand in unserem Zirkel, wie es die Geisterlichter taten: ohne menschliches Zutun. Ich muss dabei genau sein, da es das Phänomen des Automatischen Schreibens gibt, bei dem das Medium das Schreibgerät hält und seine Hand von den Geistern geführt wird, die den Schreibprozess ausführen. Das Medium hat keine Ahnung vom Inhalt des Geschriebenen, und tatsächlich sitzen manche Medien mit geschlossenen Augen und lassen ihre Hand „automatisch" schreiben, ohne irgendetwas zu tun. Die bekannte Porträtistin Grace Rosher, die in der Königlichen Akademie ausstellte, hatte die Gabe des Automatischen Schreibens. Ihr Buch *Beyond the Horizon* (Hinter dem Horizont) ist eine außergewöhnlich interessante Lektüre.

In unserem Zirkel fand das Schreiben ohne menschliche Einwirkung und in völliger Dunkelheit statt. Bei Sitzung 6 machte ich einen Vorschlag, wie unsere Freunde anschaulich ihr Hiersein bei uns beweisen könnten: Sie sollten mit einem Bleistift ihren Namen schreiben, sollten also auf einem Blatt Papier unterzeichnen, das erst auf dem Herd lag und dann auf dem Tisch neben mir. Wir mussten jedoch bis Sitzung 17 warten, bis die ersten Unterschriften vorlagen. Sie standen für eine weitere Phase in unserer Entwicklung, und in den Wochen darauf kamen noch mehr Signaturen hinzu, die, noch deutlich lesbar, auf nunmehr verblichenen Seiten Papiers stehen, welche sich unter meinen Erinnerungsstücken befinden.

Eine deutlich davon unterschiedene Form von Geisterschrift wurde in den Sitzungen 38, 39 und 40 beobachtet, als wir bereits ektoplasmatisch materialisierte Geistwesen bei rotem Licht im Zimmer stehen hatten. Tante Agg kam bei Sitzung 38, und ich fragte sie, ob sie ihren Namen in mein Notizbuch eintragen würde. Ich hielt ihr das Büchlein hin, und sie schrieb hinein: Agnes *(siehe S.130)*.

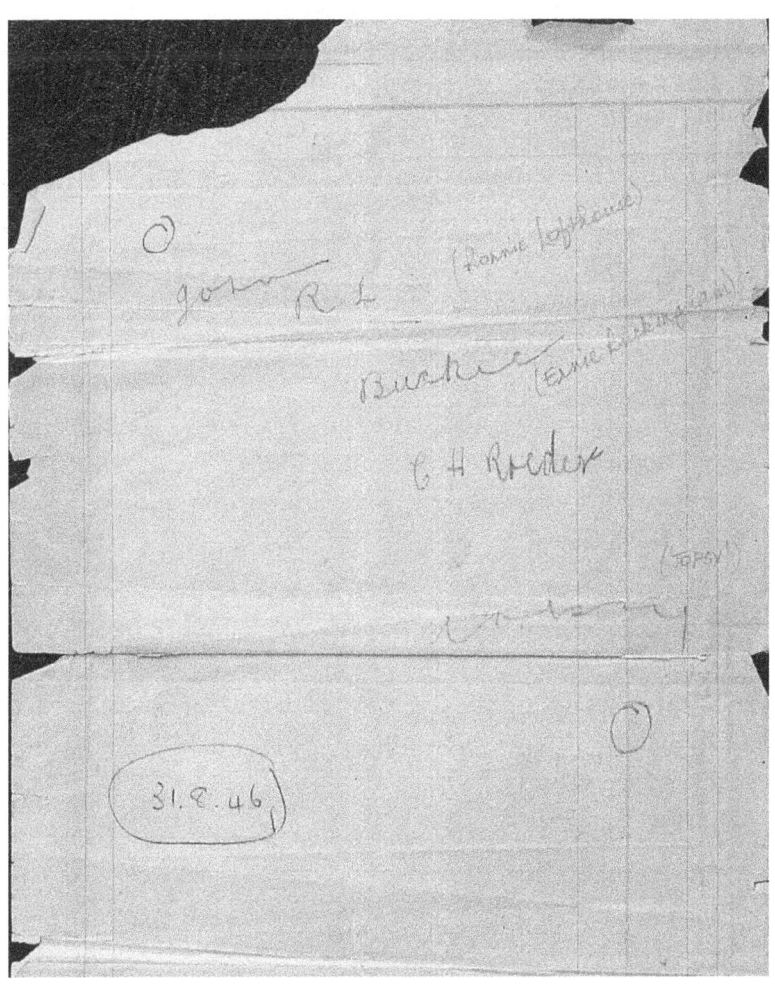

Geisterschrift: Ein Blatt Papier aus Gladys' Buch mit ihren Aufzeichnungen zeigt die Geistwesen, die sich zu Sitzung 18 eintrugen. Die Kreise oben links und unten rechts stammen von Sunrise, der damit zeigte, dass er den Abend für die andere Seite kontrollierte. R.L. und Buckie waren Freunde aus dem Lyceum, und C.H. Roeder war der Schulleiter gewesen. (Das Datum und die Namen fügte ich später hinzu, um sie zu identifizieren.)

In Sitzung 39 materialisierte sich Onkel Jack und tat desgleichen, gefolgt in Sitzung 40 von Sam Hildred, der „Sam" hineinschrieb. Damit haben wir hier das seltene Ereignis von drei Unterschriften von materialisierten Geistern, die von allen Anwesenden gesehen wurden und als Beweismaterial dafür vorliegen, dass sie wirklich unter uns waren.

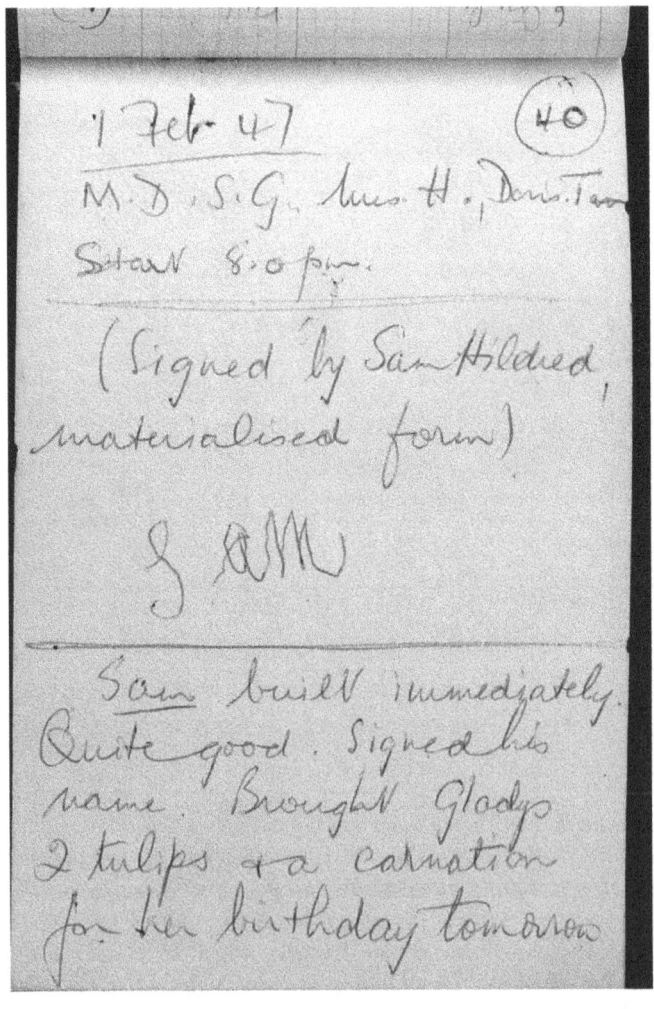

Fotografie einer Seite meines Notizbuchs, hier bei Sitzung 40, in der sich Sam materialisierte und seine Unterschrift hinterließ

Ich erinnere mich an ein ähnliches Geschehnis in einem Bericht von Maurice Barbanell, des früheren Herausgebers der *Psychic News*, der in Trance weise Worte von seinem Geistführer Silver Birch empfing. Bei einem „physikalischen" Zirkel mit dem Medium Louisa Bolt schrieb die materialisierte Gestalt von Sir Vincent Caillard seinen Namen auf ein Blatt Papier, und Barbanell, der ihm das Blatt gereicht hatte, hielt es für das wichtigste Beweisstück für das Leben nach dem Tod, das er je bekommen hatte. Ich bin so stolz, dass ich nicht nur einen Namen, sondern gleich drei Unterschriften von greifbaren Geistern besitze, die natürlich immer noch zu meinen Aufzeichnungen gehören. Jeder kann sie anschauen.

EKTOPLASMA wird in meinem Buch ziemlich häufig erwähnt, und darum will ich euch diese einzigartige Substanz, die von Chemikern und Wissenschaftlern in der Geistigen Welt produziert wird, auch vorstellen. Es ist keinesfalls etwas Wesenloses von der Art des Irrlichts, wie es uns oft bei Geistererscheinungen geschildert wird, die man oft durch Mauern gehen oder einfach verschwinden sieht. Was immer diese Wahrnehmungen ermöglicht, ist gewiss nicht das Ektoplasma, wie wir es erfuhren.

Ektoplasma ist ein zu erfühlendes Material, das ursprünglich in gasförmiger Gestalt aus dem Körper des Mediums dringt, vor allem durch die Körperöffnungen wie die Nasenlöcher, die Ohren oder, wie im Fall meiner Mutter, aus dem Mund. Das ist auf unseren Infrarot-Fotos vom Dezember 1948 deutlich zu sehen. Das Material muss dann nach Abschluss der physikalischen Phänomene in den Körper des Mediums zurückkehren und verschwindet nicht einfach in der Luft, obwohl manchmal zu sehen ist, wie materialisierte Geister mit wenig Erfahrung in den Boden zu sinken scheinen, als ob es durch eine Falltür ginge.

Ich will euch versichern, dass dies nur den Anschein hatte. Natürlich gab es im gezimmerten Wohnraum der Shipmans, in dem wir unsere Sitzungen abhielten, keine Falltür. Das Geistwesen schaffte es einfach nicht mehr, das ungewohnte Gewicht von Materie wie Ektoplasma auf sich zu schultern, und so wurde das Ektoplasma von den Wissenschaftlern über den Fußboden zurück zum Medium transportiert. Die Geistwesen leiden nicht darunter, aber traurig finden sie es schon, und oft hörten wir derartige Bemerkungen, als sie davongingen. Die erfahreneren Geister wie Tante Agg gingen einfach in das Kabinett zurück und schlossen den Vorhang, und alles war bereit für die nächste Materialisation.

Die Geisterwissenschaftler können die Substanz auf viele unterschiedliche Arten zubereiten. Eine der Fotografien zeigt, wie sie aus dem Mund meiner Mutter dringt und über ihren Körper drapiert ist wie ein transparenter Umhang; er wirkt fast wie aus feiner Seide. Ein anderes Foto zeigt, wie eine Trompete vom Ektoplasma gelenkt wird, das zu diesem Zweck wie ein Stab geformt ist, deren Schatten man auf dem Foto sieht. Ähnliche bewegliche Stäbe dienen dazu, Objekte im Zimmer anzuheben wie etwa die glockenförmige Krinolinenlady, die die Geister ergriffen und oberhalb unserer Köpfe zum Klingen brachten.

Wenn Ektoplasma für die Materialisation von Geistwesen benutzt wird, ist es ein Mantel für ihren ätherischen Körper. Es bildet als fleischähnliches Material ihren Körper, kann auch, wo nötig, die Behaarung nachbilden, und der Rest schwebt um sie her wie Kleider aus sehr feinem, weichem Stoff, den wir zu häufigen Anlässen berührt haben *(siehe Kap. 11. Oma Lumsden)*. In spiritualistischer Redeweise heißt das „Aufbau". Er ist weiß und scheint sich sein Weiß auch im roten Licht des Raums zu bewahren. Wenn wir den Geistwesen die Hände schütteln, wirken diese wie aus festem Fleisch und sind warm, und warm sind auch ihre Gesichter, wenn wir sie küssen. Man könnte nicht sagen, dass sie durch das rötliche Licht so ähnlich gefärbt wurden wie die unseren, aber die Gesichter wirkten normal. Es ist wirklich ein einzigartiges, höchst wandelbares Material, das die Geisterwissenschaftler da herstellen.

Dabei handelt es sich keineswegs um eine Neuentdeckung. Das Ektoplasma war über die Jahre oft unterschiedlich bezeichnet worden, bis ihm Charles Richet, als er 1905 Präsident der *Society for Psychical Research* war, seinen heute gebräuchlichen Namen gab, den er aus dem Griechischen entlehnte, wo es „ausgelagerte Substanz" heißt. Professor Thurry taufte es „Ektenische Kraft". W. J. Crawford, der viele Jahre mit dem Golligher-Zirkel in Irland experimentierte, nannte es „Kryptoplasma".

Der große deutsche Gelehrte Albert Freiherr von Schrenck-Notzing, der die Substanz „Teleplasma" nannte, erlebte zwischen 1909 und 1913 Sitzungen mit dem Medium Eva C. mit, wobei er Zeuge vieler Phänomene wurde und sein Teleplasma so analysierte: „Eine farblose, leicht wolkig wirkende Flüssigkeit mit leichter alkalischer Reaktion, Spuren von Sputum, von pilzartigem Membrangranulat, Pottasche, Zellrückstände, Hautschuppen und winzige Teilchen Fleisch", und 1916 kam Dr. Dombrowski von der polnischen *Society for Psychical Research* zum selben Ergebnis. Beide Analysen erwähnen Spuren von Körpermaterie, was die Behauptung unterstützt, dass Ektoplasma tatsächlich aus dem Körper des Mediums kommt, wie wir zweifelsfrei im roten Licht unseres eigenen privaten Zirkels feststellten.

Lange vorher, im Jahr 1874, hielt Sir William Crookes zahlreiche Test-Séancen mit dem jungen Medium Florence Cook ab, durch die regelmäßig die materialisierte Gestalt von Katie King erschien. Während der letzten Woche der Tests belichtete Sir William erfolgreich 44 fotografische Platten mit Bildern der materialisierten Katie, und einige zeigen zur selben Zeit Florence Cook.

Im Mai 1947 erhielt Brittain Jones, unser ärztliches Mitglied, zu zwei Anlässen die Erlaubnis, Stücke von Ektoplasma in der Größe eines Damentaschentuchs aus Tante Aggs ektoplasmatischem Kleid herauszuschneiden, und in Sitzung 52 beschenkte uns die Tante mit einer Feder aus Ektoplasma. Sie wurde unter den Teilnehmern herumgegeben, bevor wir sie in einem Gefäß auf den

Kaminsims stellten – aber diese Details werde ich später erwähnen.

An diesem Punkt ist es wichtig zu erwähnen, dass alles, was die Teilnehmer während der Sitzung tun, streng beobachtet werden muss. Wenn immer ein physikalisches Phänomen durch Ektoplasma produziert wird – sei es die Bewegung einer Trompete oder eines voll materialisierten Geistwesens im Raum –, ist dieses stets mit dem Körperinneren des Mediums verbunden, aus dem es ja durch eine Körperöffnung oder mehrere austritt.

Jede ungeplante, aggressive oder jähe Aktion wie am Ektoplasma ziehen oder es mit weißem Licht anstrahlen, kann dem Medium ernste innere Verletzungen zufügen wie die Blutungen, die Helen Duncan in dem beunruhigenden Fall 1956 erlitt. Die Sicherheit des Mediums zu jeder Zeit hat bei der Sitzung absoluten Vorrang. Daher müssen die potenziellen Gäste äußerst genau unter die Lupe genommen werden, bevor sie zur Sitzung zugelassen werden. In unserem Fall wäre Mutters Leben in Gefahr gewesen, und ich hätte die Verantwortung dafür zu tragen gehabt. Wenn man Ektoplasma weißem Licht aussetzt, kann seine Struktur in Mitleidenschaft gezogen oder es sogar zerstört werden, so wie bei Licht das Entwickeln von Fotografien scheitert. Die chemischen Reaktionen verursachen in beiden Fällen einen Zusammenbruch der Komponenten.

Materialisationen auf der Basis von Ektoplasma können also für das Medium gefährlich sein, falls nicht in beiden Welten genauestens aufgepasst wird. Es ist unerlässlich, den Ratschlägen und Instruktionen der Geistführer und Helfer – in unserem Fall Sunrise und Tante Agg – zu folgen, und wenn das geschieht, wird alles gut gehen und reibungslos ablaufen.

Wenn die materialisierten Gestalten hinter dem Kabinettvorhang hervorkamen, der quer über eine Ecke des Raums gespannt worden war, bemerkten wir zuweilen einen unangenehmen, stechenden, sauren Geruch, was ein paar Augenblicke andauerte. Wir konnten nur annehmen, dass er von dem Ektoplasma herrührte, das aus dem Körper meiner Mutter drang – aber der Geruch ließ rasch nach und verschwand.

Auch von anderen weiß ich, dass sie solch einen Geruch in anderen Materialisations-Zirkeln verspürt haben – doch wie bei uns war er nie so unangenehm, als dass er jemanden vom Besuch der Sitzungen abgehalten hätte. Unsere Phänomene sind derart selten und zu kostbar, um wegen einer kleinen Unannehmlichkeit auf sie zu verzichten.

Ich denke, das wird euch das Ektoplasma ein wenig nähergebracht haben. Ohne diese Substanz würden niemals physikalische Phänomene, vor allem keine Materialisationen in den zahlreichen, gut dokumentierten Zirkeln der frühen Tage stattgefunden haben – wie bei Helen Duncan, Alec Harris, Hunter Selkirk, George Spriggs, Jack Webber, um nur einige Namen zu nennen, und natürlich in unserem eigenen Saturday Night Club. Mir ist nie etwas Schriftliches dazu untergekommen, wie Ektoplasma produziert wird, nur kürzlich wurde bei Stewart Alexanders Zirkel eine Erklärung abgegeben, die in jenem Kapitel wiedergegeben ist.

Als Antwort auf unsere Fragen war alles, was die Geisterfreunde dazu zu sagen wussten, dass sie die Energie im Raum sammelten und sie mit einem ganz besonderen Stoff mischten, der im Medium vorhanden sei und der dann, wenn vorhanden, durch eine oder mehrere seiner Körperöffnungen als lebende, zu berührende Substanz austritt. Wie sie die Komponenten im Medium zusammenmischten, konnten sie nicht genau erklären, was auch am Fehlen des passenden Vokabulars auf unserer Seite gelegen haben mag.

Eine weitere interessante Information ist, dass in heutigen Zirkeln mit physikalischen Phänomenen kaum mehr mit Ektoplasma gearbeitet wird.

In solchen Gruppen, zu denen Ann und ich gehören durften, haben wir solide Geistwesen in der Dunkelheit im Raum umhergehen hören und sie auch gefühlt, ohne dass Ektoplasma im Spiel gewesen wäre. Uns wurde gesagt, dass man sich der Gefahren des Ektoplasmas sehr wohl bewusst sei und nun für das Wohl aller einen anderen Weg einschlage, indem man die Energie auf eine andere Weise verarbeite. Wir können nur bestätigen, dass es nach einem Erfolg aussieht, und der nächste Schritt ist der Versuch, mit eigener Beleuchtung die Materialisationen sichtbar zu machen, wenn sie durch den Raum schreiten. Wir freuen uns schon auf diese „Erleuchtungs"-Phänomene!

MEDIEN sind Menschen mit der Fähigkeit oder der „Gabe", sich auf die höheren Schwingungen von Wesen in der Geistigen Welt einstimmen und mit ihnen in Kontakt treten zu können. Ohne sie könnte ich meine Geschichte nicht erzählen. Vergessen wir nicht, dass wir alle mit dieser Gabe geboren werden, wie sich an Kindern zeigt, die mit imaginären Spielkameraden plaudern. Leider wird sie oft von den Eltern ignoriert oder unterdrückt und durch Schulkameraden der Lächerlichkeit preisgegeben. Die traditionellen Religionen sind da keine große Hilfe.

Die wenigen Glücklichen, die verständnisvolle Eltern hatten – wie meine Mutter und ich – oder die stark genug waren, Gegnerschaft und Widerstände zu überwinden, können ihre Medienschaft entwickeln und sich auf jene höheren Schwingungen einstellen. Damit überbringen sie vielen traurigen und alleingelassenen Menschen die Liebe, Freude und den Trost ihrer Lieben, die die irdische Ebene verlassen haben und in die hellere, glücklichere Welt des Geistes eingegangen sind – sie sind der Einschränkungen durch ihren physischen Körper ledig, der manchmal von Schmerz und Krankheit zerrüttet ist.

Wie ich schon sagte, durchdringen diese geistigen Schwingungen unsere Umgebung zu jeder Zeit, so wie das Radio- und Fernsehwellen tun. Ohne einen passenden „Empfänger" würden wir ihrer nie gewahr werden, und dies leistet ein Medium für die geistigen Vibrationen oder im profanen Fall ein mechanisches Medium wie ein Fernseh- oder Radiogerät.

Mir ist klar, dass ich damit die Fragestellung ziemlich vereinfache, aber so versteht ihr, was ich meine. Es ist wirklich so natürlich und einfach: Man ist davon abhängig, dass gute atmosphärische Bedingungen herrschen, wie die alten Funkamateure mit ihren drahtlosen Anlagen oder ihren Detektorempfängern noch wissen werden. Und wer weiß schon, was die Zukunft bringt? Längst sitzen ernsthafte Wissenschaftler an Experimenten, um Geisterschwingungen ohne die Gegenwart eines menschlichen Mediums empfangen zu können. Die neuesten Ergebnisse sind vielversprechend und lassen in den kommenden Jahren einen Durchbruch erwarten.

EIN ZIRKEL ist eine Gruppe von Leuten, die in einem passenden Raum zusammensitzen, um sich mit der Geistigen Welt kurzzuschließen. Die Zahl der Teilnehmer (die „Sitters") variiert normalerweise von drei oder vier bis zehn oder zwölf, aber da die Harmonie der entscheidende Faktor ist, kam man auf die ideale Zahl von sieben oder acht Teilnehmern. Die Gruppe sitzt nicht notwendigerweise im „Zirkel" oder Kreis, jedoch oft im Halbkreis um einen Mittelpunkt. In unserem privaten Zirkel (Home Circle) saßen wir um den leeren Kamin im Wohnzimmer unserer engen Freunde Sydney und Gladys Shipman, mit meiner Mutter an einem Ende und mir am anderen. Ein weiterer unserer guten Freunde hält in Hull einen extra Raum in seinem Haus einzig für wöchentliche Sitzungen zum Zwecke von physikalischen Phänomenen bereit, und da gab es exzellente Ergebnisse. Hier sitzen wir im Halbkreis um eine Ecke, in der sich das Medium befindet, um das Vorhänge gezogen werden können, um die Energie zu konzentrieren. Doch ist die Art Zimmer nicht so wichtig wie die richtige Stimmung, die uns erst mit den entscheidenden Schwingungen von Harmonie und echter Liebe verbinden kann.

Ich bin sicher, dass ihr Freunde und Verwandte, die ihr eingeladen habt, an der Tür mit einem freundlichen, lächeln den Willkommensgruß empfangt, in dem Glück und

Freude liegen; und die Atmosphäre, in der ihr eure geliebten Menschen aus der Geistigen Welt erwartet, sollte nicht weniger freudig sein, eher noch mehr. Für sie ist es schwierig; sie können nicht die Straße hinunter gehen und an eure Tür klopfen.

Der hauptsächliche Anlass für unseren privaten Zirkel war, regelmäßig am Samstagabend ein Treffen zwischen unseren Freunden aus der Geistigen Welt und uns hier auf Erden zu veranstalten. Vergesst dabei nie, dass Gelächter und Freude unbedingt zu jedem erfolgreichen Zirkel gehören, wie ich es in den langen Jahren unserer Sitzungen erfahren habe.

Sollte jemand einen eigenen privaten Zirkel gründen wollen, so möchte ich ein paar wichtige Ratschläge geben, die sich in unseren Jahren als hilfreich erwiesen haben.

i) Haltet bei euren Sitzungen eine strenge Disziplin ein.

ii) Einigt euch auf eine regelmäßige Durchführung (wöchentlich, vierzehntägig oder eine andere Vereinbarung), findet den passenden Abend, Ort und die Zeit und haltet euch so gut wie möglich daran.

iii) Lasst euch durch keine anderen Freizeitvergnügungen von euren Zirkel-Vereinbarungen abhalten. Eure Geisterfreunde, mit denen ihr in Kontakt treten wollt, haben das Recht darauf, dass ihr eure Treffen einhaltet, abgesehen davon, dass sie sich auch darauf vorbereiten müssen – vor allem, wenn physikalische Phänomene geplant sind.

iv) Die Teilnehmer müssen Ernsthaftigkeit an den Tag legen und die feste Absicht mitbringen, auf harmonische Weise den Kontakt herstellen zu wollen. Jeder muss für das Wohl aller eintreten. Für Egoisten und Menschen auf Selbsterfahrungstrip ist kein Platz.

v) Verleiht eurem Raum eine freundliche, fröhliche und liebende Atmosphäre, in der eure Geisterfreunde mit ganzem Herzen eure warme Einladung akzeptieren können, um euch ihre Anwesenheit in der Weise spüren zu lassen, die zu der Zeit angebracht ist.

vi) Ich kann nur wärmstens ein Eröffnungsgebet empfehlen, mit dem wir unsere Geisterfreunde willkommen heißen und gleichzeitig um Schutz vor böswilligen Geistern bitten sowie ein abschließendes Dankgebet. Sie geben der Sitzung auch eine Form – einen Anfang und ein Ende.

Ihr könntet nie bestimmte Resultate herbeikommandieren oder -wünschen – ihr sitzt beieinander und arbeitet mit denen „Drüben" zusammen, und jede Sitzung ist ein Experiment. Wenn ihr Fortschritte macht, so seid immer bereit, wie wir es waren, die Veränderungen umzusetzen, die sie empfehlen. Glaubt mir, sie sind genauso wie ihr gewillt, die Kommunikation zu verbessern. Von unserer ersten Sitzung an erhielten wir den Rat, auf Trompetenstimmen gefasst zu sein, wozu völlige Dunkelheit hilfreich ist, und so hielten wir das viele Jahre hindurch für diese spezielle Art der Phänomene: immer in tiefer Dunkelheit, mit unglaublichem Erfolg.

Als wir dann nach schon acht Monaten das Glück erlebten, Materialisationen mit Ektoplasma vor uns zu haben, gestatteten uns unsere Geisterfreunde, rotes Licht zu benutzen, damit wir diese bemerkenswerte und sehr seltene Art der Phänomene auch sehen könnten.

Es fing mit einer kleinen Taschenlampe plus Batterie in einem Holzkistlein an, das sich hinter einer roten Fotoscheibe

*Das anfängliche rote Licht mit einer
2,5-Volt-Birne*

befand, und dann, als sich die Phänomene entwickelten, gingen wir zu größeren und helleren Lichtquellen über. Ein Dimmer, der an die elektrische Anlage gekoppelt war, ließ uns die Helligkeit verändern, aber diese Verbesserungen geschahen allesamt auf Anraten unserer Geisthelfer.

Wenn ihr wegen physikalischer Phänomene zusammen seid, tragen helle und fröhliche Songs am Anfang zur Energie bei. Wir sangen gewöhnlich Kinderlieder und Volkslieder, die wir alle kannten und ausgelassen intonierten. Uns wurde erklärt, dass lange und pathetische Hymnen oder Lieder keinen guten Effekt haben und die Schwingungen verlangsamen. Es spielt keine Rolle, ob ihr gute Stimmen habt – was zählt, sind der Einsatz und die Freude beim Singen.

Aufgenommene Musik kann auch hilfreich sein. Setzt sie also ein, wenn ihr euch danach fühlt und singt mit, wenn ihr könnt. Vergesst nicht, dass ihr die Stimmung für ein freudiges Zusammensein schafft, bei dem Lachen auch eine wichtige Rolle spielt. Die älteren Leser werden sich zweifelsohne an die unterhaltsamen gemeinsamen Abende vor dem Aufkommen des Fernsehens erinnern, als wir um das Klavier herumsaßen, zusammen sangen und unsere Energie den Raum zu erweitern schien. Physikalische Phänomene gedeihen nur durch derartige Energie.

Und schließlich: Erschöpft euch nicht, indem ihr zu lange sitzt oder singt, vor allem nicht in den ersten Sitzungen. Uns wurde gesagt, wir sollten am Anfang nie länger als eine Stunde sitzen, was jedoch von unseren Geisterfreunden verlängert wurde, wenn sie es für nötig hielten. Sie werden es euch sicher mitteilen. Mögen eure ernsthaften und harmonischen Anstrengungen belohnt werden, zum Wohle beider Welten.

Ich hoffe, dass diese Erklärungen hilfreich waren und euch die folgenden Geschichten besser verstehen lassen.

5

Die Beteiligten

Hier folgt eine kurze Zusammenfassung der Mitglieder sowie der Besucher unseres privaten Zirkels, so dass ihr mit unseren Namen etwas anfangen und ihr im Buch uns wiedererkennen könnt. Der 1946 begonnene Zirkel wurde bald als „Saturday Night Club" oder SNC bekannt und dauerte auch nach dem Ableben meiner Mutter fort.

Mitglieder des Home Circles

Minnie Rose Harrison, unser Medium,

damals 51 Jahre alt; meine Mutter war seit ihren Teenagerjahren hellsichtig und hellhörend gewesen. Als wir unseren privaten Zirkel starteten, hatte sie sich schon zu einem Trancemedium entwickelt. Ihre Gesundheit war prekär; ihrer ersten Krebsoperation musste sie sich bereits 1940 unterziehen. (Sie starb 1958.)

Thomas Henry Harrison, mein Vater,

damals 56; überall „Tosher" gerufen, hatte er an der Somme in der Schlacht gestanden, war von Gas vergiftet und auch verwundet worden, bevor er 1918 demobilisiert wurde und danach als Kontrolleur im Warenlager der Eisenbahn arbeitete. Er war zwar nicht sehr medial begabt, steuerte aber viel psychische Energie bei. (Er starb 1960.)

Thomas William Harrison, ich,

damals 27; frisch zurückgekehrt nach sieben Jahren in der Armee während des Krieges; etwas mediales Bewusstsein, aber eher einer, der Kraft einbrachte. Ich habe einen unbestechlichen, rationalen Blick auf die Dinge und ertrage nicht den geringsten Anschein von Überheblichkeit – besonders, wenn es Medialität oder parapsychologische Fragen betrifft. Historiker und Archivar des Zirkels.

Doris Harrison, meine Frau,

damals 30; sie war das zweitälteste Kind der vielköpfigen Hudsons, einer bekannten Spiritualistenfamilie in Middlesbrough. Sie war diplomierte Krankenschwester und Hebamme, die hingebungsvolle Mutter unserer sechs Kinder, ziemlich medial, künstlerisch und praktisch veranlagt. Sie war ein echter Familienmensch und nie glücklicher, als wenn Kinder um sie herum waren. (Sie starb 1976.)

Sydney und Gladys Shipman,

unsere sehr guten Freunde und Gastgeber der Sitzungen der ersten sechs Jahre, die in ihrem Wohnzimmer in Middlesbrough stattfanden, das an ihre Bäckerei und ihren Gemischtwarenladen angrenzte.

Syd war damals 42; er war Bäckermeister und Gründer ihrer Firma. Er war in einem spiritualistischen Umfeld aufgewachsen und sein ganzes Leben lang sehr medial begabt; ein praktischer Mann mit bodenständigen Ansichten.

Gladys war damals 30; sie kam zum Spiritualismus, als sie 1937 Sydney heiratete. Sie war eine gute Geschäftsfrau und die Vizedirektorin ihrer Firma.

Florence Hildred,

Gladys' verwitwete Mutter, damals 56; sie stieß zu uns, bald nachdem wir begonnen hatten, da sich ihr Ehemann Sam, der am Weihnachtstag 1945 hinübergegangen war, regelmäßig meldete. (Sie starb 1962.)

William Brittain Jones,

damals 69; er genoss als Chefchirurg im Nordosten Englands und als Superintendent des Krankenhauses von Middlesbrough hohes Ansehen. An der Klinik machte Doris ihre Ausbildung, und als sie ihn kennenlernte, erfuhr sie von seinem Interesse an parapsychologischen Fragen. Er schloss sich uns an, nachdem wir acht Monate zusammen waren. Er war ein kleiner, begeisterungsfähiger und lebhafter Mann, der auf dem Feld der Medizin eine Menge praktisches Wissen besaß. Derart lebhaft war er, dass ihn die Krankenschwester der Klinik „Heuschrecke" tauften, was er gutmütig und grinsend hinnahm.

Der Saturday Night Club
Hintere Reihe (von links): Brittain Jones, ich, mein Vater, Sydney Shipman
Davor: Mrs Hildred, meine Mutter, meine Frau Doris
Sitzend im Vordergrund: Gladys Shipman

Sein Wissen über die Infrarotfotografie und seine Kontakte zum Krankenhaus machten es möglich, dass wir Infrarotaufnahmen der Ektoplasma-Phänomene machen konnten, wie sie in diesem Buch auch abgebildet sind. Er fühlte Tante Agg – oder besser ihrem materialisierten Körper – den Puls und schnitt in einem späteren Experiment ein Stück ihres Ektoplasma-Kleids ab, um es zu analysieren. (Er starb 1953.)

Wir acht bildeten den Saturday Night Club hier auf Erden, aber selbstverständlich war das weitläufige Team der Mitglieder in der Geistigen Welt ebenso wichtig, wenn nicht noch wichtiger. Man sagte uns, dass neben den besonderen Individuen, die unten aufgeführt sind, eine Gruppe von etwa 20 Chemikern und Wissenschaftlern hinter den Kulissen tätig war, um unseren Geistbesuchern die Möglichkeit zu geben, sich aufzubauen und uns von Angesicht zu Angesicht gegenüberzustehen.

Regelmäßige Besucher aus der Geistigen Welt

Sunrise, ein Indianer aus Nordamerika, war der wichtigste Beschützer und Geistführer meiner Mutter und hatte sie ihr ganzes Erdenleben lang begleitet. Wie er uns in einem anderen Zirkel von wenigen Jahren sagte, arbeitet er in der Geistigen Welt immer noch mit ihr. Er war das Oberhaupt und der Torwächter in der Geistigen Welt und schirmte meine Mutter vor bösen Geistern ab, denen nicht bewusst ist, dass ihre spontanen Aktionen ernsten Schaden anrichten können. Mehrere Male in den Jahren griff er ein und erklärte immer seine Gründe dafür. Zu Beginn waren seine englischen Sprachkenntnisse mangelhaft, aber er lernte schnell hinzu und wurde ein guter Kommunikator (Gesprächspartner), vor allem durch die Trompete – das leicht gebaute Megafon, das in der Mitte des Zirkels auf dem Fußboden stand.

Er hob es mittels einer aus Ektoplasma gebildeten Stange hoch, die von meiner Mutter ausging *(siehe infrarote*

Fotografie, S.158). Dann ließ er die Trompete überall im Raum blitzschnell herumfliegen, bis er sie wieder zum Stillstand brachte, allerdings horizontal, wieder in der Mitte des Zirkels und etwa einen Meter über dem Boden. Von dieser Position aus sprach er dann zu uns und stellte uns reihum die Geister vor, die bei dieser Sitzung zu uns sprechen würden. Er war ein völlig verlässlicher und treuer Freund, ein Häuptling in jeder Beziehung. Wenn wir ihn brauchten, war er da.

Tante Agg oder Mrs Abbott war eine der Schwestern meiner Mutter, die, wie ich schon betont habe, von Mitte der 1930-er Jahre bis zu ihrem plötzlichen Tod 1942 mit 57 Jahren ein prominentes Mitglied der MSA (nun: SAGB) war. Sie sprach in vielen großen und bekannten Sälen und hielt da oft Demonstrationen ab, vor allem in der Queen's Hall. Ich besitze noch den vergilbten Zeitungsausschnitt der Daily Mail vom 14. November 1938, der Tante Agg mit den anderen bekannten Medien Nan Mackenzie, Kathleen Barkel und Stella Hughes abbildet, die in der fast überfüllten Halle von 2500 Personen bei einem außerplanmäßigen Treffen auftraten, vorwiegend vor Kriegerwitwen. Wie meine Mutter war sie eine unkomplizierte und häusliche Frau, die sich immer die Zeit nahm, anderen beizuspringen, die Hilfe nötig hatten: ein freundlicher Mensch, der nie schlecht über jemanden sprach, aber dennoch stark genug war, deutliche Worte zu verwenden, wenn es angebracht schien.

Sie gehörte zu den Medien, die von der Kirche von England 1937 unter die Lupe genommen wurden, als diese ihren Untersuchungsbericht über den Spiritualismus erstellte. Er blieb aber zunächst unveröffentlicht und geriet erst 1948 in die Hände von A. W. Austen von der *Psychic Press*. Auch Arthur Findlay besuchte eine Trancesitzung bei ihr am MSA, und den Bericht einer Sitzung, in der sich seine Mutter meldete, druckte er in seinem Buch *Looking Back* ab sowie in späteren Ausgaben von *On the Edge of the Etheric*.

Tante Agg wurde ein wichtiges Verbindungsglied zwischen den zwei Welten, da sie sich jede Woche materialisierte und die Sitzungen gewöhnlich beschloss.

Oma Lumsden, Doris' Großmutter mütterlicherseits starb 1930, als sie Mitte siebzig war; auch sie verbrachte viel Zeit damit, die Not anderer zu lindern, als sie in der Lonsdale Street in Middlesbrough lebte. Man sah sie selten ohne ihren breiten Schal, den sie um ihre Schultern drapiert trug (wie den Schal aus Ektoplasma auf dem Foto *S.154*) und der sie begleitete, wenn sie Besorgungen für die Alten und ans Haus Gefesselten erledigte.

Sam Hildred, der Vater von Gladys Shipman, verstarb überraschend an Weihnachten 1945. Er stellte sich bald als ausgezeichneter Kommunikator durch die Trompete heraus. Der höchst sympathische und liebenswürdige Mann genoss offensichtlich seine wöchentliche Plauderei mit Frau und Tochter. Er sprach mit klarer Stimme und in seiner unmissverständlichen Art und Weise und wurde von beiden sowie von seinem Schwiegersohn Sydney jede Woche zweifelsfrei wiedererkannt. Interessant dabei, dass er in der irdischen Sphäre Gladys stets „Gladdy" genannt hatte, was niemand sonst getan hatte, und dass er diese Anrede auch wählte, wenn er sie mit der Trompete adressierte. Sam war immer noch Sam und der Vater. Wir verändern uns nicht auf einen Schlag!

Onkel Jack oder John Bessant war einer der Brüder meiner Mutter und starb 1927. Onkel Jack war auch Trancemedium und bescherte mir, als ich 3 oder 4 Jahre alt war, das erste Erlebnis, jemanden in Trance zu sehen. Er kam bei einem Arbeitsunfall um, als er 40 war.

Mona Hildred. Sie war Gladys' Schwester und starb 1933 mit 12 Jahren.

Douglas Hildred. Er war Gladys' Bruder und starb 1928 im Alter von 5 Tagen.

Ivy Hudson. Eine von Doris' Schwestern, 1922 einjährig gestorben.

Häufige Gäste

Mam und Dad (Annie und Charles) Hudson – Doris' Eltern

Mrs Shipman, Sydneys Mutter.

Jim Mackenzie. Er machte die ersten beiden Fotos von unseren Geistbesuchern Tante Agg und Großmama Lumsden; er verewigte auch unsere Sitzung an Weihnachten 1954, die Weihnachtsparty.

~~~~~

Anrufung von Engeln

Oh ihr, die einstmals sterblich, wie wir gemacht aus Lehm,
seid bei uns heut; verlasst himmlische Gefilde, wo ihr wart, seit dem
ihr Engel seid voll Liebe – zeigt uns den Weg zum ew'gen Tanz
und legt um unsre Häupter eurer Wahrheit Strahlenkranz.

Bringt euren Hauch herab von Eden, wir atmen tief ihn ein.
Die Süße lässt uns träumen, woll'n nie mehr Sünder sein.
Die Herzen schwingen aus, so wie die frühe Lerche singt
Und jede Seele will die Wahrheit wissen, die heut ihr Engel bringt.

Kommt doch herab, ihr Engel, vereint Himmel und Erde,
seid unsre starke Sonne, dass uns kein Schatten werde.
Für Gottes Weisheit, Schönheit, Liebe macht uns doch bereit,
dass wir das Leben lieben und so sind, wir ihr dort oben seid.

                     Emma R. Tuttle (Lyceum-Handbuch)

6

SNC – die ersten drei Monate

Die Samstagabende waren uns heilig, sie gehörten dem Beisammensein: Wir hatten die Gelegenheit, die Abendstunden mit Sydney und Gladys Shipman in ihrem sehr wohnlichen Heim zu genießen, das in der Burlam Road lag und, wie wir wissen, neben ihrer Bäckerei und ihrem Gemischtwarenladen. Mam, Dad und Doris hatten diese Samstagsbesuche während des Krieges geliebt, und als ich Urlaub von der Armee hatte, ging ich mit ihnen mit; zudem versuchte ich immer, wenn ich im Vereinigten Königreich stationiert war, eine Telefonzelle zu finden, um Syd und Gladys anzurufen, wodurch ich auch mit Doris und Mam sprechen konnte.

Damit war zwischen uns sechsen, ohne dass wir das geplant hätten, eine starke Verbundenheit entstanden, die sich als entscheidend erwies, als der Krieg endete und ich im März 1946 ausgemustert wurde. Fünf von uns waren mit dem Spiritualismus groß geworden, und Gladys, die Methodistin, war sehr an ihm interessiert. Meine Mutter, die damals 51 Jahre alt und, wie ich erwähnte, ein geborenes Medium war, hatte sich zu einem guten Tieftrance-Medium entwickelt. Diesen Weg war auch eine ihrer älteren Schwestern gegangen, Agnes – wir kannten sie als Tante Agg –, die vier Jahre vorher gestorben war.

Tante Agg schaffte es, meine Mutter bemerkenswert schonend zu kontrollieren, und schon nach einer Minute oder zwei sprach sie zu uns, obwohl meine Mutter keine Ahnung hatte, was vorging und hinterher nichts von Tante Aggs Besuch wusste. Sie fiel einfach in den Schlaf, wobei sie sich durch die Zuneigung beschützt fühlen durfte, die zwischen ihnen beiden herrschte. Es war eine einzigartige, liebevolle Beziehung, die ihr ganzes Leben lang andauerte, und als wir in unserem gemütlichen Haus um den Kamin saßen, hatten wir oft begeistert an den unschätzbaren Szenen teil, die von dieser Beziehung zeugten.

Unsere Samstagabende gestalteten sich immer fröhlich, mit musikalischen Einlagen unserer Gastgeber: Sydney auf der Geige und Gladys am Klavier. Uns war jedoch nicht bewusst, dass hinter den wöchentlichen Zusammenkünften ein weitaus wichtigerer Grund steckte. Eines Samstags – etwa drei Wochen nachdem ich demobilisiert worden war – machte Sydney den Vorschlag, wir sollten einen Home Circle gründen.

Wir stimmten alle begeistert zu und trafen Vorkehrungen, um ihn in der folgenden Woche beginnen zu lassen, ohne zu wissen, was wir damit erreichen konnten.

Shpimans Gemischtwarenladen in den 1930-er Jahren; davor Sydney und sein Vater Joe

Wir erwarteten durchaus, Kontakt zu unseren Geisterfreunden zu bekommen, und zwar durch die Trance-Mediumschaft meiner Mutter, die etwas Besonderes darstellte und nicht durch Knopfdruck zu aktivieren war. Wir konnten nicht ahnen, was für eine unglaubliche Zukunft vor uns lag. Einige Monate später sagte uns Tante Agg, dass unser schneller Fortschritt nicht zuletzt unserer „Energiebank" zu verdanken war, die sich in Sydneys und Gladys' Raum während der fünf Kriegsjahre gebildet hatte.

Somit wurde am 6. April 1946 unser einzigartiger Saturday Night Club ins Leben gerufen. Er diente dazu, ein wöchentliches Treffen zwischen uns und unseren Freunden „im Geiste" zu veranstalten, und so blieb es auch während der Jahre unserer Sitzungen – auf den ausdrücklichen Wunsch unserer Geisthelfer und -führer hin.

Im Verlauf der Jahre stimmten sie freudig zu, wenn wir eigene Vorschläge einbrachten oder Experimente machen wollten: rotes Licht, Fotos, Infrarotfotos und so weiter. Der Zirkel war jedoch nie als wissenschaftlich orientierter Forscherkreis mit „professionellen" Mitgliedern gedacht, die ohnehin nie zu überzeugen sind und meine Mutter (wie es mit anderen Medien geschah) an einen Stuhl gefesselt und auf ihren Mund ein Klebeband gedrückt hätten, wie unbequem und unwürdig! Meine Mutter traf bei Sydney und Gladys meist kurz vor dem Beginn der Sitzung ein und saß plaudernd auf dem Esszimmerstuhl, der ihr zugedacht war. Wir wussten alle, dass sie zum Wohl unserer Geisterfreunde hier saß, und wir wussten alle, dass die Phänomene echt waren. Alle unsere Gäste haben uns das bestätigt, besonders Roy Dixon Smith und Ernest Thompson, der Herausgeber der Zeitschrift *Two Worlds*.

Ohne die Hingabe unserer Geisthelfer hätte meine Mutter niemals derartige Mengen Ektoplasma produzieren und sie in lebende, erkennbare Geistwesen umformen können, die bei ausreichend rotem Licht im Zimmer umherspazierten, während sie in tiefer Trance auf ihrem Stuhl saß, von jedermann zu sehen. Das war ja die Absicht unserer wöchentlichen Treffen: Leute aus beiden Welten zusammenzubringen.

Ich lade euch als Gäste dazu, damit ihr die bemerkenswerten Resultate mit uns genießen könnt.

Um sicherzustellen, dass ich die Einzelheiten unserer Sitzungen korrekt wiedergebe, liegen neben mir die Aufzeichnungen, die ich in den ersten beiden Jahren gleich nach jeder Sitzung machte, dieweil ich das von Gladys zubereitete Abendessen genoss. Ich merke jetzt, dass ich längere und genauere Notizen hätte verfertigen sollen, aber seinerzeit konnten wir die Tragweite unserer Abende noch nicht vorhersehen. Was uns anging, so handelte es sich um einen einfachen, höchst privaten Zirkel, der den Gästen helfen sollte, die wir einluden. All das war so natürlich, und wir dachten, es würde ewig so weitergehen, was auch acht Jahre so blieb, bis Mams Krebs schließlich seinen Tribut forderte und in unser aller Leben eine nicht auszufüllende Lücke hinterließ.

Jedoch habe ich hier noch die grundlegenden Fakten sowie sehr deutliche, schöne Erinnerungen, deren Auszüge das Buch hindurch präsentiert werden. Wenn ihr beim Lesen auch nur ein Zehntel der Freude verspürt, die wir und unsere Gäste erlebten, wird mein Schreiben nicht vergebens gewesen sein. Und hoffentlich erweitert es auch euer Bewusstsein über das Leben nach dem Tod.

In einem der vorherigen Kapitel habe ich über das allgemeine Verhalten der Teilnehmer bei den Sitzungen gesprochen, und damit seid ihr nun vorbereitet auf die Phänomene, die bei unseren Sitzungen auftraten.

Samstag, 6. April 1946, 20 Uhr 30

Teilnehmer: Mam, Dad, Syd, Gladys, Doris, Tom (die „Regulären" der Samstagabende, daher werde ich im Folgenden vor meinem Protokoll nur mehr die Namen der Besucher nennen). Später wurden auch Mrs Hildred und Mr Jones „Reguläre".)

Heute Abend sprach Sydney das Gebet, aber von unserer dritten Sitzung an eröffneten wir unser Zusammensein stets mit einem im Chor gesprochenen Gedicht, das *Anrufung von Engeln* hieß *(S.83)* und wir aus unserem Jahren im Lyceum kannten, der Sonntagsschule der Spiritualisten-Union.

Da wir nicht genau wussten, welche Phänomene oder Botschaften wir zu erwarten hatten – wenn überhaupt welche –, wird es euch überraschen zu hören, dass wir am Esstisch saßen, auf dem die Buchstaben des Alphabets ausgebreitet lagen und einem umgedrehten Weinglas in der Mitte*, in der Hoffnung, wir würden ein paar Hinweise darauf erhalten, wie wir uns in Zukunft bei den Sitzungen zu verhalten hätten. Drei oder vier von uns, ausgenommen meine Mutter, legten je einen Finger leicht auf das Glas, das sich bald ziemlich rasch im Kreis bewegte. Buchstaben zeigte es nicht an, und nach ein paar Minuten rutschte es ohnehin vom Tisch – und wurde von einem der Teilnehmer aufgefangen.

Einige Minuten später packte uns eine Erregung, als Tante Agg zum ersten Mal seit vielen Monaten aus dem Mund meiner Mutter zu sprechen begann. Sie versicherte uns, wir bräuchten derartige Glasrück-Methoden nicht zu verwenden, und nach einem allgemeinen Gespräch gab sie uns den unerwarteten Rat, bei unseren Sitzungen eine Trompete (ein leichtgewichtiges Megafon) hinzustellen: etwas, woran wir nie gedacht hätten. Dass jenseitige Besucher durch sie sprechen, ist ein höchst seltenes Phänomen, und wir hatten keine Ahnung, dass meine Mutter dasselbe Talent wie Tante Agg hatte, die in ihrem eigenen privaten Londoner Zirkel ein hervorragendes Trompetenmedium war.

Sobald Tante Agg ihre Ausführungen beendet hatte, ergriff ihr hauptsächlicher Geistführer das Wort, ein nordamerikanischer Indianer namens Running Water, der noch heute mit ihr in der Geistigen Welt arbeitet, und wandte sich an uns, wieder ein aufregender Augenblick. Er bestätigte den Rat seines Mediums und bestätigte uns, wir würde so gute Resultate erzielen, wie Tante Agg sie erzielt hatte! Das konnten wir damals gar nicht richtig begreifen, da wir allenfalls ein paar Phänomene durch regulären Trance-Mediumismus erwartet hatten. Wenige Minuten nachdem sich Running Water verabschiedet hatte, kam meine Mutter aus der Trance, und wir beendeten die Sitzung mit einem Dankgebet.

Als wir Mam berichteten, was sich ereignet hatte, konnte sie das kaum glauben, und die möglichen künftigen Entwicklungen versetzten uns in Hochstimmung. Syd erklärte sich bereit, für die nächste Sitzung eine Trompete zu besorgen, und wir alle, meine Mutter eingeschlossen, sahen diesem Treffen ungeduldig entgegen. Was für ein unerwartet aufregender Beginn! Im Raum summte es ganz schön elektrisch.

Von nun an gab ich den Sitzungen fortlaufende Nummern, damit wir uns auf sie beziehen konnten.

---

* Fußnote zum Ouija-Board:

Unsere Geisthelfer sagen uns, dass das Weinglas, das „Ouija"-Brett und das Tischrücken recht glaubwürdige und akzeptierte Methoden des Mediumismus seien, solange die Teilnehmer die richtige Haltung dazu einnehmen und die helfenden Geistwesen um Schutz bitten. Probleme entstehen gewöhnlich dann, wenn die Aktiven, oft Teenager voller Energie, sich zu einer Sitzung entschließen, um ein wenig Abwechslung zu erleben. Dann stehen die Türen zu den böswilligen Geistern weit offen, von denen immer eine Menge in Reichweite sind und die sich nur allzu gern mit Schabernack einschalten, was den „Spielchen" ein schlechtes Image verschafft hat.

In den vergangenen 10 Jahren, als kein gutes Medium verfügbar war, haben Ann und ich die erwähnten Methoden erfolgreich angewandt, und wir erhielten ausgezeichnete Botschaften und Führung, ohne dass Probleme aufgetreten wären. Ich kenne viele Menschen, die ähnlich erfolgreich damit gearbeitet haben. Es ist natürlich eure Entscheidung, aber geht an die Sache immer mit einem fröhlichen, positiven und realistischen „Geist" heran, um die richtigen – wahre und harmonische – Geister anzuziehen, deren Worte ihr hilfreich, ermutigend und aufbauend finden werdet. Vor allen Dingen könnten sie euch nachprüfbare und euch unbekannte Indizien für das Leben nach dem Tod liefern, und dieses Wissen kann leicht euer Leben verändern, wie viele bereits erfahren haben.

13. April, 20:30 Uhr (1)

Gladys' Mutter Mrs Hildred kam heute Abend zu uns. Ihr Ehemann Sam, an den ihr euch erinnern könnte, war in den letzten Weihnachtsferien überraschend entschlafen.

Syd hatte eine Trompete aus Metall hergestellt, die wir vor dem Kamin auf den Boden stellten. Wir setzten uns im Halbkreis um sie herum. Zunächst gab es durch meine Mutter keine Geisterbotschaften, und als wir in der Dunkelheit so saßen, wie uns in der Woche zuvor empfohlen worden war, konnten wir nicht angeben, ob sich die Trompete überhaupt bewegt hatte. Nach etwa einer halben Stunde bat ich im stillen, die Trompete möge umgeworfen werden, was das Ende der Sitzung bedeuten würde, und nach ungefähr 15 Minuten hörten wir alle, wie sie umfiel. Als wir nach dem Ende das Licht anschalteten, schauten wir genau hin, ob nicht einer von uns zufällig ein Bein ausgestreckt und die Trompete umgestoßen hätte. Dass es als Antwort auf meine stille Bitte geschehen war, spielte keine Rolle – sie war ohne physischen Kontakt bewegt worden. Wie es in meinen Notizen heißt: „Ein guter Anfang!"

20. April

Diese Woche hatten wir keine Sitzung, weil um 20.15 Uhr ein Klopfen an der Tür uns mitten in den Vorbereitungen störte: Zwei Cousins von Gladys platzten herein, die zufällig durch Middlesbrough gekommen waren und dachten, uns einen Überraschungsbesuch zu machen. Er überraschte tatsächlich uns alle und nicht zu knapp. Alle wussten ja, dass man Sydney und Gladys an Samstagabenden nicht besuchen solle, weil sie meist Gäste hätten – wenn die Leute nur gewusst hätten, was für welche! Jedoch passierte an jenem Abend etwas sehr Interessantes.

Auf dem Kaminsims stand ein Elektrowecker, den Sydney oft stellte, weil er sich überhaupt sehr für Uhren interessierte und sie für Freunde gern reparierte. Dieser Wecker blieb nie stehen, nur, wenn er an ihm herumschraubte; aber einige Zeit später bemerkte jemand, dass der Wecker an jenem besonderen Abend exakt um 20.30 Uhr stehengeblieben war – der Zeitpunkt, zu dem unsere Sitzung angefangen hätte. Ein Zufall? Wir glauben es nicht.

Wir waren sicher, dass unsere Geisterfreunde sagen wollten, dass sie hier seien, ungeachtet der Besucher. Von dem Tag an hatten wir nie mehr unangekündigte Besucher. Soweit ich weiß, ist der Wecker nie mehr unerwartet stehengeblieben und tickt immer noch auf dem Kaminsims in der Robin Hood's Bay in Nord-Yorkshire.

27. April, 20.30 Uhr (2)

Meine Mutter wurde von Sunrise kontrolliert, der uns erneut gute Ergebnisse versprach. Er riet uns auch zur folgenden Sitzanordnung:

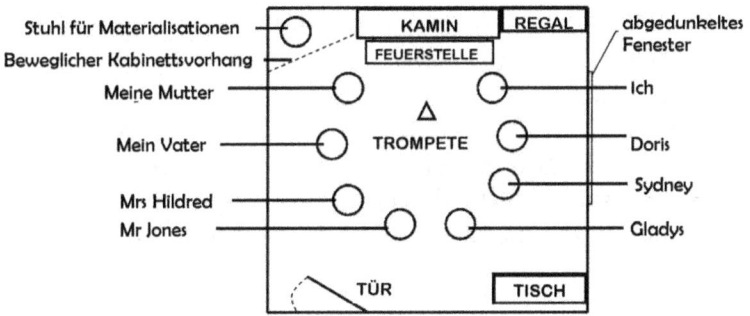

Der Raum war ein normal eingerichtetes Wohnzimmer von vier auf vier Meter Fläche, und man kann sich vorstellen, dass zwischen den acht Stühlen wenig Platz war. Ich habe versucht, den Kamin maßstabgetreu einzuzeichnen.

Wir hörten Klopfen auf dem Fußboden, was die Geisterkinder seien, wie uns gesagt wurde, und weiter wurde uns gesagt, die Trompete habe sich bewegt, auch wenn wir das nicht hatten sehen können.

Bemerkung: Wir begannen von diesem Abend an bis zum 6. Juli 15 Minuten früher; danach fingen wir bis Dezember

1947 jeweils genau um 20 Uhr an; und dann, als die Sitzungen länger dauerten, wurde 19.30 Uhr unsere Anfangszeit.

4. Mai 20.15 Uhr (3)

Die Trompete klopfte genau den Rhythmus mit, als wir gegen Ende der Sitzung um 21.15 zusammen sangen.

Heute Abend hatten wir unseren ERSTEN APPORT!!! Es war ein Teil einer weißen Blüte, vielleicht einer Kirschblüte, und Sydney fand ihn, als er nach der Sitzung die Trompete hochhob. Wir fragten alle Teilnehmer, ob sie nicht vielleicht so etwas bei sich gehabt hätten und überprüften auch, ob nicht bei Gladys so eine Pflanze im Haus wäre. Sydney sagte dann, „Dann ist das wohl unser erster Apport!", was prophetisch war und suggerierte, dass wir künftig noch mehr bekommen würden. Wie recht er hatte! Wir erhielten in den Jahren hunderte Apporte, meistens Blumen vieler Sorten, aber auch andere Objekte, die ich vorstellen werde, wenn sie an der Reihe sind. Obwohl die Blüte eigentlich nicht roch, war der Raum, als Sydney die Trompete anhob, plötzlich von einem überwältigenden Duft nach Fuchsien erfüllt, der einige Minuten anhielt. Meine Aufzeichnungen melden: „Alle höchst aufgeregt!"

11. Mai (4)

Wir sahen ein, dass die Verdunkelung des Fensters nicht so gut war, wie sie hätte sein sollen, aber dennoch endete unsere Sitzung mit guten Ergebnissen. Wieder klopfte die Trompete zu unserem Gesang auf den Boden. Als das Licht gegen Ende der Sitzung wieder anging, bemerkten wir, dass ein Aschenbecher aus Metall vom Kaminsims auf einen Schrank einen Meter daneben transportiert worden war, ein klares Telekinese-Phänomen. Wir verglichen sofort die Gewichte: Der Aschenbecher wog nur 50 Gramm, die Trompete 100. Wir durften also in der kommenden Woche, wenn Sydney die Verdunkelung verbessert hätte, mehr Bewegungen von der Trompete erwarten. Kein Blumen-Apport diese Woche, aber als Sydney nach der Sitzung nach oben ging, fand er in seinem Schlafzimmer einen Bund Flieder vor, die aber keinen Geruch verströmten.

18. Mai (5)

Die vollständige Verdunkelung brachte hervorragende Resultate. Wir spürten große Kraft, wobei die Männer sich kalt fühlten und die Frauen heiß! Nach unserem dritten Lied hörten wir, wie etwas auf die Feuerstelle fiel, und es war, wie wir feststellten, eine kanadische 5-Cent-Münze von 1889 (dazu später ein gesondertes Kapitel). Die Trompete berührte Dad, Mam und Gladys am Knie, und dann hörten wir sehr schwach eine Stimme, die durch die erhobene Trompete sagte: „Ich versuche es, ich versuche es, besser geht's nicht." Später erfuhren wir, dass die Stimme Tante Agg gehörte, die mit all ihrer Erfahrung immer bereit war, etwas Neues zu versuchen. Wunderbar und bemerkenswert – wir hatten eine Trompetenstimme also schon in unserer fünften Sitzung gehabt! Als dann die Lichter angingen, lag ein Bund Maiglöckchen vor meinen Füßen (ein neuer Apport), und wiederum war ein leichter Duft nach Fuchsien zu riechen. Mein Bericht sagt: „Ausgezeichnete Sitzung". So war es!

25. Mai (6)

Diese Woche legte ich ein Blatt Papier und einen Bleistift auf den Herd neben mich und lud damit unsere Geisterfreunde ein, uns, wenn möglich, eine Botschaft zu hinterlassen. Als das Licht anging, gab es keinerlei Anzeichen dafür. Wir mussten bis Sitzung 17 auf unsere ersten Unterschriften warten.

Vom ersten Lied an prompt Klopfen durch die Trompete, die im Kreis herumging und jeden antippte außer Doris, die bald unser viertes Kind erwartete. Danach sprach Tante Agg ziemlich deutlich und etwa fünf Minuten lang. Sie riet uns zu Verbesserungen bei der Trompete: Wir sollten die Öffnung größer machen, um Resonanzen zu vermeiden. Mam, die sich unter leichter Trancekontrolle befunden hatte, erklärte später, sie habe ein seltsames Gefühl in der Kehle verspürt, als Tante Agg gesprochen habe. Bei Einschalten des Lichts waren alle Gegenstände auf dem Kaminsims verschoben worden (noch mehr Telekinese), und in der schmalen Öffnung der Trompete, die auf dem Boden stand, prangte eine Tulpe (ein neuer Apport) wie in einer Vase. „Tolle Fortschritte!" steht in meinem Bericht.

1 Juni (7)

Zwischenzeitig hatten wir die Trompeten etwas verbessert und besaßen nun vier Exemplare – je eine aus Metall, Plastik, Karton und Sperrholz. Letztere baute Sydney wie eine Pyramide, und sie sollte sich im August nützlich erweisen, als wir ihre untere Hälfte weiß anmalten und die Geisterfreunde diese Fläche als Leinwand benutzten, um uns von Ektoplasma umkleidete Hände zu zeigen.

Es war unsere Überzeugung, dass unsere Freunde auswählen würden, was ihnen am besten passte. Schon kurz nach unserem Beginn diese Woche erfuhren wir, dass alle unsere vier Trompeten gleichzeitig benutzt worden seien, was, wie man sich vorstellen kann, eine große Energiemenge beanspruchte. Vor der Sitzung schrieb ich eine Frage auf das Papier auf dem Herd: „Wer ist das Medium für die Apporte?" Die Antwort kam von Tante Agg, als sie durch eine der Trompeten zu hören war: „Kollektive Anstrengung." Ihre Stimme war viel stärker und klarer. Onkel Jack manövrierte dann die hölzerne Trompete, die ziemlich schwer war und sang mit uns mit, nachdem Tante Agg zu Ende gekommen war. Dann sprach er zu uns, auch sehr deutlich und sagte uns, wir sollten seiner Witwe – Tante Harriet – von all dem erzählen, da sie nicht so daran glaube. Mein Vater meinte dann, er sei sich nicht sicher, ob es sich um Jack handle, worauf eine rasche Antwort durch die Trompete kam: „Natürlich ist es Jack, du Trottel!" (softy, einer seiner beliebtesten Ausdrücke). Dad entschuldigte sich sofort, und Jack antwortete: „Will ich aber auch meinen!" Ein sehr interessanter Meinungsaustausch zwischen zwei Welten!

Als am Ende es im Raum hell wurde, waren wieder alle Objekte auf dem Kaminsims verschoben worden, und sie hatten eine schöne Chrysantheme so auf das Schmalende der Trompete gelegt, dass sie auf ihm balancierte.
Und mein Bericht verzeichnet: „Weiterer Fortschritt – außergewöhnliche Resultate."

Welche unserer Trompeten sie bevorzugten, haben wir nicht herausgefunden, weil wegen der Ferien zwei Sitzungen ausfallen mussten und wir uns erst wieder am 22. Juni trafen. Da verfügten wir dann schon über Tante Aggs leichte Aluminiumtrompete, die sie in ihrem privaten Zirkel in den 1930-er Jahren verwendet hatte. Mir war eingefallen, dass ihre Tochter Gwen in London diese Trompete als Souvenir an die wunderbare Medienschaft ihrer Mutter aufbewahrte. Ein paar Wochen nach unserem Start hatte ich Gwen geschrieben und ihr unsere aufregenden Neuigkeiten mitgeteilt. Ob es wohl möglich sei, fragte ich sie, uns Tante Aggs Trompete ein paar Wochen auszuleihen, um uns etwas weiterzuhelfen? Die Antwort kam schnell und war positiv. Freilich könnten wir die Trompete haben und auch so lange, wie wir sie bräuchten; sie wisse, dass ihre Mutter über ihre Entscheidung sehr glücklich wäre. Sofort ließ sie uns das Ding zustellen, und wir setzten die Trompete zum ersten Mal am Samstag, 22. Juni ein.
Die Trompete befindet sich immer noch in meinem Besitz, und neben ihrem Einsatz in unserem Middlesbrough-Zirkel versah sie noch in drei weiteren „physikalisch arbeitenden" Zirkeln im Vereinigten Königreich ihren Dienst. Sie ist etwas über 50 Zentimeter lang, und der Durchmesser ihres Schalltrichters beträgt neun Zentimeter. Sie ist nun älter als 70 Jahre, etwas hergenommen und verbeult und ein wertvoller und geschätzter Teil meiner Erinnerungssammlung, die mich zu allen meinen Vorträgen begleitet. Zuhörer kommen danach gern zu mir und wollen sie in Händen halten, um die Energie zu spüren, die immer noch von ihr ausgeht. Der Schalltrichter hatte sich verbogen, nachdem er 1946 ein paar Wochen lang den Rhythmus

auf den Boden geklopft hatte, und zwar so stark, dass Sydney ein Band dickeres Aluminium darumkleben musste. Es hielt bis heute und hat die Phänomene nie beeinträchtigt.

22. Juni (8)

Die erste Sitzung mit Tante Aggs Trompete, die am Schalltrichter drei Flecken mit Leuchtfarbe aufwies, was sie im dunklen Raum deutlich sichtbar machte. Es war faszinierend und aufregend, ihre raschen Bewegungen durch die Luft zu verfolgen, wie sie zur Decke hochschoss, im Zimmer umher Purzelbäume schlug, um dann wieder einige Teilnehmer sanft am Knie zu berühren – und all das in vollständiger Dunkelheit, ohne dass Lampenschirme oder Möbelstücke gestreift worden wären, recht beachtlich! Für drei unserer Geisterfreunde bekamen wir auch Zeichen zu sehen, ausgedrückt in Bewegung: Sunrise beschrieb einen Kreis, was wohl die Sonne darstellen sollte; Tante Agg bewegte die Trompete einfach vertikal auf und nieder, und Sam schlug mit ihr im Rhythmus eines bekannten Gassenhauers auf den Boden.

Bei weiteren Sitzungen hatten wir andere, unterschiedliche Signale für viele andere neue Mitglieder des Geisterteams. Wirklich eine glückliche Familie!

Tante Agg sprach durch die Trompete zu uns, und dann machte Sunrise den Weg frei für Sam Hildred, der sehr kraftvoll seine Worte aussprach, es aber nicht schaffte, lange zu bleiben. Ivy Hudson, die als Säugling vor vielen Jahren gestorben war, sprach ziemlich deutlich zu ihrer Schwester Doris. Dann stimmte Onkel Jack wieder in unseren Chor ein und nahm die wie eine Krinolinenlady geformte Kupferglocke auf, die Gladys gehörte und fast zwei Pfund wog, und er läutete sie energisch ein paar Sekunden. Kein Apport in dieser Woche, aber in der darauffolgenden konnte Sydney sein Taschenmesser nicht finden, das er jeden Tag benützte, um in der Bäckerei die Mehlsäcke aufzuschlitzen. Am Donnerstag fand er es dann unter der Trompete liegen, die während der Woche in der Ecke des Wohnzimmers stand, in dem wir unseren Zirkel abhielten! Als Antwort auf unsere Frage, ob wir Gäste einladen könnten, beschied uns Sunrise, sie würden uns wissen lassen, wann dies möglich sei – und wir hatten große Lust dazu. Wir wollten diese wundervollen Erfahrungen mit anderen teilen. Erneute exzellente Fortschritte.

Nach einer Anzahl von Sitzungen mit Tante Aggs Trompete bemerkte Gladys eines Samstagabends, dass Sunrise seinen Kreis immer in dieselbe Richtung beschreibe – vermutlich im Uhrzeigersinn. Sofort nachdem sie das gesagt hatte, erstarrte die Trompete im Flug und bewegte sich gleich in die entgegengesetzte Richtung – gegen den Uhrzeigersinn. Sunrise hatten den Kommentar anscheinend gehört und darauf reagiert! Von jenem Abend an beschrieb er seinen Kreis stets in beide Richtungen, und so verfährt er auch in einem anderen Zirkel, in dem Ann und ich seit einigen Jahren Mitglied sind. Bei unseren Besuchen im Königreich können wir immer an ihm teilnehmen: ein Privileg und ein Vergnügen.

Bevor wir Tante Aggs Trompete bekamen, hatten wir versucht, etwas Leuchtfarbe aufzutreiben, um sie auf die Trompete aufzutragen, aber ohne Erfolg. Kein Wunder, es war erst kurz nach Kriegsende. Mir fiel eine alte Uhr ein, die ein reflektierende Abdeckung hatte, suchte sie in allerlei Schubladen, konnte sie aber nicht finden. Mam suchte lange, hatte sie aber auch nicht. Für unsere Geisterfreunde war so etwas dagegen kein Problem.

29. Juni (9)

Diese Woche hielten wir es für hilfreich, auf dem Kaminsims einen leuchtenden Spielzeughasen aufzustellen, doch bald sahen wir ein, dass wir uns getäuscht hatten. Er lenkte uns zu sehr ab, und wir entfernten ihn nach fünf Minuten. Die Trompetenbewegungen waren sehr gut, und 12 unserer Geisterfreunde übermittelten uns ihr Zeichen. Sunrise sprach sehr klar und erzählte uns, es herrsche große Kraft, und auf ihrer Seite seien alle sehr erfreut darüber. Dann bat er uns, um 20 Uhr anzufangen und um 21 Uhr aufzuhören, was wir ab der nächsten Woche dann taten. Mona Hildred, Gladys' Schwester, die im Alter von 12 Jahren gestorben war, versuchte sich an ein paar Worten, konnte dann jedoch nur lachen. Sunrise sagte uns das und verriet uns auch, dass er auf ihrer Seite der neue Anführer sei, da er die Trompete besser bedienen könne als Tante Agg.

Er sagte uns weiter, dass das Medaillon, das unter Gladys' kleinem Sofa gefunden worden war, von Ivy Hudson hergebracht worden war, vom Haus ihrer Mutter in der Ayresome Park Road, das fast einen Kilometer entfernt war. Und sie war für einen anderen Apport verantwortlich, den wir am Ende unserer Sitzung sehen sollten. Ferner erklärte er uns, dass Sydneys Messer von Sam Hildred bewegt worden war (Telekinese). Danach sprach Dads Mutter sehr schwach, aber recht deutlich.

Es folgte Onkel Jack, auch er mit sehr deutlicher Stimme, der zu einer Behandlung von Tante Harriets schmerzhaftem Bein riet und vor allem dazu, „diesem Typ, diesem Edwards zu schreiben". Damit meinte er den berühmten Heiler Harry Edwards. Ich erzählte das am nächsten Tag Tante Harriet, aber ich weiß nicht, ob sie den Brief je geschrieben hat, da sie ja nicht an unsere Besucher glaubte. Sunrise sagte uns, in dieser Nacht habe sich uns ein neues Geistermitglied angeschlossen – Ernie Buckingham, ein Freund aus Zeiten des Lyceum, der Anfang zwanzig gewesen war, als ihn der Schlag getroffen hatte. Meine Aufzeichnungen zeigen, dass wir bei dieser Sitzung 35 Minuten lang Konversation hatten – ein bestechender Fortschritt!

Als wir wieder Licht hatten, lagen da nicht nur vier Efeuzweige von Ivy [was auf Englisch auch „Efeu" heißt] als Dank für die Blumen, die ihre Mam für sie geschickt hatte, sondern auf der Uhr, die auf dem Kaminsims thronte, lag meine alte Uhr! Irgendwo hatten sie sie gefunden und sie in unseren Zirkel gebracht – ein ganz spezieller Apport! In der Woche darauf entfernte ich die Abdeckung der Uhr, schnitt sie in vier Teile, und Sydney befestigte diese an den vier Seiten der Sperrholztrompete, womit wir nun zwei leuchtende Trompeten besaßen.

In der Woche darauf, in Sitzung 10, legte ich das, was von meiner Uhr übrig war, zurück auf die andere Uhr, und nachdem ich ihnen gedankt hatte, dass sie sie hergebracht hatten, sagte ich einfach, sie könnten sie zurückbringen – wo immer das war. Am Ende der Sitzung war die Uhr verschwunden. Später fand sie jemand in der Schublade des Schranks im Raum, neben einigen anderen Apporten – dieses Mal war es Telekinese, gekoppelt mit Dematerialisation, wenn die Uhr in der Schublade landete, ohne dass diese geöffnet wurde; außer, die Geister öffneten die Schublade höchstpersönlich. So genau wollten wir das gar nicht wissen, denn wir waren einfach fasziniert, dass wir so viele physikalische Phänomene so schnell erlebt hatten.

Damit endeten die legendären ersten drei Monate unserer Sitzungen, und die Phänomene hatten unsere anfänglichen Hoffnungen bei weitem übertroffen. Doch es sollte nur der Anfang noch wundersamerer Phänomene in den Monaten und Jahren vor uns sein. Die Unglaublichkeit von all dem führte zu etwas, was man mit einem Wortspiel „Entgeisterungs-Effekt" nennen könnte und sich vor allem dann bemerkbar machte, wenn materialisierte ektoplasmatische Geistwesen zu uns stießen und in unserer Mitte standen ... aber damit greife ich etwas vor.

7

Die kanadische Fünf-Cent-Münze von 1889

In der Sitzung 5 am 18. Mai 1946 bekamen wir unseren zweiten Apport – eine silberfarbene kanadische Fünf-Cent-Münze von 1889, wie ich am Ende der Sitzung in mein Notizbuch schrieb. Erst sechs Wochen vorher hatten wir unseren privaten Zirkel eröffnet, und darum waren wir ganz beglückt, in solch kurzer Zeit schon so viel erlebt zu haben. Unser erster Apport aus der dritten Sitzung, ein Teil einer weißen Kirschblüte, war bald verwelkt, das Schicksal jeder Blüte.

Doch hier hatten wir einen soliden Apport aus Metall, den wir behalten würden können. Woher er kam, konnten wir nie in Erfahrung bringen, anders als bei einigen unserer späteren Apporte. Wir wissen jedoch, dass unsere Geisterfreunde derartige Gegenstände nie von Orten fortnehmen, wo ihr Fehlen beim Besitzer zu Verärgerung, Aufregung oder Entmutigung führen würde. Es sind nie Dinge von großem materiellem Wert, wie gewiss in diesem Fall.

Die Münze wurde zu unseren anderen Memorabilien gelegt, die ich ab 1967 zu meinen Vorträgen mitnahm, damit das Publikum sie inspizieren konnte. Solche kleineren Apporte wurden in kleine Plastikumschläge gesteckt, diese wiederum in einen Ordner mit festem Rücken. Bevor ich zu einem Referat das Haus verließ, überprüfte ich meine Ausstattung und natürlich auch die äußerst kostbaren Apporte. Bei einer solchen Kontrolle im März 1990 fiel mir auf, dass die Fünf-Cent-Münze fehlte und sich in der unteren Ecke des Umschlags ein Loch befand. Natürlich ärgerte mich das ziemlich; ich ging all meine Reisetaschen durch, doch nichts war zu finden. Die Münze musste irgendwo herausgefallen sein. Ich konnte also nichts tun und trat meine Reisen durchs Land an.

Nachdem Doris 1976 gestorben war, heiratete ich erneut, so dass ich zu jener Zeit in der Nähe von High Wycombe in Buckinghamshire lebte. Meine zweite Frau brauchte 1991 eine künstliche Hüfte.

Wir hatten beide ein Auto, aber noch mehrere Wochen nach der Operation war sie nicht in der Lage, zu fahren. Als sie besser in den Wagen einsteigen konnte, legten wir ihr ein Kissen auf den Beifahrersitz, und ich übernahm das Fahren, wobei mein eigenes Auto in der Garage blieb. Eine meiner Töchter, Joyce, die in Somerset lebt, musste zu einer Nachuntersuchung wegen einer Operation die Slough-Klinik aufsuchen, und ich würde sie dort abholen. Zu diesem Anlass 1991 nutzte ich den Wagen meiner Frau, parkte ihn auf dem Parkplatz der Klinik, und Joyce traf pünktlich ein.

Als ich die Beifahrertür öffnete, sagte ich ihr, sie solle das Kissen entfernen, wenn sie es nicht bräuchte und ging zur Fahrerseite. Joyce stand noch neben ihrer Tür und hielt etwas Kleines in der Hand. Sie hatte das Kissen weggenommen und auf den Rücksitz gelegt, und dann war ihr eine kleine Münze auf dem Sitz aufgefallen, die unter dem Kissen gelegen haben musste. Sie gab sie mir.

Ich war absolut erstaunt, die kanadische Fünf-Cent-Münze von 1889 wiederzuerkennen, die ich verloren hatte! Ich wusste einfach, dass unsere Geisterfreunde sie von dort zurückgebracht hatten, wo sie war. Sie war also ein zweites Mal apportiert worden, etwa 45 Jahre nach dem ersten Mal, und sie war unter dem Kissen in der Dunkelheit rematerialisiert worden.

Ich muss betonen, dass ich niemals den Wagen meiner Frau benutzt hatte, wenn ich zu einem Vortrag fuhr; die Münze hätte darum unmöglich dort landen können und auf keinen Fall auf dem Beifahrersitz. Es wäre eine außerordentliche Koinzidenz gewesen, wenn eine identische Münze zufällig sich an jenem Tag in jenem Auto befunden hätte. Da hatten wir wieder einen wunderbaren Beweis dafür, dass

Apporte unter den richtigen Bedingungen überall und jederzeit vorkommen können.

Ich muss kaum erwähnen, dass die Münze immer noch unter meinen am meisten geschätzten Erinnerungsstücken liegt, in einer stärkeren Plastikhülle, und dass sie mich immer noch zu meinen Vorträgen begleitet *(Foto S.61)*.

~~~~~~

Mein Gebet

In den endlos langen Stunden
Meiner dunklen, düstern Nacht
Klagt meine Seele in Bedrängnis
Zu Gott, der Liebe und das Licht gemacht.
Schick doch die heilgen Engel mir herab in diese Finsternis,
dass Licht und Hoffnung sie mir geben
und meiner Seele Kraft, dass sie
sich über ird'sche Niederungen mag erheben
und helle Sterne sehn in ihrem ewgen Leben –
Wo Liebe wird von Glück gekrönt
Wo alles schön und leuchtend ist
Wo Blumen blühn mit süßem Duft
Und dass es eine Nacht je gab, man rasch vergisst.
Die Seele steigt nun unbesorgt, die Nacht der Trauer ist vorbei,
o Gott der Liebe,
du führst mich hin zur Küste und zum Himmelskai.
Mein Herz, es jubelt und es weiß dir Dank
Für deine Liebe, die mich stets umweht,
In deine Hände komme ich –
Du hast erhört es: mein Gebet.

(komponiert und diktiert von Tante Agg, als sie sich am 21. Juli 1953 materialisierte; geschrieben für Mr Brittain Jones.)

8

SNC, Juli bis November 1946

Während der nächsten fünf Monate bekamen unsere Sitzungen durch die „Trompetenzeichen" unserer regelmäßigen Geistbesucher, viele Apporte und entscheidend verbesserte Direktstimmen durch die Trompete eine feste Gestalt. Um euch nicht zu langweilen, gebe ich nur die wichtigsten Geschehnisse wieder oder auch nur die Aufzeichnungen aus meinem Notizbuch.

Terry Abbott

An den nächsten zehn Sitzungen nahm Terry Abbott teil, Tante Aggs jüngster Sohn, der nebenbei als Fotograf arbeitete. Er sollte im Februar 1948 die letzte Serie von Fotos für den Zirkel machen.

Mittlerweile dürftet ihr euch fragen – wie wir uns damals –, woher die apportierten Blumen kamen; Apporte sind ja physikalische Objekte, die ohne menschlichen Eingriff von einem Platz zum anderen transportiert werden und sogar – wie in unserem Fall – in einen Raum, dessen Fenster und Türen fest verschlossen sind.

In den Jahren haben wir gewiss hundert Apporte bekommen. Als wir in der ersten Zeit allenfalls eine Blume oder zwei erhielten, sagte uns Tante Agg, sie hätten sie aus dem Vorgarten der Nachbarn oder benachbarten Grundstücken.

Die neben das Geschäft aneinander gereihten Häuser hatten alle Vorgärten, und an ihnen gingen wir entlang, um zu sehen, ob da solche Blumen wüchsen – und meistens war das so. Wenn feuchtes Wetter herrschte, waren auch die apportierten Blumen nass, was darauf hindeutete, dass sie an jenem Abend von draußen gekommen waren.

Bei späteren Sitzungen bekamen wir allmählich kleine Buketts mit verschiedenen Blumen, die auf den Herd gelegt wurden und offenbar nicht aus einem Garten stammten. Die Antwort von Tante Agg, wie immer von ihrem unnachahmlichen Kichern begleitet, überraschte uns. In der Straße, in der auch der Shipman-Laden lag, gab es auch einen Floristen, den wir oft aufsuchten. Die Tante erklärte, dass alle Blumen in eine Hütte hinter dem Laden gelegt würden (klimatisierte Räume kannte man damals nicht), wo sie bis Montag morgen blieben, was aber nicht alle überstanden. Da es nun Sonntagabend war und viele Blumen bereits welkten, wurden sie „befreit", bevor es zu spät war – und der Florist erlitt deswegen keinen finanziellen Nachteil.

Das klang, fanden wir, ziemlich logisch, und wir empfingen weiterhin freudig unsere schönen Apporte, die uns manchmal gebracht wurden, damit wir sie jemandem weitergäben, der sie nötig hätte oder als Geburtstagsgruß mit ein paar aufmunternden Worten von einem geliebten Wesen aus der Geistigen Welt.

13. Juli (11)

Ein Haufen Energie. Sofort gab es apportierte Blumen – so eine doppelte Chrysantheme für Doris. Mrs H. bekam eine Eberraute für ihren eigenen Garten. Sam Hildred sprach einige Minuten durch die Trompete, sogar vor Sunrise, der sonst immer als erster dran war, und Sam erklärte recht deutlich, dass er diesen besonderen Apport für sie zustande gebracht hätte. Mrs Hildred hatte vor ihrem Eintreffen hier ihre Schwester besucht, was wir nicht wussten. Als sie in ihrem Garten umhergingen, sah Mrs H. einige Eberrauten, die einen betörenden Duft verströmen, und sie sagte ihrer Schwester, dass sie gern irgendwann einige für ihren eigenen Garten hätte. Dieses Gespräch fand weniger als zwei Stunden vor unserem Treffen statt, und dann, als wir am Ende der Sitzung das Licht andrehten, warteten die Blumen auf sie. Danach sagte Mona Hildred, die mit 12 Jahren 1933 hinübergegangen war, zu ihrer Mutter: „Großes Mädchen jetzt, Mam."

Tante Agg sprach zu Terry und teilte ihm mit, sie habe seine Manschettenknöpfe aus seinem Haus hergebracht, um zu zeigen, dass sie ihm oft nahe sei. Nach der Sitzung lagen sie auf dem Herd. Unsere gewöhnlichen Sitzungen dauerten etwa eine Stunde, bevor uns Sunrise sagte, dass wir zum Ende kommen sollten, doch heute Abend fiel die Trompete zu Boden, bevor er es gesagt hatte, und wir begriffen, dass etwas nicht stimmte. Wir schlossen das Treffen augenblicklich und bemerkten, dass es nur 50 Minuten gedauert hatte.

In der Woche darauf entschuldigte sich Sunrise und erklärte, er habe die Sitzung so abrupt beenden müssen, weil ein unautorisierter Geist zugesehen und sich der Trompete bemächtigen habe wollen, was meine Mutter gefährden hätte können. Dank Sunrise blieb sie jedoch unverletzt. Der Beobachter war anscheinend ein Selbstmordfall gewesen, dem dann von unseren Geisterfreunden geholfen wurde, die ihm sagten, warum er hier sei und wie er in der Geistigen Welt vorankommen könne.

Das führte uns den Wert und die Bedeutung eines starken Führers in der Geistigen Welt vor Augen, wie es Sunrise einer war. Vor allem galt dies bei physikalischen Phänomenen. Wir erfuhren, dass es bei jeder Sitzung eine Menge geistige Zuschauer gebe, denen in ihrer Hoffnung auf Fortschritt sehr geholfen werde und die eben durch unseren von spiritueller Energie gespeisten „Leuchtturm" angezogen würden. Es ist gut zu wissen, dass wir so vielen helfen können, die in Not sind. In sechs oder sieben Jahren musste Sunrise nur drei oder vier Mal in beschriebener Weise eingreifen.

20. Juli (12)

Es kamen wieder Blumen, darunter eine Ringelblume mit zwei Blüten, eine rote Nelke und eine gelbe für Tante Aggs Tochter Madge, die am nächsten Tag Geburtstag hatte. Wir freuten uns sehr über die Blumen, die wir am Sonntag dann zu ihr brachten. Sams Foto wurde auf den Kaminsims gehoben, und wir hörten Klicken und Klopfen, was sich nach menschlichen Fingernägeln anhörte. Sunrise sagte uns, dass sie drüben mit neuen anderen Phänomenen experimentierten, und Mam spürte, wie eine Hand sie berührte (von Sunrise bestätigt).

Mrs Nellist (bekannt als „Ma") war unser neues Geistermitglied, und sie hatte genug Energie, um damit nicht nur die Trompete hochzuheben, sondern auch die schwere kupferne Krinolinenlady-Glocke vom Kaminsims herunter in die Trompete zu stecken und sie in deren Inneren zu läuten. Es gehörte außergewöhnlich viel Energie dazu, das alles bei ihrem ersten Besuch zu schaffen.

Sunrise erklärte hinterher, nun könnten wir unsere ersten Gäste einladen, doch es solle sich um ein Paar handeln, denn deren Energie könne man leichter mit der vorhandenen verschmelzen als die von zwei einander Fremden. Unsere Entscheidung fiel rasch ... auf Doris' Eltern Annie und Charles, die erfahrene Mitglieder der Spiritualistenkirche von Middlesbrough waren.

27. Juli (13)

Annie und Charles waren also unsere ersten Gäste-Beisitzer, und die apportierten Blumen waren eine rote Dahlie für Annie, eine rote und orange Papageienblume sowie eine Margerite.

Die Trompete setzte sich gleich zum Auftakt in Bewegung. Zu den Geisterbesuchern gehörte May Shaw, eine von Charles' Töchtern aus erster Ehe. Sunrise wurde wie üblich als Moderator tätig. Tante Agg und Sam sprachen deutlich, doch das Ereignis des Abends war gekommen, als zwei Schwestern meiner Mutter, Lily und Esther, durch die

Trompete zu unser aller Entzücken ein Duett sangen. Meine Mutter erzählte mir später, dass sie das vor ihrem Hinübergang in die Geistige Welt oft getan hätten; es ähnelte den gemeinsamen Einsätzen von ihr und Doris bei Konzerten in der Kirche. Bevor wir den Zirkel schlossen, berichtete uns Tante Agg, dass es ihnen gelungen sei, einige Fingerkuppen zu materialisieren und dass wir später volle Materialisationen bekommen würden. Großartige Neuigkeiten. Guter Fortschritt. Annie und Charles waren sehr zufrieden mit ihrer Sitzung.

3. August (14)

Aktivitäten mit der Trompete gab es nicht viele zu verzeichnen, da sie mit Materialisationen experimentierten. Wir alle hörten, wie es auf den Kamin klopfte. Einer der Apporte war ein sehr alter Penny aus meiner Münzenbüchse im Haus. Wir wussten, dass es derselbe Penny war, da er eine Scharte am Rand hatte, und als ich zu Hause in der Büchse nachschaute, fand ich die Münze auch nicht. Wir erhielten auch einen Bund pinkfarbener Nelken, eine Rose für meine Mutter und zwei Nelken – für mich, weil ich in der kommenden Woche Geburtstag hatte. Die Blumen kamen alle von „Tantchen Oma", der neuen Geisterbesucherin dieser Woche. Sie sagte mir durch die Trompete, dass sie von weit her gekommen sei, um mich zu sprechen, und dass Opa bei ihr sei. Wir nannten sie „Tantchen Oma", weil Opa, nachdem seine erste Frau Esther, Mutter von elf Kindern, gestorben war, ihre Schwester Agnes geheiratet hatte. Sie war immer „Tantchen Agg" gewesen und mutierte folgedessen zu „Tantchen Oma".

Sunrise ergriff das Wort und warnte uns, wir sollten in den nächsten Wochen nicht zu viel erwarten, da es um die Gesundheit meiner Mutter derzeit nicht zum besten stünde.

10. August (15)

Ein langsamer Start diese Woche, aber Nelken und Margeriten wurden apportiert. Klopftöne am Kamin, und

Sunrise sagte, sie würden uns die materialisierten Fingerkuppen nächste Woche zeigen, im Schein der reflektierenden Flächen der Trompeten. Sam und Sydneys Vater kamen zu Wort, beide waren recht gut zu verstehen.

17. August (16)

Die Apporte bestanden aus einer gefleckten Nelke, einem Strauß pinkfarbener Nelken und einem „Kreuzfahrer"-Abzeichen, das auf der Kaminsims-Uhr lag. Die Kreuzfahrer-Vereinigung war eine landesweite Gruppe, die mit dem Spiritualisten-Lyceum verbunden war, und wir waren höchst gespannt, da wir vermutlich nächste Woche erfahren würden, wem das Abzeichen gehört hatte und woher es kam. Doris' Mutter Annie Hudson hatte vor kurzem in ihrem eigenen Haus mit einer Trompetengruppe begonnen, und ihre Trompete hatten wir heute Abend in unserem Zirkel, um zu sehen, ob unsere Geisthelfer sie mit Energie aufladen könnten. Sie bewegte sich auf der Stelle und wurde in die hölzerne Trompete geschoben, wonach sich beide erhoben. Sunrise erklärte, dass die Mutter meiner Mutter – Esther – anwesend sei, aber die Trompete kontrollieren oder sprechen könne sie nicht. Sie war im Jahr 1900 gestorben, als meine Mutter fünf Jahre alt war.

Noch mehr Klopftöne vom Kaminsims, aber die geringe Leuchtkraft, die von den Trompeten ausging, verhinderte es, dass die Fingerkuppen gesehen werden konnten. Sunrise bat uns, auf einer Seite der Holztrompete eine große Stelle weiß anzumalen. Sie hatten versucht, auf dem Brett mit dem Papier neben mir auf dem Herd zu schreiben, aber es bewegte sich beim Schreiben, und also wurden wir gebeten, es zu fixieren, was wir für die nächste Woche taten.

Sam sprach sehr klar und lange, um uns zu schildern, wie er sich gefühlt hatte, als er am letzten Weihnachtstag plötzich gestorben war. Es war weder schmerzhaft noch schwierig gewesen – wie Aufwachen aus dem Schlaf. Er fand, dass alle auf der Anderen Seite äußerst hilfsbereit waren. Sein wenngleich geringes Wissen über die Welt der

Geister hatte ihm enorm geholfen; Sydney hatte Sam 1938 zu einem von Helen Duncans Materialisationszirkeln in Middlesbrough mitgenommen. Eine sehr guter Rede in vorzüglicher Diktion.

24. August (17)

Sydney hatte auf eine Seite der hölzernen Trompete nun einen etwa acht Zentimeter breiten weißen Streifen gemalt. (Leuchtfarbe gab es so bald nach dem Krieg nicht.) Wir hörten sofort Klopfen vom Kamin. Die Holztrompete wurde vom Boden aufgehoben und bewegte sich ganz langsam vor den Teilnehmern, so dass alle die beiden materialisierten ektoplasmatischen Hände vor der weißen Fläche sehen konnten. Wie erfuhren, dass es die Hände von Tante Agg und Ivy Hudson seien. Ivy war Doris' Schwester, im Alter von einem Jahr gestorben und wuchs nun im Geiste auf. Der Größenunterschied der Hände war markant.

Kurz darauf hörten wir, wie der Bleistift neben mir auf dem Papier kritzelte. Sydney hatte ein solides Brett gefunden und das Papier so auf ihm befestigt, dass es sich nicht bewegen ließ. Zwei Astern und zwei Nelken wurden gebracht – eine für jede der Damen. Wir fragten Sunrise wegen des Abzeichens der letzten Woche. Er könne uns natürlich alles darüber sagen, meinte er, aber er halte es für überzeugender, es uns selber herausfinden zu lassen.

Sam sprach nur eine Minute oder zwei und verriet uns dabei, dass er mit seinem Namen unterzeichnet habe, aber Gladys würde seine Unterschrift erst suchen müssen! Im Licht nach der Sitzung standen, vor unser aller Augen, zum ersten Mal die Unterschriften auf dem Papier: Jack, Agnes, Mona und Ivy, mit Sunrises „O" ganz oben und unten – alle hatten sich verewigt. Sams Unterschrift fanden wir später auf einer der unteren Fliesen vorn am verkleideten Kamin – das war typisch Sam, und Gladys wird diese Fliese lange nicht abgewischt haben, wenn überhaupt je!

Mein Notizbuch sagt: „Ein sehr guter Abend mit grenzenlosen Möglichkeiten für die Zukunft."

31. August (18)

Gast: Marjorie Newton, Sydneys Nichte

Sofort Klopftöne am Kamin. Holztrompete bewegte sich nach fünf Minuten und zeigte eine materialisierte Hand, die eine Nelke hielt und sie direkt Marjorie präsentierte! Fanden später heraus, dass es Mona Hildreds Hand war. Als Sunrise sprach, fragte ihn Sydney, ob es lang her sei, dass er gestorben sei. „Zu lang her, um nachzurechnen", war die Antwort. Sunrise wünschte, Mam solle an Annie Hudsons Zirkel teilnehmen, und er würde dann Rat geben, die Sitzordnung der Teilnehmer betreffend. Sam sprach sehr deutlich; gefolgt wurde er durch Sydneys Vater, der bat, seine Witwe möge zum Zirkel stoßen. Sydney sagte, er würde sich darum kümmern.

Ein Kollege aus dem Büro sagte mir am Freitag, sein Vater sei am Nachmittag gestorben; ob er in der Geistigen Welt Hilfe bekommen könne? Ich legte die Frage Sunrise vor, ohne Namen zu nennen. Er antwortete sogleich und sicherte Hilfe zu. Der Name meines Kollegen sei James Arthur Wright – genau derselbe wie der Name des Vaters. Das stellte sich als korrekt heraus, als ich Jimmy am Montag noch einmal danach fragte!

Vier weitere Nelken tauchten für Marjorie auf, und Gladys' Gürtel wurde aus dem Korridor herbeiapportiert. Sunrise erklärte, um die Gesundheit meiner Mutter stehe es nun besser, und wir könnten in vernünftigem Rahmen Gäste zu unseren Sitzungen einladen.

Eine exzellente Sitzung, von Anfang bis Ende.

7. September (19)

Mam hatte eine schwere Erkältung, darum erwarteten wir nicht viele Phänomene; dennoch bewegten sich die Trompeten sehr flink. Sam materialisierte seine Hand und gab der hölzernen Trompete einen ungeheuren Schlag. Er wirkte sehr aufgeregt und berührte Mrs H. am Knie: eine spannende Demonstration von Geist und spiritueller Energie.

Dann pfiff Douglas Hildred durch die Trompete, aber sprechen konnte er nicht. Sunrise erläuterte, er würde sprechen lernen müssen, da er als Säugling gestorben sei. (Allmählich lernte er es auch, und wir hatten viele interessante Unterhaltungen mit ihm, und eine spezielle habe ich auf dem Band mit der Aufnahme der Weihnachtsparty im Januar 1954.)

Tante Agg sprach zum ersten Mal wieder nach langen Wochen, da sie sehr beschäftigt gewesen war: Sie musste sich um ihren Ehemann kümmern, um Onkel Bob, der soeben hinübergegangen war. Die apportierten Blumen waren zwei Chrysanthemen, eine Aster, eine Dahlie. Noch mehr Unterschriften auf Papier – Margaret, die beiden Kreise von Sunrise und ein paar Kritzeleien (von Kindern).

Ein meistenteils ruhiger Abend, aber immer noch gut. Wer ist Margaret? Eine Frage für die nächste Woche.

14. September (20)

Klopftöne auf den Kamin. Apportierte Blumen: Chrysantheme, einzelne Aster, Aster mit zwei Blüten und französische Ringelblume. Sam war begeistert, dass er seine beiden Hände materialisieren und beide Trompeten im Raum umherschweben lassen konnte. Wir waren begeistert, als wir seine Hände berühren konnten, ohne den Energiezustand im Raum zu stören. Sie fühlten sich ziemlich warm und natürlich an, genauso wie unsere Hände. Wundervoll! Da spürten wir also tatsächlich die materialisierten Hände von einem, der sich jetzt in der Geistigen Welt befand ... und es war nur der Anfang!

Tante Agg sprach deutlich, aber leise. Sie sagte, Mams Kehle sei etwas angegriffen, weshalb es schwierig sei, durch die Trompete zu sprechen. Sie war hocherfreut über unsere Fortschritte. Bei ihr befand sich das Baby ihrer Tochter, das gleich nach der Geburt gestorben war. Onkel Bob gehe es besser, sagte sie, seit er begriffen habe, dass er gestorben sei. Sie meinte auch, für nächste Woche könnten wir zwei alte

Spiritualisten-Freunde zu uns bitten, Lily Dinsdale und George Gills.

Sunrise ließ uns wissen, dass ihm unsere Fortschritte auch Freude bereiteten.

Die Antwort auf unsere Frage nach Margaret erhielten wir schriftlich, auf dem Stück Papier, das den Namen „Hanking" trug, den Namen der ersten Frau des Bruders meiner Mutter, Albert.

21. September (21)

Gäste: Lily Dinsdale und George Gills

Apportierte Blumen: Rose und Nelke für Lily, eine Chrysantheme für George und eine Nelke für den Zirkel. Die Hand von Lilys Mutter zeigte sich materialisiert vor der Trompete. Sie schlug dann auf sie und überreichte eine der Nelken Lily. Sie und ihre Mutter zeigten alle Anzeichen von Aufregung. Alice, die kleine Tochter von George, materialisierte ihre Hand auch vor der Trompete und beklopfte sie. Sam bekam dann beide Trompeten zu fassen, was ihm leichter gelang als letzte Woche. Dann wandte sich Alice an George – das klang ziemlich deutlich und war erstaunlich für das erste Mal –, gefolgt von ihrer Mutter Dora, die mitteilte, ihre Kehle sei immer noch wund, was das Sprechen schwierig machte. Dora war an Tuberkulose gestorben, und die Krankheit hatte ihre Kehle sehr angegriffen.

Lily und ihre Mutter sprachen miteinander. Sunrise übernahm die Trompete, um Sam zu Wort kommen zu lassen, den Onkel Jack ablöste, der nach vielen Wochen wieder einmal etwas sagte. Die Geisterkinder beendeten die Sitzung, indem sie die Glocke in Form der Krinolinenlady ertönen ließen und alle Objekte auf dem Kaminsims verschoben.

Unterschriften auf dem Papier: Dora und Alice. Natürlich gaben wir das Blatt Papier George.

Eine ausgezeichnete Sitzung. Beide Gäste waren außerordentlich glücklich und dankbar.

28. September (22)

Apportierte Blumen: zwei Chrysanthemen für Doris und fünf purpurfarbene Astern für mich. Der Anfang war etwas schleppend, doch dann sah Doris etwas vor der weißen Fläche. Sunrise sagte uns, es sei eine seiner Federn und dass sie nun versuchen wollten, uns Geisterlichter zu zeigen. Dann beantwortete er Fragen zum Zirkel von Annie Hudson und äußerte sich zufrieden mit dessen Fortschritten.

Wir erkundigten uns, ob die Möglichkeit zu Infrarot-Fotoaufnahmen bestünde, die die Bewegung der Trompete zeigen könnten. Er meinte, dazu müsse er Mam in eine tiefere Trance versetzen, und wir müssten darauf noch eine Weile warten. (Heute kann ich euch sagen, dass die „Weile" am Ende zwei Jahre dauern sollte, da erst dann meine Mutter genügend gesichert war!) Er sagte auch, dass Lily Dinsdale ein gutes Trompetenmedium abgeben würde (einige Monate später stellte sich das auch heraus) und dass Mam eine Darmgrippe habe und der Ruhe bedürfe.

5. Oktober (23)

Als Gäste anwesend: Sydneys Mutter, Mrs Shipman, die schwerhörig war.

Sunrise erklärte, sie setzten die psychische Kraft speziell zum Nutzen von Mrs Shipman ein. Ihr Ehemann, der vor einigen Jahren verstorben war, hob die Trompeten hoch und zeigte seine materialisierte Hand, die eine Nelke hielt. Dann reichte er sie Mrs S., schlug auf die Trompete, um zu zeigen, wie solide seine Hand war und klopfte überdies Mrs S. drei Mal aufs Knie.

Danach nahm er die Trompete mit sich, manövrierte sie dicht an Mrs Shipmans Ohr und sprach sehr laut durch sie. Auch Sunrise kam sehr laut durch und sagte meinem Vater, er brauche wegen seines Brustleidens viel Ruhe, und sie würden helfen, so gut es ginge. Er übermittelte uns auch eine Botschaft von Onkel Jack: Er habe ihren Hochzeitstag nicht vergessen, aber er habe sich bei der Sitzung gejährt, bei der wir Gästen gehabt hätten; er werde in der kommenden Woche Blumen bringen. Das war ein erneutes Beispiel dafür, wie eng die Verbindung unserer Geisterfreunde zu uns ist: Sie erinnern sich sogar noch an die wichtigen Jahrestage. Tante Agg gab uns ihre materialisierte Hand zu sehen, und zwei Chrysanthemen wurden für den Zirkel apportiert. Wir hatten jede Menge Energie, die gut für Mrs Shipman eingesetzt wurde.

12. Oktober (24)

Das Gefühl von starker Kraft. Ein Bund Bergastern wurde mir in den Schoß gelegt, und später erfuhr ich, dass sie von Onkel Jack gekommen waren, als Glücksbringer, da ich meine Arbeitsstelle wechseln wollte. Onkel Jack materialisierte seine Hand mit Arm und klopfte mir auf den Kopf, bevor er meine Mutter und meinen Vater berührte. Das war wirklich toll! Sunrise ließ sich hören und stellte uns zwei neue Geisterfreunde vor, Mr und Mrs Batten, die auch durch die Trompete sprachen. Doris' Tante Ada fand ein paar Worte, die schwach klangen, aber klar.

Daraufhin erklärte Onkel Jack, er habe die Blumen für seine Witwe mitgebracht, und nach der Sitzung fanden wir sie auch auf dem Herd: ein hübsches Bukett aus zwei Rosen, zwei Nelken, zwei Chrysanthemen und etwas Grünzeug. Ich lieferte es am folgenden Tag ab. Er gab noch Familienbotschaften durch, bevor Topsy und Sammy zu uns sprachen, zwei der Geisterkinder, die den Zirkel begleiteten. Sunrise kündigte zum Abschluss an, wir würden bald Geisterlichter sehen.

Gute Nachrichten und eine exzellente Sitzung.

19. Oktober (25)

Gleich zu Beginn fielen drei Chrysanthemen herunter, je eine auf die Knie von Gladys, Mrs Hildred und Sydney. Trompeten wurden ineinander geschoben, um damit genug Energie zu konzentrieren, um die Geisterlichter zu zeigen. Sunrise meinte aber, es reiche noch nicht ganz aus, aber vermutlich würden wir die Lichter nächste Woche in den

Trompeten sehen können. Douglas Hildred, der ja als Säugling gestorben war, hatte von seinem Vater das Sprechen gelernt und demonstrierte es für uns ein paar Minuten lang. Er sprach langsam, aber recht deutlich. Hervorragende Fortschritte. Zwei weitere neue Geisterbesucher sprachen durch die Trompete, und dann hielt Sam einen klar strukturierten, über fünf Minuten dauernden Monolog. Mam hatten den Tag über Magenschmerzen gehabt. Sunrise beruhigte sie, es sei nichts Ernstes, sie hätten ihr nur Energie abgezogen, um für den Abend genug davon bereit zu haben. Sydney hatte während der Sitzung starke Schmerzen im Knöchel verspürt, und Sunrise sagte ihm, es sei Rheumatismus, doch es werde bald besser werden. Sunrise verriet uns auch, es gebe einen neuen Besucher aus der Geistigen Welt – eine Mrs Gibson, die gerne mitteilen würde, dass sie „den Geburtstag unserer süßen Kleinen nicht vergessen haben, und dass Archie bei uns ist".

Wir kannten die Familie Gibson viele Jahre. Dass sie echte Schotten waren, wussten wir, aber nicht, wann ihre Töchter zur Welt gekommen waren. Als wir die Damen aufsuchten, um einer von ihnen die Botschaft weiterzugeben, bestätigte diese, dass der Samstag ihr Geburtstag gewesen sei. Ein hervorragender Beweis und unerklärlich, denn um Gedankenlesen kann es sich nicht gehandelt haben.

Wieder eine gute Sitzung, die weiterhin Fortschritte zeitigte.

26. Oktober (26)

Eine der ganz wenigen Sitzungen, die ich wegen Krankheit verpasste – diesmal mit Grippe im Bett. Gladys machte sich die Notizen, und es scheint, als hätte ich eine außerordentliche Sitzung versäumt, in der zum ersten Mal die Geisterlichter auftauchten. Es waren vier Lichter, die mit einer Minute Unterbrechung jeweils drei oder vier Sekunden leuchteten. Zu meinem Glück war es nicht nur ein einmaliges Ereignis, und in den Wochen darauf hatten wir noch viele Lichter. Ein neuer Besucher stellte sich als

Edward Brownie vor (von da an nur „Brownie" genannt) und sprach klar und deutlich mit Cockney-Dialekt. Er war ein Junge aus der London Street, der sich mit der Schubkarre Geld verdiente und ansonsten seinen ganzen Witz brauchte, um durchzukommen. Vor 50 Jahren war er bei einem Unfall umgekommen. Er war durch Sunrise herbeizitiert worden, um meine Gesundheit und die meiner Kinder etwas aufzupäppeln. Er stellte uns ein günstiges Zeugnis aus und sprach 10 Minuten über sein vergangenes Leben.

Ich will dazu sagen, dass er ein sehr enger Geisthelfer wurde, vor allem wenn es um Heilen und Apporte ging, und dass er sogar jetzt noch gelegentlich in der Nähe ist, nach 50 Jahren noch. Sie vergessen uns nie, wenn wir sie brauchen.

Eine Nelke erschien vor der weißen Fläche; eine Rose und zwei Chrysanthemen wurden später gefunden.

Sam sprach fünf Minuten lang und wusste Neues, etwa, wie Mr Troughton, ein Nachbar von Sam und Mrs Hildred, in der Geistigen Welt empfangen worden war. Auch Topsy, ein Geisterkind und Helfer, redete ein paar Minuten und meinte, sie könne so gut wie Sunrise sprechen.

Sunrise kam zum Schluss, indem er erklärte, meine Energie sei noch zu spüren gewesen, und wenn Doris heimginge, solle sie im Schlafzimmer nach einer Blume Ausschau halten, die sie für mich gebracht hätten! Ich kann mich gut erinnern, wie sie zurückkam und im Schlafzimmer etwas suchte, von dem ich nicht wusste, was es war. Nach einigen Minuten sah sie unter einer Ecke des Federbetts nach und fand eine hübsche Nelke – vielleicht genau die vor der weißen Fläche. Das war eine wundervolle Überraschung und das erste Mal, dass ein Apport vom Zirkelraum zu einem anderen Ort stattfand, obwohl wir in den Jahren danach noch mehrere solcher „Kunststücke" erlebten. Ein sehr aufregender und signifikanter Abend.

2. November (27)

Diese Sitzung war insofern ungewöhnlich, da wir fünf Mitglieder von Mrs Hudsons Zirkel zu Gast hatten, die etwas Nachhilfeunterricht zu physikalischen Phänomenen haben wollten.

Außer Mrs Hudson selbst hatten sie diese seltenen Phänomene noch nicht erlebt, und wir hofften, dass ihr Besuch sie ermutigen und die Entwicklung ihres Zirkels beeinflussen würde. Wir hatten eine Menge der verschiedensten Phänomene, und darunter waren Blumen für einige unserer Gäste, materialisierte Hände, vier Geister lichter und fünf Leute, die durch die Trompete sprachen, und besonders freute es mich, dass Sunrise Brownie sprechen ließ, den ich vergangene Woche fast vermisst hatte. Sehr klar drückte er sich aus, wobei er sich einen „harten Hund" nannte.

Er war ziemlich lange zu hören und sagte uns, er habe aus Mrs Hudsons Küche ein Abzeichen mitgebracht. Ihr Sohn Clive, auch Mitglied ihres Zirkels, sagte ein paar Worte, und Brownie gab an, ihn zu kennen: Er habe ihn beim Abwasch in der Küche gesehen und dann das Abzeichen vom Fenstersims genommen in der Meinung, es sei von Clive. Als wir es dann am Ende der Sitzung sahen, stellte sich heraus, dass es ein metallenes Kapitäns-Abzeichen war, das Clives jüngerer Schwester Janet gehörte, die noch zur Schule ging. Ein sehr interessanter Apport, und wir sahen ein, dass Brownie denken hatte können, es gehöre Clive, der ja zu unserem Zirkel kommen wollte. Brownie linderte auch eine beginnende Kolik bei mir, die sich zu Beginn der Sitzung bemerkbar gemacht hatte.

9. November (28)

Gäste: Tantchen Tain und Onkel Levy (Verwandte von Mrs Hildred) und das langjährige Kirchenmitglied und gute Medium Mrs Kay

Es war eine sehr regnerische Nacht, und die apportierten Blumen – drei Chrysanthemen und eine Rose – waren vom Wetter ziemlich mitgenommen. Sie mussten in einem Garten „gepflückt" worden sein. Drei Geisterlichter, heller als vergangene Woche. Mrs Kays Schwester materialisierte ihre Hand, war aber unfähig, durch die Trompete zu sprechen. Sunrise gab ihren Namen als Helena an, was absolut korrekt und ein guter Test für Mrs Kay war. Sam plauderte wieder einmal mit seinen Verwandten und unterzeichnete auf unserem Papier mit seinem Namen. Dann gab es wieder eine neue Überraschung, als Brownie die Trompete direkt von Sam übernahm, während sonst Sunrise immer als Mittelsperson fungiert hatte. Er sagte, dass es gesundheitlich im Zirkel nicht zum besten stünde und ich nicht ganz fit sei, und er würde vermutlich in den nächsten Wochen immer mal wieder hereinschauen, um dann weiterzuziehen, um einem anderen Zirkel zu helfen.

Eine sehr gute Sitzung, und wir erhielten die Erlaubnis, nächste Woche rotes Licht einzusetzen. Wir hatten darum gebeten und freuten uns über den Bescheid, der zunächst ein mattes Licht gestattete. Es war eine Elektrolampe, die von einer Taschenlampenbatterie gespeist wurde und in eine von Sydney hergestellten Holzkiste montiert war. Eine Seite der Kiste bestand aus rotem Glas. Der Vorteil war natürlich, dass man die Materialisationen besser sah als vor der weißen gemalten Fläche – und es funktionierte wirklich gut. Übrigens habe ich die rote Glasplatte und die originale Lampe immer noch, und die Lampe brennt auch nach 50 Jahren noch.

Neben Sams Unterschrift auf dem Blatt Papier fanden wir den Kommentar „nicht blind jetzt". Die Frage, wer das geschrieben haben konnte, machte uns Kopfzerbrechen. In der folgenden Woche erfuhren wir, dass es sich um Mr Cowell Pugh handelte, einen hiesigen lebenslangen Spiritualisten, der in einer späteren Lebensphase erblindet war, aber sich in der Geistigen Welt als „nicht blind jetzt" bezeichnete. Mr Pugh und seine Frau hatten Billy Hope und Mrs Buxton vom Crewe-Zirkel zu Gast, die in den 1920-er und 1930-er Jahren regelmäßig, wenngleich nicht jedes Jahr nach Middlesbrough kamen, um ihre Geisterfotos zu machen. Unten den Papieren meiner Mutter war eine ganze Sammlung von solchen Fotos, und eine große Anzahl zeigte die Pughs selber mit den geisterhaften „Extras". Das, was

Rechts: Geisterschrift durch Sam und Mr C. Pugh, der über sich schrieb „nicht blind jetzt", November 1946

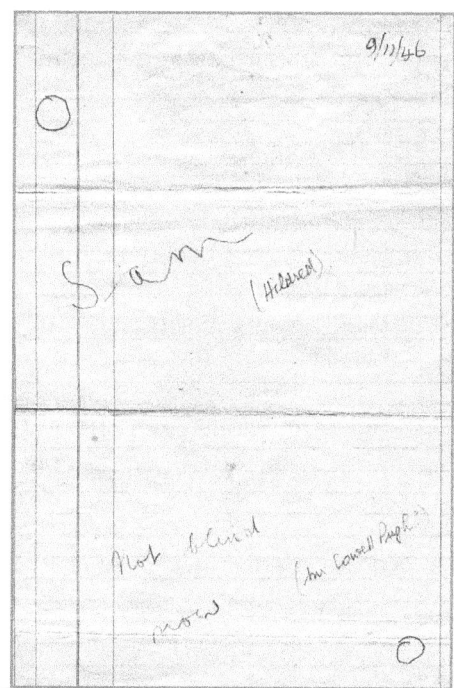

Links: Mr Cowell Pugh kehrt zu seiner Frau und seinem Sohn John zurück, in einem Foto von Billy Hope

ich dem Buch beigelegt habe, zeigt die Rückkehr von Mr Cowell Pugh zu Frau und Sohn.

23. November (30)

Bevor wir das rote Licht aktivierten, bekamen wir 10 schöne Chrysanthemen apportiert. Im roten Licht sahen wir dann eine materialisierte Hand, die einem Seemann namens William Ratcliffe gehörte; ein Finger fehlte. Sam sprach sehr deutlich und sagte, wir würden so gute Materialisationen wie Helen Duncan bekommen, was uns natürlich in Hochstimmung versetzte, was wir aber an diesem Punkt nicht richtig glauben mochten. („Oh ihr Kleingläubigen", murmelten wir alle!) Sunrise sagte, für solche Phänomene würde er Mam in eine tiefe Trance versetzen. Im ganzen ein ruhiger Abend, dennoch sehr interessant, da er zum ersten Mal bei rotem Licht verlief.

30. November (31)

Ein Gast: William Brittain Jones, der eingeladen wurde, weil wir ihn etwas kannten und um sein Interesse an physikalischen Phänomenen wussten; außerdem war seine Integrität unbestritten, er war ein hoch angesehener und renommierter Leitender Arzt auf der Teesside.

Erneut erhielten wir Chrysanthemen, bevor wir das rote Licht einschalteten, und diesmal waren es drei, von denen eine an Mr Jones ging. Als das Licht dann an war, sahen wir die materialisierte Hand von Mr Jones' Mutter, die eine Rose hielt und sie ihm dann reichte. Beide konnten es kaum fassen. Sunrise sprach, hieß das Licht für gut und gab den Vornamen von Mr Jones' Mutter als Mary an, was stimmte. Sie sprach dann sehr dünn durch die Trompete. Sunrise teilte Mr Jones auch mit, dass einer seiner alten Kollegen ihn besucht habe, ein gewisser Doktor Belas, der an Speiseröhrenkrebs gestorben war („Absolut korrekt", sagte Mr Jones.).

Leider ging etwas von diesem auf meine Mam über, die plötzlich laut hustete. Die Trompete fiel dann auf den

Boden, kam aber nach drei oder vier Minuten wieder nach oben, dank Sunrises Schutz und Überblick. Kurz vor dem Ende brachte Ivy Hudson noch zwei Nelken zum Geburtstag ihrer Mutter heute, die Doris am Sonntag übergab.

Ein guter Abend, den Mr Jones rundum genoss. Er wurde eingeladen, gerne einmal wiederzukommen (und das hieß irgendwann einmal in der Zukunft). Zum Glück für uns missverstand er das „einmal" und kreuzte zwei Wochen später gleich wieder auf, was uns sehr half. Wir hatten viel Spaß an dieser Fehlinterpretation und waren dankbar dafür. Unser Geisterteam hatten ihn augenscheinlich für das Team unseres Saturday Night Club vorgesehen und dafür gesorgt, dass es so kam. Er wurde bald ein wertvolles, vollwertiges Mitglied unseres Vereins, und die Harmonie im Club wurde dadurch nicht verändert.

Die Vielfalt und Qualität der Phänomene, die wir in den ersten acht Monaten in nur 31 Sitzungen erlebten, verblüfften und elektrisierten uns von Woche zu Woche in immer stärkerem Maße. Wenn es dabei geblieben wäre, hätte schon das unser Leben entscheidend bereichert. Wir bildeten uns nie etwas auf unsere Erfahrungen ein. Jede Sitzung war ein neues Abenteuer, ein „besonderer" Anlass, und manche Abende waren vielleicht „besonderer" als andere. Es war eine Freude und es war spannend, mit unseren Lieben in der Geistigen Welt Konversation zu halten, ihre Unterschriften und ihre herrlichen Apporte als Erinnerungen zu bekommen, die Geisterlichter mitzuerleben und fasziniert zu sein von den erstaunlichen Drehungen der Trompete. Und fast noch wichtiger war es, sich als Teil einer großen Familie aus Mitgliedern in beiden Welten fühlen zu dürfen.

Aber das, was jemand so schön und Jahre später sagte und was zu einem feststehenden Ausdruck wurde – "You ain't seen nothing yet" (Das war noch gar nichts) –, traf auf unseren Saturday Night Club zu, und es galt für die Sitzungen ab Nummer 32.

9

Ein atemberaubendes Erlebnis

Wir saßen erst seit acht Monaten zusammen, als uns zu unserer Verblüffung in der Sitzung Nummer 32 am 7. Dezember 1946 ein phänomenales und atemberaubendes Erlebnis zuteil wurde, das uns wirklich wie „nicht von dieser Welt" erschien. Wir trafen unser erstes voll ausgebildetes, durch Ektoplasma materialisiertes Geistwesen! Das war vielleicht nicht so grandios und spektakulär wie in Spielbergs erfolgreichem Film *Unheimliche Begegnung der Dritten Art* viele Jahre später, aber uns flößte es Ehrfurcht und Erstaunen ein, und das auf sehr intime Art und Weise.

Hier, in diesem alltäglichen Wohnzimmer, das an Sydneys und Gladys' Geschäft grenzte und dessen Tür und Fenster verriegelt waren, eröffneten und beschlossen wir unsere Sitzung an jenem Abend mit sieben Teilnehmern am offenen Feuer, und doch waren wir für einige kostbare Minuten zu acht, und alle waren wir uns deutlich sichtbar in dem roten Licht, das die ganze Sitzung etwa 45 Minuten lang erleuchtete. Die achte Person, die sich uns für eine kurze Zeitspanne anschloss, war niemand anderes als Tante Agg, die seit vier Jahren in der Geistigen Welt weilte, seit November 1942.

Lasst mich euch erst einmal daran erinnern, dass Ektoplasma nicht eine „geisterartige, dampfähnliche" Substanz ist, die einfach durch die Atmosphäre gleitet. Es ist ein greifbares, veränderliches Material, das die Chemiker/Wissenschaftler der anderen Seite aus dem Körper des Mediums gewinnen. Wie sie es produzieren, kann unsere derzeitige wissenschaftliche Terminologie nicht erklären – so wie ich einem Menschen, der von Geburt an blind ist, nicht die Farben unseres Spektrums erklären könnte. Aber ich versichere euch, dass sie, die jenseitigen Wissenschaftler, es im Medium herstellen und es aus einem seiner Körperöffnungen austritt wie dem Mund, den Nasenlöchern, den Ohren oder dem Solar plexus. Bei meiner Mutter trat es gewöhnlich aus dem Mund aus, wie man aus einer Infrarotfotografie in diesem Buch ersieht.

An diesem besonderen Abend saßen wir im roten Licht, und meine Mutter war von allen im Zimmer gut zu sehen. Sie saß auf ihrem üblichen Küchenstuhl am Ende des Halbkreises der Teilnehmer um das Herdfeuer. Ich saß ihr immer genau gegenüber am anderen Ende des Halbkreises und konnte deutlich alles wahrnehmen, was geschah. Wir saßen wenigstens eine halbe Stunde, und nichts passierte – was höchst ungewöhnlich war. Wir dachten schon, dass es diesen Abend wohl keine Phänomene geben würde, als wir diesen weißen Diskus von etwa 60 Zentimeter Durchmesser auf dem Boden zwischen meiner Mutter und mir sahen.

Weil der Raum so klein war, befand ich mich nie weiter von meiner Mutter entfernt als drei Meter und konnte diesen weißen Diskus sehen, der mit meiner Mutter verbunden war, die sich nun in Tieftrance befand und nichts davon mitbekam, was geschah. Wie ihr den vorherigen Kapiteln entnommen haben werdet, hatten wir Hände aus Ektoplasma gesehen und gefühlt, aber solch eine große Menge von Ektoplasma war uns noch nie aufgefallen. Natürlich waren wir alle sehr aufgeregt, und als wir darüber tuschelten, baute sich dieser Diskus zu einer senkrechten weißen Säule auf, die zu einer Größe von etwa drei Meter von solidem Ektoplasma wuchs! „Erstaunlich!" sagten wir uns.

Wir erwarteten eigentlich, dass die Säule allmählich in sich zusammensinken und zu meiner Mutter zurückkehren würde – aber das geschah nicht. Die Säule blieb einige Minuten lang starr stehen, während wir sie alle anstarrten und immer noch aufgeregter wurden. Dann bewegte sich die Spitze zu mir herüber, der ich sie beobachtete, und ich konnte darin etwas wie ein Gesicht sehen, aber es war mir unmöglich zu erkennen, wer es war.

Aus dem Körper der Säule traten dann zwei Hände und Arme hervor, die von „Kleidung" aus Ektoplasma bedeckt waren, das von der Person stammte, die vor mir stand. Als sich mir die Hände näherten, streckte ich instinktiv die meinen nach ihnen aus – keinesfalls ängstlich, da alles so natürlich erschien, wenngleich ich etwas vorsichtig agierte, wie ich annehme, da ich zum ersten mal einem materialisierten Geistwesen so nah war.

Unsere Hände fanden zusammen, und danach spürte ich, dass in meine Rechte vier schöne Nelken gesteckt wurden, Apporte also. Als ich die Nelken sehr fest umfasste, wurden meine beiden Hände ihrerseits sehr fest von den warmen Ektoplasma-Händen direkt vor mir umfasst. Dann hörte ich leise, aber deutlich aus dem Gesicht oberhalb von mir die Worte: „Für dich, für dich." Die Hände und Arme zogen sich in die „Säule" aus Ektoplasma zurück, die dann langsam in Richtung Boden schrumpfte, während das Ektoplasma zu meiner Mutter zurückkehrte und wir nach diesem einzigartigen Erlebnis atemlos und sprachlos waren.

Und ich, ich saß da auf meinem Stuhl meiner Mutter gegenüber, hatte den Mund weit offen, umklammerte immer noch die vier Nelken, die ich einige Augenblicke vorher erhalten hatte und versuchte, die ganze Bedeutung meiner kurzen „Begegnung der höchst wunderbaren Art" zu würdigen.

Später erfuhren wir, dass unsere erste Besucherin Tante Agg gewesen war, die wegen ihrer medialen Fähigkeiten und der Empathie mit ihrer Schwester oft als „Testpilotin" diente. Ich finde es immer noch schwierig, zur Gänze die Bedeutung ihres Besuches zu begreifen, aber an den Nelken in meiner Hand aus ihrer Hand war nicht zu zweifeln. Wir teilten sie unter uns auf, und die meine hat immer noch einen würdigen Platz unter meinen Memorabilien *(zu sehen auf dem Bild der Apporte, S. 61)*.

10

SNC – Sitzungen 33 bis 43

Bei den nächsten fünf Sitzungen standen viele materialisierte Geistwesen zwischen uns in der Mitte jenes Raumes, am Feuer und neben meiner Mutter, die sich in tiefer Trance befand. Wie ihr feststellen werdet, kam es in diesen Sitzungen zu fantastischen Fortschritten, und wäre ich nicht selbst Zeuge dieser Phänomene geworden, ich hätte große Mühe, an ihre Realität zu glauben. Aber ich war da und hatte auch nicht ansatzweise Probleme, das anzuerkennen, was geschah.

14. Dezember (33)

Sam Hildred materialisierte sich und reichte Mrs H. eine wunderschöne Orchidee. Mr Jones' Mutter baute sich auf, zwar schwach, aber dennoch war sie in der Lage, ihrem Sohn die Hand zu geben und zu ihm leise „Brittain, my boy" zu sagen, was diesen entzückte, weil sie diesen Namen auf Erden immer verwendet hatte. Tante Agg baute sich auf und grüßte alle, indem sie reihum jedem die Hand gab. Es war eine vorzüglich materialisierte Form, und Mr Jones war beeindruckt. Sunrise schloss die Sitzung und sagte, wir könnten nächste Woche ein helleres rotes Licht verwenden – aber er versprach nichts. Als wir hinterher gemeinsam zu Abend aßen, sagte Mr Jones, dass er Tante Agg gerne den Puls fühlen würde, und wir erwiderten, wir könnten sie fragen, wenn sie erschiene.

21. Dezember (34)

Wir fingen mit einem helleren Licht an, aber da meine Mutter eine Erkältung mit Heiserheit hatte, sagte Sunrise nach 20 Minuten, wir sollten das Licht verringern, was ich gleich tat. Sam baute sich wieder auf und viel klarer, und dann reichte er Gladys zwei Tulpen für ihre Mutter, die zu Hause mit einer schweren Erkältung im Bett lag. Dann wuchs Tante Agg in die Höhe und gab mir einen Strauß Veilchen für ihre Schwester Mary, die aus Bristol zu Ferien nach Middlesbrough gekommen war. Bevor wir die Zeit gefunden hatte, Mr Jones' Bitte vorzutragen, drehte sich Agg schon zu ihm um und sagte, sie hätte verstanden, dass er gerne ihren Puls fühlen würde.

Da hatte sie uns anscheinend bei unserem Abendessen vergangene Woche belauscht! Sie rollte den Ärmel ihres Ektoplasma-Kleids hoch und hielt ihren Arm Mr Jones hin, der sofort aufstand und als „Profi" ihr den Puls fühlte. Nach 30 Sekunden nahm er seine Hand fort und fügte trocken hinzu „Sie werden's überleben", worauf Agg in sich hineinzulächeln schien und antwortete: „Danke, Mr Jones, Ich lebe und werde weiter leben!" Eine sehr interessante Episode, die bewies, dass Tante Agg eine solide ektoplasmatische Person war und nicht nur ein geisterhaftes Phantom. Das glich einem Experiment, das William Crookes am Medium Florence Cook und ihrem materialisierten Geist und ständigen Besucherin Katie King 1874 unternommen hatte.

Als Mr J. fertig war, streckte Tante Agg ihre rechte Hand meinem Vater und ihre linke mir entgegen und winkte uns her; wir sollten neben ihr unter dem roten Licht stehen, damit wir sie deutlich sehen und sie als diejenige Person erkennen würden, die wir so lange Jahre auf Erden gekannt hatten.

Doris' Schwester Ivy war die letzte, die sich materialisierte. Sie wirkte etwas verwirrt und bat Doris, ihrer Mutter zu sagen, dass sie alles täte, was in ihrer Macht stünde. Wir kannten ihre Probleme nicht, aber offensichtlich war Ivy besorgt und wollte ihrer Mutter mitteilen, dass sie sich in der Nähe aufhielt.

Von dieser Woche an beschlossen wir, die Sitzung jeweils dann zu beschließen, wenn meine Mutter aus ihrer Trance kam.

28. Dezember (35)

Gäste: Mrs Shipman (Sydneys Mutter), ihre Verwandten John Newton und Marjorie, und Mary, die Schwester meiner Mutter, auf Ferien aus Bristol

Tante Agg baute sich als erste auf, um ihre Schwester zu grüßen, die in ihren jungen Jahren ein hervorragendes Mentalmedium war. Dann sprach sie mit John und Marjorie und schüttelte ihnen die Hände. Oma Lumsden kam wegen Doris, hielt ihre Hand und sagte, sie würden alles in ihrer Macht Stehende tun. Mr Shipman baute sich dann auf, packte die Hände von Sydney und von Mrs Shipman, aber er konnte nicht richtig sprechen.

Die letzte Gestalt, die sich materialisierte, war Großmutter Harrison, die meinen Vater und mich aufstehen ließ, und so standen wir in der Mitte des Raums neben ihr. Sie hielte unsere Hände, sagte „Gott segne euch" zu meinem Vater und „Sonny" zu mir, da ich unter diesem Namen viele Jahre in der Familie gerufen wurde und es der einzige war, mit dem mich Großmutter vor ihrem Hinübergang in die geistige Welt immer genannt hatte. Sunrise sprach wieder und sagte „Farewell" (für ihn ein neues Wort). Hervorragende Fortschritte mit fünf blendenden Materialisationen.

4. Januar 1947 (36)

Gäste: Tante Mary und Mrs Irwin, die Ehefrau von Mr Jones' engstem Chirurgenkollegen am Krankenhaus

Sam baute sich auf, reichte Gladys eine Chrysantheme und hielt ihre Hand sehr fest. Tante Agg kam erneut, sprach sehr deutlich, gab Tante Mary eine Chrysantheme, ging im Zimmer umher und schüttelte Mrs Irwin, Mr Jones und meinem Vater die Hand. Ich war in der Lage, ihr Kleid zu betasten, das sich wie Gaze und wunderbar weich anfühlte. Ich fragte sie, ob Onkel Jack kommen könne, um seine Schwester Mary zu treffen – was er prompt tat, aber er konnte nicht lange bleiben und nur „Hallo Mary" von sich geben; immerhin trafen sie sich von Angesicht zu Angesicht. Dann wurde Mr Jones' Mutter sehr deutlich materialisiert, nannte ihn „Britt my boy", und er stellte sie Mrs Irwin vor. Danach baute sich Mrs Irwins Großmutter auf, doch unglücklicherweise war sie nicht stark genug, um reden zu können. Sunrise sagte uns, dass die Kraft aufgebraucht wäre und wir vor dem Schließen für die Geisterkinder singen sollten – was wir natürlich taten.

11. Januar (37)

Nur die sechs originalen Teilnehmer, da Mrs H. und Mr J. beide abwesend waren

Wir fingen um 20 Uhr mit dem helleren Licht an, und bis 20.45 passierte nichts. Dann übernahm Sunrise die Kontrolle meiner Mutter und sagte, das Licht sei, da wir kein Kabinett hätten, noch zu hell. (Siehe Erklärung weiter unten.) Wir dimmten das Licht und blieben weiter sitzen. Mona Hildred baute sich endlich sehr klar auf, um Gladys eine Blume für den Geburtstag ihrer Mutter an demselben Tag zu geben. Der Vater meines Vaters versuchte es wiederum, konnte aber nicht viel sprechen. Doris' Tante Ada war dann an der Reihe und reichte ihr eine Nelke. Endlich erschien Sam Hildred und gab Gladys eine Nelke zum Geburtstag seiner Frau.

Besondere Notiz: Bevor wir das Licht dimmten, unterrichtete uns Sunrise davon, dass sie uns zeigen würden, wie das Ektoplasma aus meiner Mutter käme. Wir sahen bald eine weiße Masse vor ihrem Bauch, die sich langsam bis auf 30 Zentimeter Länge ausdehnte, drei oder vier Minuten so blieb und dann allmählich sich zurückzog und verschwand; ein sehr interessantes und lehrreiches Experiment.

Sunrise sprach dann zwei andere Themen an. Erstens hätten wir seit Sitzung Nummer 32 keine Stimmen durch die Trompete gehabt, nur Materialisationen, und er sagte, wir könnte die Trompete ohne jede Vorbereitung oder Ankündigung jederzeit wiederhaben. Zweitens könnten wir für die materialisierten Formen ein helleres Licht verwenden, wenn meine Mutter „weggeschlossen" würde, wenn sie hinter einem Vorhang in einem Kabinett säße. Ein Kabinett ist in der Séancen-Sprache ein hoher Behälter mit vier Seiten, in dem das Medium sitzt. Die Front besteht aus einem Vorhang, der von den Geisterleuten weggezogen oder zurückgestreift werden kann, wenn sie es wünschen.

Wir dankten ihm für diese extrem guten Nachrichten, und schon in der folgenden Woche hatte Sydney ein langes Stück Vorhang an einem hölzernen Pfahl befestigt, der links vom Kaminfeuer in der Ecke befestigt wurde und ein einfaches Kabinett darstellte. Der offene Raum von der Oberseite des Pfahls hinauf zur Decke stellte für die Besucher von drüben kein Problem dar, und so blieb das Kabinett auch all die Jahre über.

Der Vorteil des Kabinetts lag darin, dass die Geisterleute sich im Halbdunkel materialisieren konnten, wozu weniger Energie nötig war. Und dann schoben sie einfach mit ihren materialisierten Armen den Vorhang beiseite und zeigten sich direkt neben dem Kamin. So würden sich auch mehr Geister aufbauen und im roten Licht verbleiben können.

Aber es sollte noch fünf Monate dauern, bis Tante Agg tatsächlich in der Lage war, hinauszugehen, weg vom Vorhang des Kabinetts und etwa einen Meter in den Raum hinein; das war bei Sitzung Nummer 60. Aber ich muss hier noch einmal betonen, dass die ektoplasmatischen Formen, wenn sie sich im Raum umherbewegten, immer mit meiner Mutter hinter dem Vorhang mittels einer Schnur aus Ektoplasma in Verbindung blieben, die von ihrem Körper ausging. Von daher mussten wir uns völlig auf unsere teilnehmenden Gäste verlassen können, die wir auch dringend anwiesen, dass dem Medium Gefahren drohten, wenn einer von ihnen eine unbedachte Handlung unternähme.

Ich kann jetzt sagen, dass wir uns in all den Jahren unserer Sitzungen zum Glück über keinen der etwa 200 Gäste unter den Teilnehmern beklagen mussten. Und immer betonten sie hinterher die Natürlichkeit und Gemütlichkeit des ganzen Abends.

18. Januar (38)

Die erste Sitzung mit dem Kabinett, das von dieser Woche an ständig benutzt wurde. Versuchten es mit hellerem Licht, mussten es aber auf Anraten von Sunrise wieder dimmen. Als erste baute sich „Granny" (Oma) Harrison auf, die Großmutter meines Vaters. Sie blieb ein paar Minuten, war aber nicht in der Lage zu sprechen. Tante Agg erschien und stand frei am Vorhang neben dem Kamin. Ich ging zu ihr hinüber und wollte sie dazu bringen, ihre Namen auf ein Stück Papier zu schreiben. Ob sie etwa ihren Namen mit meinem Füllhalter in mein Notizbuch schreiben könnte? Nach einem kleinen Zögern und einem Grinsen meinte sie, sie habe viele Jahre keinen Füllfederhalter mehr in der Hand gehabt, aber sie würde es einmal versuchen. Sie nahm das Schreibgerät in die Hand, ich hielt ihr das Notizbuch hin, und sie schrieb ihren Namen – Agnes; ein herrlicher Beweis ihrer physischen Existenz in diesem Ektoplasma-Körper.

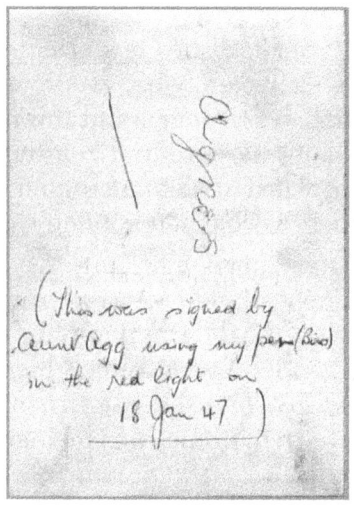

Die materialisierte Form von Tante Agg signierte mein Notizbuch, 18. Januar 1947

Onkel Jack tauchte später auf, gab allen die Hand und kündigte an, er werde nächste Woche unterschreiben!

Nachdem Onkel Jack gegangen war, baute sich Sam Hildred einige Minuten auf, und dann war Onkel Jack wieder mit zwei Chrysanthmen da, die ich seiner Tochter zu ihrem Geburtstag am 23. Januar geben sollte. Besonders vielsagend war, dass er ihren Spitznamen verwendete, Bun, denn ihr echter Name war Bessie. Ich war hoch erfreut, sie ihr am Sonntag vorbeibringen zu können.

25. Januar (39)

Gast: Mrs Shipman

Die erste Materialisation war Mr Shipman, der seiner Frau zwei Tulpen überreichte. Ivy Hudson baute sich dann auf und bot eine Tulpe zum Geburtstag ihres Vaters an, die Doris, wie sie sagte, ihm gern am folgenden Tag aushändigen würde. Sunrise gab dann bekannt, er habe einen „Gentleman" hier, der zwar nicht eingreifen könne, als Initialen aber „J. J." angäbe, gefolgt von „Thompson". Mr Jones identifizierte ihn als den Tuberkulose-Offizier des Distrikts Darlington. Seine Botschaft an Mr J. [Jones] lautete, er sei „auf dem richtigen Weg", was Mr J. ausnehmend gefiel, denn es war ja erst seine dritte Sitzung mit uns, und schon war er ein reguläres Mitglied unseres Zirkels.

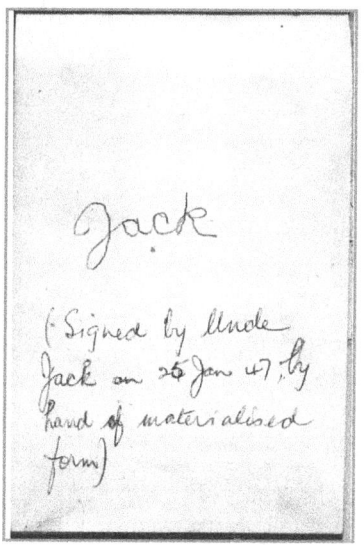

Onkel Jacks Unterschrift in meinem Notizbuch

Tante Agg kam zu ihrem üblichen Plauderstündchen und Mr Jones fühlte ihr wieder den Puls. Sunrise schaltete sich ein und sagte, es gäbe Energie nur noch für eine Gestalt, und Sam und Onkel Jack müssten das unter sich ausmachen. Sam war einverstanden, dass es Onkel Jack sein sollte, damit er unterschreiben könnte. Er meinte, es fühle sich nicht wie seine Hand an, was ich gut nachvollziehen konnte, da er schon vor fast 20 Jahren gestorben war. Zum Glück konnte sich Sam dennoch ein paar Minuten aufbauen, und Mrs Hildred küsste ihn. Sie sagte, sein Gesicht fühle sich „ziemlich fleischähnlich" an. Wieder ein ausgezeichneter Abend.

1. Februar (40)

Sam materialisierte sich augenblicklich und brachte zwei Tulpen und ein Nelke für Gladys' Geburtstag am nächsten Tag. Ich bat auch ihn, in mein Buch seine Unterschrift zu zeichnen, was er problemlos tat. Diese drei Unterschriften in meinem Notizbuch sind noch heute deutlich zu lesen. Oma Lumsden baute sich dann auf und gab Doris drei Chrysanthemen. Esther Bessant, eine weitere von Mutters Schwestern, kam sehr deutlich und sprach mit einer bezaubernd klaren Stimme. Charles Roeder, der uns allen als Kirchenpräsident von Middlesbrough und Rektor des Gymnasiums bekannt war, baute sich im Kabinett auf, hatte indessen nicht genug Energie, heraus ins rote Licht zu treten.

8. Februar (41)

Gast: Jimmy Wright (ein Arbeitskollege von mir)

Wir fingen heute mit der Trompete an, zum ersten Mal nach zwei Monaten wieder. Sunrise brachte Jimmys Vater herbei, der etwas zu sagen versuchte, was aber unverständlich war. Tante Agg materialisierte sich gegen Ende der Sitzung und übergab Jimmy von seinem Vater vier Tulpen. Jimmy war natürlich sehr aufgeregt.

15. Februar (42)

Sunrise und Sam sprachen beide durch die Trompete, jeder etwa 10 Minuten lang. Sam erläuterte die verschiedenen Ebenen in der Geistigen Welt – wie er sagte, seien sie mit Middlesbrough und Redcar zu vergleichen, einem Seebad etwa 10 Meilen entfernt, so dass man andere Leute zwar besuchen kann, ihnen aber auch nicht immer nahe ist. Danach materialisierte sich Charles Roeder erneut. Dieses Mal wirkte er viel stärker. Er lud uns alle ein, seinen Bart zu betasten, der sich tatsächlich sehr natürlich anfühlte. Drei Tulpen lagen auf dem Boden, als wir das Licht wieder anmachten.

22. Februar (43)

Diese Sitzung sollte denkwürdig werden. Nachdem drei Geisterbesucher durch die Trompete gesprochen hatten, materialisierte sich der Vater meiner Mutter, Opa Bessant. Das war für mich ein besonderer Besuch. Opa war vor fast 30 Jahren gestorben, als ich erst ein paar Monate alt gewesen war, und obwohl er auf mich aufgepasst, zu mir gesprochen hatte und liebevoll gewesen war, besaß ich keinerlei Erinnerung an ihn. Nun stand da ein groß gewachsener, aufrechter Mann mit dunklem Schnurrbart und Vollbart. Ich ging zu ihm hin und fühlte seinen starken Händedruck, und seine Hände waren viel größer als die meiner Mutter. Es war ein sehr ergreifender Augenblick für uns beide, nehme ich an. Er blieb und sprach etwa drei Minuten lang, und genau weiß ich nicht mehr, was wir zueinander sagten, nur dass er mich noch aufforderte: „Fühl meinen Bart, mein Junge, fühl meinen Bart." Ich griff nach oben, denn er war größer als ich, und ich fühlte dieses sehr weiche „Haar", das natürlich Ektoplasma war in wieder einer anderen Form. Es fühlte sich nicht unähnlich an wie das von Charles Roeder vergangene Woche, jedoch viel dichter und die Haare waren länger; wieder ein außergewöhnliches Erlebnis.

Opa Bessant

Als wir meiner Mutter nach der Sitzung alles erzählten, war sie aufgeregt wie wir alle und kommentierte, ihr Vater sei immer sehr stolz auf seinen Bart gewesen und habe ihn täglich gepflegt: deshalb seine Bitte, ihn doch zu berühren. Sein Aussehen war ihm also noch genauso wichtig, wie es ihm vor seinem Tod gewesen war, und das wollte er mit mir teilen.

Da ihr diese kurzen Protokolle unserer bemerkenswerten Erlebnisse lest, hoffe ich ernstlich, dass es euch gelingt, die tiefe Ergriffenheit und die Erregung zu spüren und mit uns zu teilen, die fast in jeder Sitzung im gemütlichen Wohnzimmer von Sydney und Gladys Shipman herrschten. Jede Woche war natürlich anders, aber jede Woche war besonders – sehr besonders. Wir nahmen nichts für selbstverständlich, bildeten uns nicht das Geringste darauf ein, auch nicht nach einigen Jahren der wöchentlichen Zusammenkünfte mit unseren Geisterfreunden, und das war auch die ursprüngliche Absicht und Zielsetzung des Saturday Night Club gewesen.

Unser Club war zweifelsohne gewachsen und hatte sich über unsere kühnsten Hoffnungen und Träume hinaus entwickelt, aber dennoch blieb es immer dasselbe zwanglose, fröhliche und lebhafte Treffen von Freunden und Verwandten aus beiden Welten. Freilich waren wir äußerst privilegiert, das erlebt zu haben, und auch heute noch, 50 Jahre später, sind diese edlen Gefühle noch ganz stark in mir.

11

Oma Lumsden

Oma war Doris' Großmutter mütterlicherseits. Doris' Mutter Annie und ihr Vater Charles waren häufige Gäste in unserem privaten Zirkel, und alle drei waren sie sich absolut sicher, dass die materialisierte Person, der sie so oft gegenübersaßen, ohne jeden Zweifel dieselbe Person war, die sie gekannt und geliebt hatten, als diese noch auf Erden weilte. Ihre Gespräche über viele Jahre zurückliegende Familienangelegenheiten waren der beste Beweis dafür, dass die Dame, die da mitten unter uns stand, die allen bekannte Mutter und Großmutter war. Als Doris und ich zur Schule gingen, hatte ich Oma mehrere Male bei ihr gesehen und erinnere mich an sie als eine kleine, sehr lebendige und tatkräftige Frau, die Tür an Tür mit der Familie Jim McKenzies lebte, deren drei Kinder gute Freunde von uns waren.

Es war Jim McKenzie, der am 18. Oktober 1947 die ersten beiden Fotoplatten mit materialisierten Geistwesen belichtete, und Oma hatte die Ehre, die Erstfotografierte zu sein, gefolgt von Tante Agg, beide am selben Abend. Er machte auch mit einem Spulentonbandgerät die erste Aufnahme unserer speziellen Weihnachtspartysitzung 1954. Auf diese kostbaren Aufnahme lässt sich Oma ein paar Minuten hören, und da schwatzt sie in ihrer unnachahmlich fröhlichen Art und ihrem Middlesbrough-Akzent daher, was, wenn ich die Stelle gewöhnlich am Ende meines Vortrags einspiele, unweigerlich Interesse und Gelächter im Publikum hervorruft.

Auch Oma war offensichtlich an parapsychologischen Belangen interessiert. Wir besitzen ein Geisterfoto von Billy

Mr Pidd und Oma Lumsden als Mitglieder des Zirkels auf einem Foto von Billy Hope im Zuhause der Hudsons, 1927

Hope, das 1927 in der Wohnung der Hudsons in der Ayresome Park Road, Hausnummer 87, gemacht wurde und sie als zum Zirkel gehörend zeigt.

Eine von Omas Töchtern, Ada, starb im Kindbett und hinterließ Cyril, den einen Tag alten Säugling. Oma war damals 73 und nahm den „schwächlichen Balg", wie sie ihn nannte, zu sich und zog ihn zwei Jahre lang auf, bis sie 1930 mit 75 Jahren in die Geistige Welt hinüberwechselte. In den ersten Monaten von Cyrils Leben verbrachte Doris, die damals noch zur Schule ging, jeden Abend bei Oma und kümmerte sich um den Kleinen. Ihre Aufgabe war es, jedes Mal in der Nacht seine Flasche über der Gasflamme zu wärmen. Da es im Haus kein elektrisches Licht gab, musste sie also im flackernden Schein einer Kerze im dunklen Treppenhaus hoch ins Kinderzimmer gehen.

Das wird für die 12-Jährige etwas gruselig gewesen sein, und in einer Nacht hatte sie ihre erste hellseherische Episode, als sie oben auf dem Treppenabsatz klar wie am Tag Cyrils Mutter stehen sah, die lächelte. Erst erschrak Doris, aber da sie schon einiges über die Geistige Welt wusste, war ihr schnell klar, dass Tante Ada ihr damit zeigte, dass sie mit zur Säuglingsfürsorge beitrug. Doris hatte hinterher nie mehr Angst, die dunklen Treppen hinaufzugehen.

Oma materialisierte sich in unserem Zirkel zum ersten Mal im Dezember 1946 (Sitzung 35) und in den nächsten zehn Monaten nur mehr sporadisch; aber dann wurde sie im

Oktober 1947 das erste von fünf oder sechs Geistwesen, die allwöchentlich Form annahmen.

Sie stellte sich einem unserer Gäste lachend als „Frau fürs Aufwärmen" vor, und das traf es genau. Wenn sie bei kräftigem rotem Licht im Raum umherging, hatte sie für jeden Teilnehmer ein Lächeln und ein freundliches Wort.

Kommentare wie „Gefällt es dir, meine Liebe?" lösten jede Spannung, die die Gäste gespürt haben mögen, und so fühlten sie sich schnell wie bei sich zu Hause. Nach der Sitzung betonten sie oft, wie normal der gesamte Abend gewesen sei, und ein besonderes Vorkommnis verdient dabei Erwähnung: Oma hatte sich einem weiblichen Gast vorgestellt und unerwarteterweise gefragt, ob sie vielleicht gern ihre Füße fühlen würde. Das kam überraschend, auch für mich – warum ihre Füße?

Doris und ich hielten sie zur Begrüßung immer an den Händen, die stets so warm waren wie die unseren, und darum fragte ich sie sofort, warum die Dame ihre Füße fühlen sollte. „Na ja", sagte sie, „als ich hier lebte, hatte ich immer kalte Füße." Meine spontane Erwiderung war, dass sie in der Geistigen Welt, wo sie keinen Körper habe, auch keine kalten Füße haben könne. „Das stimmt", sagte sie, „die habe ich nur, wenn ich in diesem Stoff stecke!" Sie meinte mit „diesem Stoff" natürlich ihre Einkleidung, den ektoplasmatischen Körper – typisch Oma. Also erhob ich mich und kniete mich neben ihr nieder. Ich wollte ihre Behauptung selbst überprüfen und dem weiblichen Gast etwas beistehen. Ich bat sie, einen ihrer Füße zu heben und barg ihn in meinen Händen. Er war kalt wie ein Eisblock, und dennoch fühlten sich ihre Hände warm an! Ich kommentierte es, und Oma dazu: „Hab ich dir doch gesagt." Die Frau fühlte ihren Fuß ebenfalls und bestätigte, was ich gesagt hatte.

Diesen „Party-Gag", wie sie das nannte, wiederholte sie drei- bis vier Mal in den kommenden Wochen. Das Resultat war immer dasselbe: eiskalte Füße. In einer Woche, als wir keine Gäste hatten und Oma dastand und mit uns redete, fragte ich sie: „Sind deine Füße auch diese Woche kalt, Oma?"

Ihre Antwort überraschte mich. „Nein, diese Woche nicht." Ich gab sofort zurück: „Hast du nicht gesagt, dass du immer, wenn du in diesem Stoff bist, kalte Füße hast, also warum nicht heute Abend?" – „Ihr habt ja keine Gäste." – „Was hat das mit deinen Füßen zu tun?" fragte ich. Erneute Überraschung: „Nun, da ihr heute keine Gäste habt, habe ich meine Füße einfach nicht mitgebracht." Das war ein Schreck für uns. Da lief sie im Zimmer herum ohne Füße – und um das zu beweisen, beugte sie sich vor, hob ihren Ektoplasma-Rock, und da waren weder Füße noch Beine! Ich konnte unter ihrem Kleid Dads Beine mir gegenüber sehen. Oma hatte wieder recht gehabt, sie hatte einfach ihre Füße nicht dabei! Aber wie bewegte sie sich fort?

Die Antwort gab uns bald Tante Agg, die erklärte, dass das Ektoplasma nur ein Material sei, das den Ätherischen Körper oder Geistkörper bekleide, der ja überhaupt keinen Platz einnehme und als „Vehikel" benutzt werden könne, um sich fortzubewegen. Obendrein bedecken die Geistwesen mit Ektoplasma nur jene Teile ihres Geistkörpers, die sie jeweils brauchen – und Oma brauchte ihre Füße diesmal nicht, weil ihr Party-Gag mangels Gästen ausfiel.

Tante Agg erläuterte auch, dass zur Produktion von Ektoplasma nur ein Teil der gesamten Energie oder Kraft genutzt werde, die im Zirkel am Abend verfügbar sei, wenn auch nicht in unbegrenzter Menge. Diese Kraft variiere je nach Fähigkeiten und Möglichkeiten der Teilnehmer sowie nach den klimatischen Bedingungen. Wenn weniger Energie für jede einzelne Materialisation verwendet werde, bedeute das, dass mehr Geistwesen sich materialisieren könnten und einen längeren Zeitraum stehenbleiben. Wie es Tante Agg bündig ausdrückte, wobei sie liebenswürdig lächelte: „Je mehr, desto lustiger für uns alle." Sie dort drüben wollen uns doch unbedingt wissen lassen, dass sie noch leben, und dass sie glücklich in einer viel besseren Welt leben und trotzdem oft in unserer Nähe sind, vor allem, wenn wir sie brauchen.

Dank Oma hatten wir an jenem Abend alle etwas gelernt. Unsere Geistfreunde unterliegen nicht den physikalischen oder chemischen Gesetzen, die auf unserer irdischen Ebene gelten. Es ist jammerschade, dass unsere Wissenschaftler die bewiesene Wahrheit vom Leben nach dem Tod nicht annehmen wollen. Als vertrauenswürdige und angesehene Männer wie die Sirs William Crookes, Oliver Lodge, Arthur Conan Doyle und andere in aller Öffentlichkeit eingestanden, dass ihre Ergebnisse für das Weiterleben sprächen, wurden sie von ihren Kollegen fallen gelassen und behandelt, als hätten sie ihren Verstand verloren. Dies ist alles sehr traurig, aber die Wahrheit ist unzerstörbar; sie lebt weiter und weiter und weiter, und alle werden das einst entdecken, wenn ihre Zeit gekommen sein wird und sie sich ihren Kollegen in der Geistigen Welt anschließen müssen.

~~~~~~

Nach vorne schauen!

Tritt auf die Straße, die sich vor dir dehnt,
Geh in der Dämmerung, geh bis ans helle Ziel,
Nimm hin, was kommt und find den Weg zum Tag
Vieles geht schief, doch mehr noch dir gelingt; sehr viel!

Geh tapfer in den Tag, der vor dir liegt,
Mit Tränen auf den Wangen, – etwas bang,
Lernst du zu lächeln und nach vorn zu schaun –
Das Leben ist noch nicht vorbei nach Sonnenuntergang.

M.R.H.

12

SNC – die Sitzungen 44 und spätere

In den vorherigen Kapiteln habe ich die meisten frühen Sitzungen in allen Einzelheiten beschrieben, aber von nun an werde ich nur die auswählen, die von besonderem Interesse sind oder in denen signifikante Geschehnisse zu verzeichnen waren, die nicht an anderer Stelle schon beschrieben wurden. Ich will euch daran erinnern, dass jede Sitzung länger als eine Stunde dauerte und wir gewöhnlich sechs, manchmal auch sieben oder mehr Geistbesucher hatten, die entweder durch die Trompete sprachen oder sich materialisierten, meist mit apportierten Blumen für ihre Verwandten oder Freunde. Das klingt nun nach Routine; aber jede Sitzung und jede Woche war stets besonders.

1 März 1947 (44)
Keine Gäste, nur die ursprünglichen sechs Teilnehmer
Sunrise versprach uns, dafür zu sorgen, dass jeder unserer hauptsächlichen Geistführer sich bald mit uns in Kontakt setzen würde; er wolle sich in Sitzung 52 zu unserem ersten Geburtstag materialisieren.

8 März (45)
Gäste: Mrs Shipman (Syds Mutter)
Sunrise, Syds Vater und Sam Hildred sprachen alle drei klar durch die Trompete. Tulpen wurden für Gladys und Mrs Shipman gebracht, Mimosen für Doris und Sydney.
Die erste Materialisation war Syds Geistführer, der sich als der Methodistenpriester John Evans vorstellte, der 1885 in Cardiff tätig war. Er trug einen Vollbart, hatte aber oben

auf dem Haupt wenig Haare. Als nächster kam Mr Shipman, der eine Weile mit seiner Witwe redete. Dann baute sich Tante Agg auf, die gute Ratschläge für Terry hatte, was die Arbeit und seine bevorstehende Hochzeit betraf.

22. März (47)

Die erste Sitzung, bei der wir einen von Mr Garrett (ein Freund von Sydney) hergestellten Widerstand einsetzten, der es mir ermöglichte, die Helligkeit des rubinroten Lichts für Materialisationen zu variieren. Die Erfahreneren wie Tante Agg konnten einem helleren Licht standhalten, wogegen die Neulinge ein schwächeres Licht brauchten. Wir fanden diese Ausrüstung in den folgenden Jahren extrem nützlich. Der spiritualistische Pionier Alfred Kitson baute eine ähnliche Vorrichtung; um ihn geht es in einem gesonderten Kapitel.

29. März (48)

Gast: Sam Ingham, dessen Frau Ethel sich materialisierte und ihm eine weiße Nelke mit einer weißroten Tulpe überreichte. Sie entschuldigte sich, dass sie nicht genau die Blumen bringen hatte können, die in ihrem Hochzeitsstrauß gewesen waren, weiße Tulpen: ein weiteres Beispiel für die emotionale Nähe unserer Freunde und Verwandten im Geistigen Reich. Die Großmutter von Mr Jones väterlicherseits baute sich auf und sprach gut, und sie brachte ihm auch zwei Blumen für einen Geburtstag mit. Als Tante Agg sichtbar wurde, lud sie uns alle ein, die wunderbaren Kleider zu betasten, die sie trug – schöne weiße, seidenartige ektoplasmatische Gewänder.

5. April (49)

Sunrise sagte uns durch die Trompete, er habe hier eine Geisterdame mit einem Namen wie ein Mann – Samuel Davies –, die sich gern später materialisieren würde. Doris und ich kannten den Namen sofort: Es handelte sich um die

Frau, bei der wir während meiner Zeit im RE-Trainingszentrum in Ruabon 1942/43 gelebt hatten. Als Sergeant durfte ich privat wohnen, und Doris war mit Colin, dem Säugling, für ein paar Monate gekommen. Wir kannten sie als Mrs Davies, aber sie war zuvor mit einem Mr Samuels verheiratet gewesen, daher die Verwirrung mit den Namen.

Bei Doris' kurzen Besuchen nahm sie Colin jeden Abend in die Arme, wickelte ihn in ihren walisischen Schal ein und sang ihn mit Volksliedern aus ihrer Heimat in den Schlaf. Als sie sich heute Abend aufbaute, nannte sie uns bei unseren Vornamen und gab Doris zwei Tulpen. Ein sehr erbauliches Treffen mit ihr.

Heute Abend war Sydneys und Gladys' zehnter Hochzeitstag, und als Gladys' Vater Sam Hildred endlich dastand, gab er ihr einige pinkfarbene Nelken und eine blaue Iris, der Erinnerung willen. Wie ich so oft sagte: Unsere Geisterfreunde vergessen so wichtige Jahrestage nicht, was uns auf Erden öfter passiert. Gegen Ende nahm auch Gladys' wichtigste Geistführerin Form an, eine Italienerin namens Carita Mirello, und sie blieb kurz hier.

12. April (50)

Mein hauptsächlicher Geistführer materialisierte sich zuerst – ein aufrechter, großer Mann mit schwarzem Vollbart und Schnurrbart, der ein gutes Englisch sprach und seinen Namen als Achelem El Achem angab. Er sei ein alter Ägypter.

Syds Onkel Dick sprach durch die Trompete und sagte, er verstehe nun und billige die Veränderungen in seinem Landsitz in Robin Hood's Bay, und er habe niemandem Angst einjagen wollen. Auf dem Landsitz hatte er „Störungen" verursacht, als Sydney jenen umbaute. Zum Beispiel brachte er das Bett von Syds Schwester Clarice ins Schwanken, als sie dort war. Sydneys Mutter hatte ihn jedoch gesehen und angeherrscht: „Hau ab!" Ihm hatte das Haus gefallen, wie es war, und er wollte keine anderen Leute darin. Sydney hatte dann seinen Onkel laut ins Gebet genommen: Die Zeiten hätten sich geändert, und er wolle das Haus nun modernisieren und komfortabler machen für sich selbst, Gladys und ihre Verwandten. Danach hatte es keine seltsamen Vorkommnisse mehr gegeben.

Als sich Tante Agg aufbaute, baten wir sie, ob wir nicht irgendwann ein Stück ihres ektoplasmatischen Kleides abschneiden könnten, und sie erwiderte, wenn die Geister einen Schutzmechanismus finden würden, sei das ungefährlich, und sie würden das arrangieren. Sie breitete dann ihr Gewand vor dem Zirkel aus, und es schien endlos breit zu sein, es bedeckte den ganzen Fußboden vor dem Kamin, sicher zwei Meter.

19. April (51)

Diese Sitzung dauerte von 20 Uhr bis 21 Uhr 50, also 40 Minuten länger als sonst, und sie erwies sich als hochinteressant. Sam Hildred sprach durch die Trompete, danach folgten zwei Frauen, die länger als zehn Minuten blieben und über ihr Leben in ihrer Welt referierten, und es klang nicht viel anders als aus unserem Leben: Häuser, Gebäude in verschiedenen Stilen, Konzertsäle, Gärten mit allen erdenklichen Blumen und Pflanzen, aber alles viel leichter und heller, da geistig erschaffen durch die geistigen Bewohner.

Offensichtlich kann man genau das bekommen, was man will und so lange, wie man es will oder meint, es nötig zu haben. Es scheint, dass wir uns in der Gewöhnungsphase an unser vergangenes Erdenleben klammern, aber die große Mehrheit sieht dann allmählich ein, dass wir in unserem neuen Leben ohne physischen Körper diese Dinge nicht brauchen, obwohl ein paar immer an ihren materiellen Bedürfnissen festhalten und eine längere Zeitspanne benötigen, um einen spirituellen Weg zu beschreiten.

26. April (52)

Unser erster Geburtstag, eine besondere Nacht – siehe Kapitel 14.

3. Mai (53)

Gäste: Mr und Mrs Walthew (ein gutes Medium)

Dieser Abend war im besonderen unseren Gästen gewidmet. Sunrise machte die Einführung und erwähnte, er habe hier ein Baby, von dem er nicht wisse, zu wem es gehöre. Sam übernahm die Trompete, hatte aber Probleme, da sich jemand anderes hineindrängen wollte. Nach Sams üblicher Plauderei war die Reihe an Mr Walthews Vater. Er kam sehr stark und hatte die Trompete gut im Griff. Er sagte, er habe das Baby mitgebracht, es gehöre „Peggy", und er habe sich einzumischen versucht, um das mitzuteilen.

Er war auch der erste, der sich aufbaute, und das Ehepaar Walthew schüttelte ihm die Hände. „Jim, mein Junge", sagte er.

Dann gewann Mrs Walthews Mutter im Kabinett an Gestalt und fragte Sunrise, wohin sie gehen solle. Er sagte ihr, sie solle sich durch den Vorhang hinausbegeben. Sie war schwach, konnte aber ihrer Tochter die Hand geben und sie küssen.

Es folgte Tante Agg, die sagte, es sei gut gewesen, wieder alte Freunde zu treffen. – Ein weiterer exzellenter Abend.

10. Mai (54)

Wie ich schon einmal beschrieb, hatte meine Mutter in ihrer Trance keine Ahnung von den materialisierten Geisterbesuchern, die sich im Raum aufhielten – außer bei dieser speziellen Sitzung. Während Tante Agg gerade zu uns sprach, hörten wir plötzlich, wie meine Mutter sich hinter dem Vorhang bewegte. Tante Agg versicherte uns, wir müssten uns keine Sorgen machen, sie würden „unsere Min" schon beruhigen. Ihr Geist hatte kurzzeitig ihren Körper verlassen und sah aus einer Ecke des Zimmers auf sie nieder, hatte ihre Schwester gesehen und versuchte nun, zu ihr zu gelangen, die vor dem Vorhang stand. Innerhalb einer Minute hörten die scharrenden Geräusche auf, und die Sitzung nahm ihren Fortgang.

Als wir dann nach der Sitzung unseren Tee tranken und unsere Sandwiches verzehrten, brachte Mam plötzlich die Sprache darauf: Sie erinnere sich, sie sei oben in einer Ecke des Raums gewesen, habe „unsere Agg" da stehen sehen und zu ihr gehen wollen, doch es sei unmöglich gewesen. Das war eine Bestätigung dessen, was Tante Agg uns erklärt hatte, aber es war das einzige Mal, dass meine Mutter je einen unserer Geistbesucher sah. Daher rührte unsere spätere Anregung, Fotos zu machen. Sie sollten meiner Mutter klarmachen, welches Privileg es für uns war, Woche für Woche derart großartige Dinge zu erleben.

24. Mai (56)

Heute Abend wieder eine Premiere! Sunrise hatte Brittain Jones versprochen, dass er, wenn die Geistwissenschaftler für die nötigen Schutzvorrichtungen gesorgt haben würden, ein Stück vom Ektoplasma-Kleid von Tante Agg abschneiden könne. Dieses Versprechen löste er heute Abend ein. Tante Agg materialisierte sich als erste und fragte Mr Jones sogleich, ob er seine Schere zur Hand hätte. Prompt zauberte er sie aus seiner Tasche hervor, die er jeden Samstagabend mitnahm, damit er für eine derartige Gelegenheit bereit wäre. Tante Agg hielt ihm dann eine Ecke ihres Gewands hin und sagte ihm, er könne ein Stück von der Größe eines Damentaschentuchs abschneiden.

Als er den Schnitt führte, hörten wir einen fernen Seufzer von meiner Mutter hinter dem Vorhang und von Tante Agg, die unter uns in gutem rotem Licht stand, aber wie sie uns bereits angekündigt hatte, war der nötige Schutz vorhanden, und keine der beiden erlitt Schaden. Sunrise hatte zuvor gesagt, es handle sich um ein Experiment und er sei sich nicht sicher, ob das Stück Ektoplasma nach der Sitzung noch da wäre. Es wurde unter den Teilnehmern herumgegeben, die seinen Stoff fühlten, und danach legten wir es auf den Kaminsims. Es wirkte wie ein Stück sehr feinen Tafts.

Leider war es nach der Sitzung nicht mehr an seinem Platz, aber Sunrise hatte versprochen, Mr Jones würde nächste Woche eine neue Chance bekommen, und wir sollten auf den Sims ein kleines Gefäß stellen, das unser Geisterchemiker „Swift" mit einer gewissen Flüssigkeit füllen würde, in der wir das Stück Ektoplasma so lang wie möglich aufbewahren könnten.

Wichtige Erinnerung an alle Mitglieder und Teilnehmer eines Physikalischen Zirkels: Tut bei der Séance nichts ohne Erlaubnis von oder Abstimmung mit euren Geisthelfern und -führern. Wie ihr gerade gelesen habt, verspürten das Medium und die ektoplasmatische Form von Tante Agg einen leichten Schmerz, als das Ektoplasma abgeschnitten wurde, obschon es eine Schutzhülle gab. Ohne diese Vorkehrungen wären die Folgen in einem Zustand derartiger Sensitivität ernster gewesen, und das Medium hätte sich schwer verletzen können. Denkt und fragt, bevor ihr etwas tut.

31. Mai (57)
Gladys hatte ein kleines leeres Gefäß auf den Sims gestellt, und Mr Jones hatte von neuem die Gelegenheit, ein Stück Ektoplasma vergleichbarer Größe abzuschneiden. Es wurde sofort in das Töpfchen gesteckt und ein Deckel darauf geschraubt, und dabei bemerkten wir, dass ein Geruch wie von einem Bleichmittel aus dem Gefäß kam. Als das Licht angedreht wurde, sahen wir, dass das Stück Ektoplasma aussah wie aus sehr feiner Baumwolle und in einer etwa drei Zentimeter hohen Flüssigkeit lag.

Sydney beschloss, es auf dem Sims zu lassen, und ich schaute jeden Tag nach. Wir konnten fast zusehen, wie das Stück sich auflöste, und am Mittwoch darauf war es bis auf ein paar Fasern in gelblicher Flüssigkeit verschwunden.

Mr Jones brachte die Flüssigkeit zur Untersuchung in sein Krankenhauslabor und erstattete uns am folgenden Samstag Bericht. Er hatte von der Flüssigkeit etwas sich auskristallisieren lassen, und die Kristalle glichen den kleinsten Bestandteilen von Bleichmittel, wonach die Flüssigkeit ja gerochen hatte; aber nichts wies auf das darin aufgelöste Ektoplasma hin, was wir seltsam und auch ein wenig enttäuschend fanden.

Dennoch waren wir gespannt, mehr über diese ominöse Flüssigkeit zu erfahren, die Swift in das Gefäß apportiert hatte, was ja für sich selbst erstaunlich war.

Notiz: Wir hatten Gäste bei beiden dieser Sitzungen und ich bekam einen Brief als Bestätigung von Bill Lennie, der am 24. Mai bei uns gewesen war und sich an das Experiment mit allen Details erinnerte. Sein Brief ist in einem eigenen Kapitel abgedruckt.

26. Juli (65)

Unser jüngster Sohn Derek war zwei Tage früher als geplant zur Welt gekommen, weshalb Doris heute Abend nicht bei uns sitzen konnte. Oma Lumsden materialisierte sich, reichte mir eine Nelke für „ihr Mädel" Doris und unterrichtete uns davon, dass sie einige Rosen in unser Haus in der Lambeth Road gebracht habe. Sie sagte, sie habe sie auf den Rollwagen gelegt, der im Treppenhaus unter den Stufen stand, wo „die Gören ihre Kleider hintun". Als ich heimging, hob ich vorsichtig die Kleider von dem Wagen und fand die von Oma zugesicherten Rosen. Wundervoll, Apporte außerhalb des Zirkelraums, und eine der Rosen habe ich immer noch.

Schließlich wurde Tante Agg greifbar, setzte sich auf den leeren Stuhl und plauderte etwa 10 Minuten mit uns – und sah so wirklich und solide aus wie wir alle. Sie brachte Gladys, Sydney und Mr Jones auch Blumen mit.

In der Woche darauf hatten wir das Vergnügen, Tante Mary als Gast willkommen zu heißen, die aus Bristol kam und Urlaub hatte. Tante Mary war eine der Schwestern meiner Mutter, 1883 geboren, also zwei Jahre vor Tante Agg und 12 Jahre vor meiner Mutter. Wie alle aus der

Bessant-Familie war sie medial begabt, da aber ihr Ehemann eng der Kirche von England verbunden war, hatte sie seit ihrer Heirat keine Begegnungen mit Geistern gehabt. Darum war es für sie besonders interessant, mit uns zu sitzen und einige aus der Familie in der Geistigen Welt zu treffen.

Als erstes kam ihr Vater (mein Großvater) und gab ihr eine Nelke. Albert Ernest, Tante Marys Erstgeborener und als Säugling gestorben, erstand als nächster als großer junger Mann, um seiner Mutter zu zeigen, wie gereift er sei. Ihre Mutter sprach dann sehr klar und schön – nach den Worten von Sunrise ein strahlender Geist, der sich sehr weit entwickelt hatte. Schließlich konnte sich Tante Agg auf den leeren Stuhl neben ihre Schwester Mary setzen und 10 Minuten mit ihr über Familienangelegenheiten reden. Tante Agg überreichte ihr auch eine Nelke für ihren Sohn Tom, der eigentlich, wie sie meinte, kommen sollte, um sie sich zu holen.

Es war ein wunderbares Familientreffen, das sich in der Sitzung darauf fortsetzte, als Tante Mary und Tom unsere Gäste waren und Tante Agg den Stuhl bewegte, um in einer besseren Position für ihre Plauderei zu sein. Opa Bessant kam auch und ließ alle seinen Bart fühlen, der sehr weich war. Er blieb ungefähr drei bis vier Minuten. Wir spürten, dass diese Sitzungen beispielhaft für das standen, was wir mit dem Saturday Night Club angestrebt hatten – ein regelmäßiges Treffen von Verwandten und Freunden aus beiden Welten.

4. Oktober 1947 (73)

Diese Sitzung war für mich von großem persönlichen Interesse.

Meine Vornamen lauten Thomas William. Thomas ist ein traditioneller Name in unserer Familie, und William erklärte mein Vater so: Während er in Ypern im Ersten Weltkrieg Dienst getan hätte, sei er für einen 17 Jahre alten Soldaten namens Billy Earle wie ein Vater gewesen, doch

Billy sei leider bei einem der Scharmützel getötet worden. Dad hatte sich ihm so nahe gefühlt, dass er an ihn erinnern wollte, indem er mir seinen Vornamen gab. Ich hätte mir nie träumen lassen, dass ich meinen Namenspatron einmal treffen würde, aber an diesem Abend sprach Billy – zusammen mit einem anderen damals mit Dad befreundeten Soldaten, Jack Seaton – durch die Trompete zu uns.

Besonders eindrücklich als Beweis war dabei, dass Billy meinen Vater „Fatha" nannte, wie er es immer in Frankreich getan hatte. Von diesem Abend an bedeutete mein Name William mir etwas, und ich denke oft an Billy.

Mr Jones' Mutter materialisierte sich heute Abend und blieb einige Minuten unter uns. Sie war extra gekommen, um ihm „Happy Birthday" zu wünschen. Am Sonntag sollte sein 70. Geburtstag sein.

18. Oktober 1947 (75)

Wir hatten alles vorbereitet, dass Jim McKenzie an diesem Abend mit seiner Plattenkamera die ersten Fotografien machen konnte. Neun oder zehn Lichter kamen, aber keines war sehr hell. Der Fotoapparat sollte eine gewisse Zeit belichten, was bedeutete, dass die Blende bis zum Drücken des Knopfes offen blieb. Wir belichteten eine Platte. Das Ergebnis könnt ihr auf Seite 63 sehen. Jim machte später je ein Foto von den ektoplasmatischen Formen von Oma Lumsden und Tante Agg *(siehe S.153)*. Das war gleichzeitig ein Experiment, ob das rote Licht im Raum gut verwendbar wäre. Oma stand etwa vier bis fünf Minuten neben dem Vorhang. Tante Agg saß auf dem leeren Stuhl davor und hielt uns eine rund zehnminütige Ansprache. Sie sagte, sie müsse andauernd sprechen, um ihre materialisierte Form aufrecht zu erhalten.

Heute Abend gab es auch eine Antwort zur Frage nach dem Kreuzfahrer-Abzeichen, das zwei Jahre zuvor als Apport gekommen war. Es gehörte einem Jungen, dessen Mutter ein gutes Medium ist und den Kreuzritter zwei Mal in ihrem Haus gesehen hatte. Sie konnte das bestätigen. Hervorragender Beweis.

In den frühen Tagen unseres Zirkels hatten wir zahlreiche Geisterlichter von der Größe eines Schillings gesehen, aber am 22. November führte uns Douglas etwas Anderes vor. Während das rote Materialisationslicht aktiviert war, leuchtete plötzlich hinter dem Kabinettvorhang ein starker heller Lichtblitz auf, dem drei oder vier weitere in kurzen Abständen folgten. Das Licht, das über den Vorhang oben hinausdrang, war so hell, dass es das ganze Zimmer erleuchtete. Da unsere Geisthelfer dieses Licht geschaffen hatten, war es nicht schädlich für das Medium oder das Ektoplasma, denn schon das Licht einer gewöhnlichen Taschenlampe würde üble Folgen zeitigen.

Douglas zog diesen Party-Trick drei Wochen hintereinander durch, aufregend und erhebend war das, doch bei Sitzung 84 ging er einen Schritt weiter und beleuchtete Tante Aggs Gesicht, als sie eben aus dem Kabinett trat. Wir hofften, dass er diesen Effekt ausbauen könnte, damit er auch für andere Ektoplasma-Formen nutzbar würde, aber öfter machte Douglas das nicht, auch wenn er in Sitzung 90 noch einmal Omas Gesicht aufleuchten ließ.

3. Januar 1948 (89)

Unsere erste Weihnachts-Sitzung. Die Einzelheiten stehen in Kapitel 18, Weihnachtsparties.

10. Januar (90)

Wieder ein ganz besonderer Abend, wiedergegeben in Kapitel 17, Die Straße heimwärts.

24. Januar (92)

Mr Jones brachte seine Plattenkamera mit, um zwei weitere Fotografien zu machen *(S.154/155)*. Der Apparat war so aufgebaut, dass sein Objektiv dorthin wies, wo die materialisierten Formen meistens standen: an einer Seite des Kamins neben dem Vorhang des Kabinetts.

Oma Lumsden materialisierte sich als erste und stand für die Aufnahme 90 Sekunden lang in einem noch vertretbaren hellen Licht, und Tante Agg hielt zwei Minuten stand. Beim Entwickeln zeigte sich, dass Omas Foto perfekt war, sich Tante Agg aber bewegt haben musste. Vor Tante Agg hatte sich Opa Bessant aufgebaut und gesagt, er wolle für seine Fotos noch etwas üben, für ein anderes Mal. Er blieb drei oder vier Minuten.

7. Februar (94)

Terry Abbott, der jüngste Sohn von Tante Agg, brachte seinen Fotoapparat mit besonders schnellem Film und setzte ihn auf ein Stativ, das hinter den Teilnehmern stand und drei Meter vom Kabinettsvorhang entfernt. Er fotografierte die materialisierten Formen von Opa Bessant und dann von seiner Mutter, die für ein paar Minuten gekommen war, um mit ihm zu plaudern. Terry hatte keine Zweifel, dass es seine Mutter war, die da vor ihm stand. Auch sein Vater Bob Abbott nahm Form an, zwar nur für eine Minute, aber er sagte, er werde stärker.

Da Terry nicht die ganze Filmrolle gebraucht hatte, kam er am 21. Februar wieder, um seine Mutter erneut abzulichten sowie ein Gruppenfoto von uns zu machen – beides mit ausgezeichneten Ergebnissen.

Wir saßen nun seit fast zwei Jahren regelmäßig im Zirkel und hatten eine unglaubliche Bandbreite von physikalischen Phänomenen erlebt. Wegen der schlechter werdenden Gesundheit meiner Mutter meinten wir, wenn wir keine Gäste hätten, könnten wir unsere Treffen doch dazu verwenden, die anderen Mitglieder des Saturday Night Club medial zu schulen, wobei meine Mutter als Zirkelleiterin in Frage käme. Die erste dieser Sitzungen fand am 17. März statt, und zwei Wochen später spürten Doris und ich schon erste Ansätze von Trance. Meine letzten Aufzeichnungen datieren vom April 1948, aber ich erinnere mich, dass unsere Entwicklung extrem langsam und willkürlich vor sich ging und wir keine ermutigenden Zeichen von physikalischem Mediumismus zeigten wie meine Mutter.

Wir hatten weiterhin im Heim von Syd und Gladys unsere Sitzungen – noch vier Jahre, bis sie im August 1952 umzogen. Die Sitzungen wurden danach in unserem Haus in der Oxford Road abgehalten. Wir genossen die Trompetenstimmen und die Materialisationen auf der Basis von Ektoplasma wie zuvor, aber wegen der geringeren Energie konnten nicht mehr so viele Geistwesen kommen wie früher.

Während all dieser Sitzungen bekam meine Mutter viel Heilenergie von drüben.

In den 1950-er Jahren hatten wir in der Oxford Road eine Weile auch einen Heil-Zirkel, mit dem wir vielen Menschen helfen konnten, wie das meine Frau Ann und ich seit 1993 tun, als wir uns kennenlernten. Vergesst nie, dass die Geistige Welt so viele Kanäle wie möglich für verschiedene Zwecke braucht – seid bereit, ihre Vorschläge anzunehmen und auf sie zu reagieren, wie und wann immer sie sich melden. Ihr werdet euch reich belohnt fühlen!

Die Fotografien

Alle Fotografien der materialisierten Geistwesen wurden hauptsächlich meiner Mutter zuliebe gemacht, die sich immer in Volltrance befand, wenn ihr Ektoplasma entnommen wurde. Sie selbst sah nie auch nur eines der ektoplasmatischen Geistwesen, die sich Woche für Woche materialisierten und war sich der Bewegungen der Trompete ebenso wenig bewusst wie des Ektoplasmas, das aus ihr ausging. Wir waren entzückt, als die Resultate der Foto-Experimente blendend aussahen, wie wir fanden. Ich hoffe, sie werden euch auch gefallen. Vergesst nicht, dass es amateurhafte Schnappschüsse sind, die mit Glück gelangen und keineswegs wissenschaftlichen Erfordernissen genügen sollten und konnten.

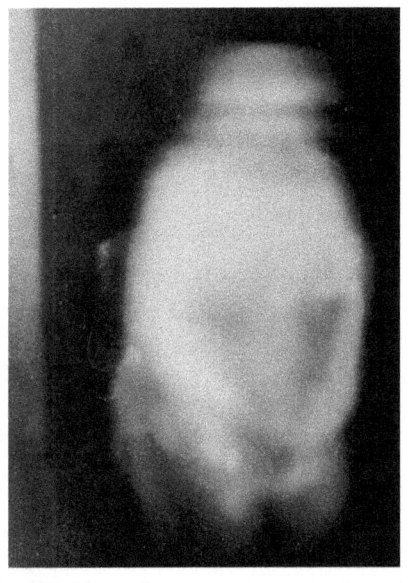

Unser erster Versuch am 18. Oktober 1947 mit gedimmtem roten Licht war eine verschwommene Aufnahme von Oma mit zweiminütiger Belichtungszeit (*links*) – aber später am Abend machten wir dann dieses Foto (*rechts*) von Agnes Abbott (Tante Agg), wie sie nach den Trompetenphänomen auf dem Stuhl meiner Mutter, ihrer Schwester also sitzt und zehn Minuten lang mit uns spricht. Die Belichtungszeit betrug sieben Minuten, während der sie wohl den Kopf beim Reden bewegte, wie man sieht.

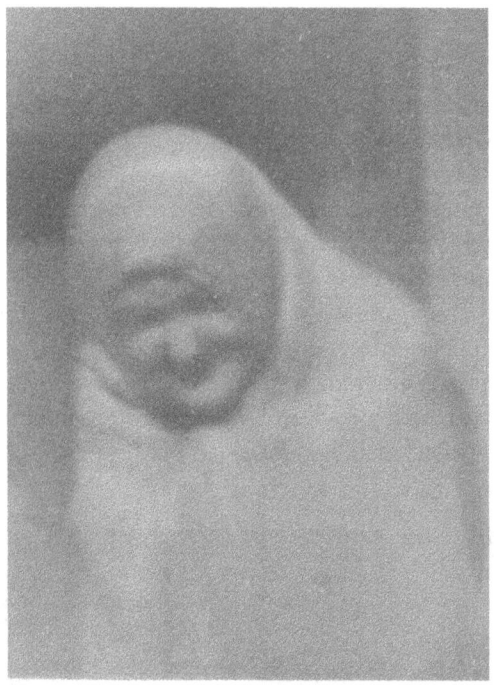

*Oma Lumsden
materialisiert. 1948*

Oma Lumsden wurde hier am 24. Januar 1948 mit Mr Jones' Plattenkamera aufgenommen – 90 Sekunden war die Blende offen. Vergleicht ihren Gesichtsausdruck mit dem eines Originalbilds aus ihrem irdischen Leben, als sie im Sonntagsstaat vor ihrer Haustür steht.

*Oma Lumsden vor ihrer
Haustür. Etwa 1930*

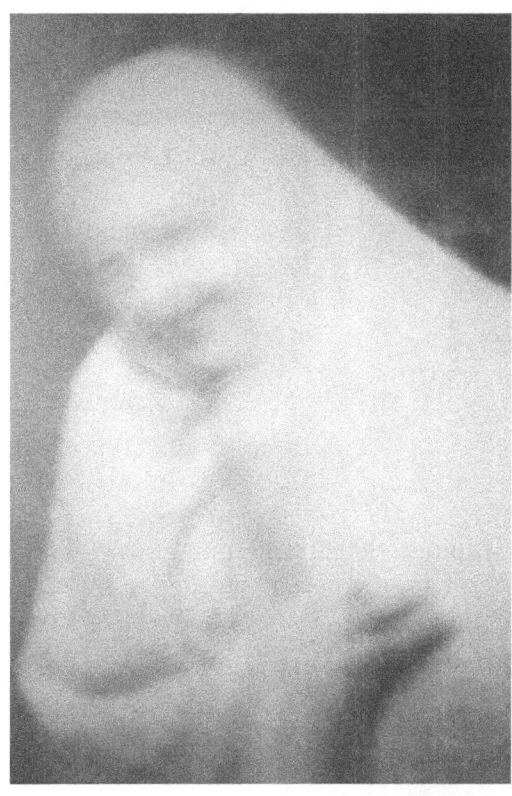

Tante Agg, materialisiert. Unser zweiter Versuch, bei rotem Licht zu fotografieren

Tante Agg, ebenfalls am 24. Januar 1948 von Mr Jones aufgenommen, bei hellerem roten Licht – Belichtung von 2 Minuten. Die Scharfeinstellung war nicht ganz korrekt oder Tante Agg hatte sich bewegt.

Achtet auf die Ähnlichkeit mit dem Porträt aus ihrem Leben.

Tante Agg in ihrem Garten in London, 1942

Links: Opa Bessant, volle Materialisation, Aufnahme von Terry am 7. Februar 1948. Wegen des roten Licht sieht der Bart, auch aus Ektoplasma bestehend, sehr dunkel und falsch aus, aber ich versichere euch, er gehörte zu ihm.

Unten: Tante Agg, von ihrem Sohn Terry am 21. Februar 1948 bei hellerem roten Licht aufgenommen – 2 Minuten Belichtung mit einem superschnellen Film. Beachtet hinter der Tante den schwarzen Vorhang, hinter dem meine Mutter in tiefer Trance sitzt. Links mein Vater, der sich während der Aufnahme anscheinend bewegt hat.

Zehn Monate mussten wir warten, bis meine Mutter ausreichend gegen die Wirkungen des Blitzes für Infrarotaufnahmen geschützt war. Aber auch dann – das sagte sie uns, nachdem sie aus der Trance gekommen war – sei es für sie wie ein Schlag in die Magengrube gewesen. Brittain Jones stellte die Infrarot-Ausrüstung bereit, und die beiden folgenden Fotografien wurden im frühen Dezember 1948 gemacht. Die Platten waren gut für „wissenschaftliche Zwecke" und kamen in Mr Jones Apparat. Es war völlig dunkel, und den Blitz lieferte eine Sashalicht-Birne, die hermetisch in einer von Sydney gefertigten Schachtel untergebracht war, und ein rubinroter Wratten-Filter war im Vorderteil eingesetzt (sie befindet sich unter meinen Erinnerungsstücken), was zwar für heutige Standards archaisch wirken mag, deren Ergebnisse uns aber zufrieden stellten.

Da die Fotos bei völliger Dunkelheit gemacht wurden und der tiefe rubinrote Blitz nur für den Bruchteil einer Sekunde durch den Filter schoss, sahen wir in diesem Augenblick der Belichtung weder Ektoplasma noch Trompete – im Gegensatz zu den früheren Aufnahmen, als wir die ektoplasmatischen Geistwesen gesehen hatten, während sie fotografiert wurden. (Ein Sashalicht war der Vorläufer der Blitzlichtkanone und wurde vornehmlich bei der Porträtfotografie eingesetzt. Es handelte sich um eine besonders große Birne, ausgekleidet mit Silberpapier, um den Lichtausstoß zu vervielfachen.) Ich verfügte über die Batterie und stellte die Verbindung her, um die Blitzlichtkanone abzufeuern und damit die Platte zu belichten.

Die lichtsichere Schachtel mit dem rubinroten Filter vorn, um infrarote Fotografien zu machen; daneben eine Schachtel mit speziellen Infrarotplatten

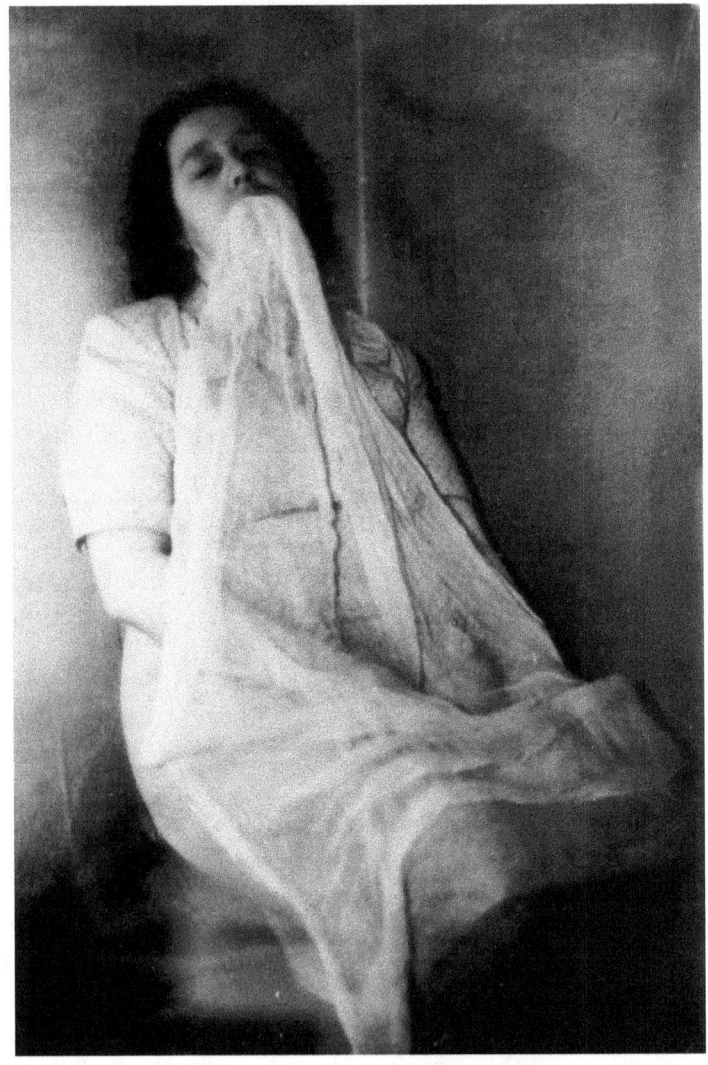

Ektoplasma tritt aus dem Mund des Mediums aus (infrarot)

Meine Mutter sitzt in der Ecke des Kabinetts, und der schwarze Vorhang ist hochgerollt. Wenn wir Materialisationen haben wollten, hing der Vorhang bis zum Boden hinunter, und die Geistwesen kleideten sich hinter ihm in Ektoplasma, bildeten also ihre Körper und traten dann in das rote Licht des Raums.

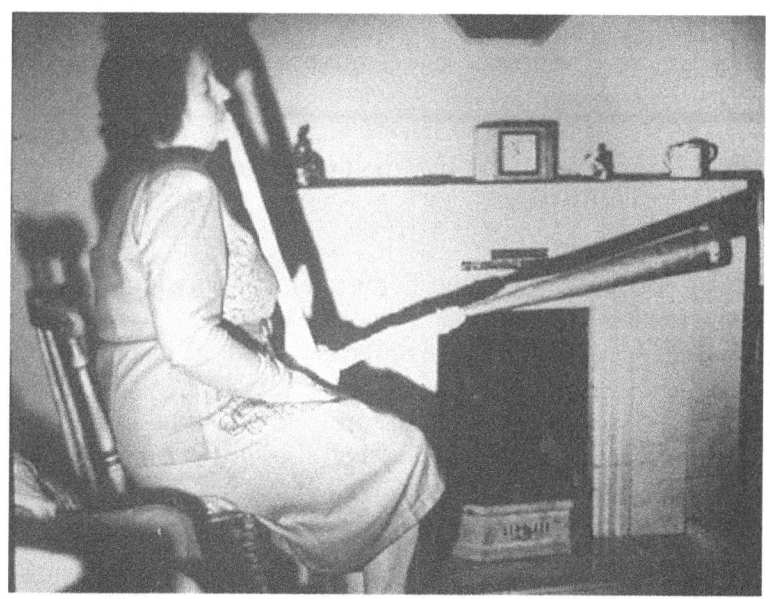

Die Trompete, von einer ektoplasmatischen Stange gestützt (infrarot)

Auch dieser Schnappschuss wurde in völliger Dunkelheit gemacht, die der Blitz einen kurzen Moment rubinrot erhellte. Er zeigt, wie die Trompete von den Geisthelfern mittels einer Stange aus Ektoplasma manövriert wird.

Wieder ist meine Mutter in Volltrance und ohne Bewusstsein für das, was um sie herum vorgeht.

Achtet auf den Schatten, den Ektoplasma und Trompete auf den gefliesten Kamin werfen, was zeigt, dass das Ektoplasma sich bei diesem besonderen Phänomen stabil und solide verhält.

Nach den gelungenen beiden Fotografien hatten wir unser Geisterteam gefragt, ob es möglich wäre, Tante Agg und meine Mutter – ihre Schwester – zusammen zu fotografieren, wie sie nebeneinander stehen, was meiner Mutter sicher viel Freude bereitet hätte und Beweis dafür gewesen wäre, dass die materialisierte Form von Tante Agg gewiss nicht das Medium in weißer taftartiger Kleidung war, wie Skeptiker manchmal behaupteten.

Man sagte uns, dass für so ein Foto eine riesige Menge spiritueller Energie nötig sei und vermutlich mehr, als unser kleiner Zirkel produzieren könne. Sie versprachen jedoch, es zu versuchen; sie müssten dazu noch einige Experimente anstellen. Leider kam es zu dem von uns erhofften Foto nie, da meine Mutter immer kränker wurde.

Als Terry kam, um die Fotografien zu entwickeln, die er von uns allen sowie von seiner materialisierten Mutter und dem Großvater gemacht hatte, wusste er, dass der Film nicht ganz voll geworden war; er erwartete indessen nicht, etwas auf den unbelichteten Segmenten zu finden. Er fragte mich, ob ich gerne sehen würde, was er gefunden hätte und ob er es drucken lassen sollte.

Stellt euch unsere Überraschung vor, als wir ein unscharfes Foto unserer Achter-Gruppe vor uns hatten! Bei näherer Untersuchung konnten wir sehen, dass es eine Doppelbelichtung war, wobei sich das Profil eines Mannes über Mr Jones geschoben hatte. Terry ließ keinen Zweifel daran, dass seine Kamera keine Doppelbelichtungen ausführen könne und überhaupt, was dieser Weidenstuhl vor der Gruppe solle; er war immer auf der anderen Seite des Kamins gestanden, und bei unseren Sitzungen war es mein Stuhl gewesen. Es sah fast aus, als wäre das Bild von den Geistern auf den Film geschoben worden, damit auch Onkel Jack sein Bild haben würde.

Erst 1994, nach meinem Vortrag in der Albany Street in Edinburgh fiel es zwei jungen Wissenschaftsstudenten auf: Ob ich bemerkt hätte, sprachen sie mich an, dass ich auf dem Geisterfoto viel kürzer wäre als auf dem offiziellen Gruppenfoto. Ich musste zugeben, dass mir das neu war, aber später bestätigte uns Tante Agg durch ein befreundetes Trancemedium, dass sie

Linke Seite: das Bild auf dem noch unentwickelten Stück Film Terrys; Rechts: Zum Vergleich das originale Foto der Gruppe auf demselben Film

mich ätherisch geschrumpft hätten, um die dadurch freiwerdende Energie zu nutzen. Ihr seht, dass mein Kopf auf dem Geisterfoto in etwa mit der Linie auf der Tapete abschließt und man mehr von der Tapete sieht, während alle anderen sich in derselben Position befinden.

Auf demselben Film tauchte ein weiteres ursprünglich unbelichtetes Negativ auf, dieses Mal unter den anderen Fotos und gerade vor demjenigen von Tante Agg, auf dem sie am 21. Februar materialisiert zu sehen ist. Zunächst dachte man, es sei nichts darauf zu sehen, aber Sam sprach uns bei der folgenden Zirkelsitzung darauf an: „Habt ihr die Familie gesehen? Wir sind im Mittelpunkt."

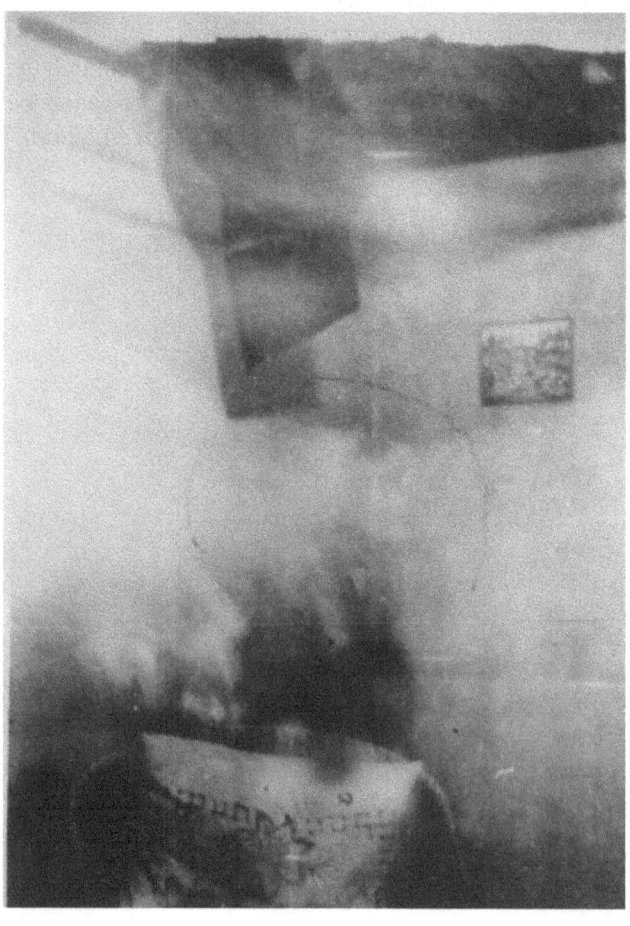

Als wir dann das Foto genauer untersuchten, konnten wir drei Gesichter unterscheiden: Sam mit der Nelke des Witwers, Mona

Sam Hildred *Mona Hildred*

rechts und im Profil und links, schwächer, Douglas, der als Säugling gestorben und nun zu einem jungen Mann herangewachsen war.

Sam sagte uns, dass sie das Foto vor Beginn des Zirkels gemacht hätten ... und wieder stand da der Weidenstuhl im Vordergrund, der zusätzliche Energie spenden sollte. Der Kabinettsvorhang ist hochgeschoben, über die Leiste, wie es normalerweise ist, bevor wir zusammensitzen.

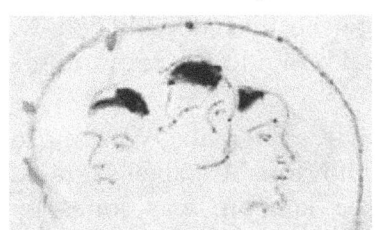

Ich zeichnete auf dem Foto später einen Halbkreis um die Gesichter, damit sie leichter zu sehen sind.

Oben: Meine Zeichnung, die zeigt, wie die drei Gesichter zueinander stehen, korrespondierend mit dem Foto links

Links: Eine Fotografie, die unsere Geisterfreunde gemacht haben, vor Beginn des Zirkels: die Familie Hildred „im Geiste"

Eine versäumte Gelegenheit

In den später 1940-er Jahren befand sich der bekannte US-amerikanische Psychologe J. B. Rhine im Vereinigten Königreich und sogar in der Region Middlesbrough. Sein Agent war zu jener Zeit Mr Waddington, ein guter Freund von Sydney, und man versuchte es zu arrangieren, dass Brittain Jones und W. W. Fletcher, der Rektor des Gymnasiums Middlesbrough, Dr. Rhine treffen und ihm von dem Zirkel erzählen sollten.

Mr Fletcher war bei uns zu Gast und derart beeindruckt gewesen, dass er am Montag danach alle Schüler der sechsten Klasse versammelte, um ihnen zu erzählen, was er erlebt hatte. Das erfuhren wir von einem anderen Freund Sydneys, Ernie Lowe, einem ortsansässigen Bauunternehmer, dessen Sohn einer der Schüler war. Mr und Mrs Lowe waren auch am 5. Juli 1947 Gäste gewesen, bei der Sitzung Nummer 62, so dass sie wussten, wovon Fletcher sprach.

Das Treffen mit Dr. Rhine war an einem Mittwoch, und er sollte am Wochenende darauf auf der Queen Mary in die USA zurückreisen. Nach ein paar Telefongesprächen zwischen uns war meine Mutter einverstanden, am Freitag abend mit uns zu sitzen, was der einzig mögliche Abend war und auch Mr Fletcher passte. Wir meinten verstanden zu haben, dass Rhine eingewilligt habe; doch dann hörten wir, er habe am selben Abend ein Treffen in Glasgow, und so erlebte er unseren Zirkel nie.

Es war interessant, was wir später aus Washington hören konnten: Nach Mr Waddingtons Angaben sagte ihm Rhine, wenn er hätte glauben können, was Jones und Fletcher ihm erzählten, hätte er sogar seine Rückfahrt verschoben! Diese Äußerung war um so schwerer nachzuvollziehen, da es sich bei den beiden Zeugen um die verlässlichsten und am meisten angesehenen Fachleute auf diesem Gebiet handelte. Wir dachten, dass Rhine eine einzigartige Gelegenheit versäumt hatte, aus erster Hand genau die seltenen Phänomene zu erleben, die ihn so interessierten.

13

Alfred (Dad) Kitson

Alfred Kitson aus Gawthorpe in West-Yorkshire war seit den 1880-er Jahren einer der frühen Pioniere des Spiritualismus. In der ganzen Nationalen Union wurde er liebevoll „Dad" Kitson genannt – eine echte Vaterfigur, vor allem im Norden Englands. Bei einigen Gelegenheiten besuchte er mit seiner Tochter Nellie – auch sie eine unermüdliche Arbeiterin für ihre Bewegung – die Kirche von Middlesbrough. Ich erinnere mich aus meiner Kinderzeit nur undeutlich an ihn, doch sein weißer Bart steht mir noch vor Augen. Sydney jedoch, meine Mutter und Vater sowie Doris' Eltern als Aktive in der Kirche kannten ihn ziemlich gut. Daher sollte Sitzung 47 am 22. März 1947 ein ganz besonderes Ereignis werden.

Unsere Gäste an jenem Abend waren eben Doris' Eltern – Mam und Dad Hudson also –, die Sunrise recht oft einlud, weil sie in den Zirkel mehr Energie einbrachten. Seit drei Monaten hatten wir rotes Licht für die Materialisationen, aber heute Abend experimentierten wir mit dem Dimmer auf der Basis eines Widerstands, den einer von Sydneys Freunden gebaut hatte. Das gestattete uns, die Intensität des Lichts je nach den Geisterformen zu regulieren und erwies sich in den Jahren darauf als sehr nützlich.

Die Sitzung begann wie immer mit den Trompetenphänomenen, und May und Ivy, zwei aus der Familie Hudson, sprachen beide zu ihren Eltern. Sunrise sagte dann, nun sei es Zeit für die Materialisationen, und so begab sich meine Mutter nach hinten ins Kabinett in der Ecke neben dem Kamin, und nach wenigen Minuten schon kündigte er unseren ersten Besucher an: „Ein Gentleman – Dad Kitson!"

Ein höchst angenehme Überraschung für uns, aber wir hatten keine Idee, wie vergnüglich das werden sollte.

Er baute sich sehr gut auf, stand aufrecht da mit seinem Bart. Wir konnten ihn alle ganz klar in dem helleren roten Licht sehen, und er blieb da etwa vier Minuten lang. Er sagte, er freue sich sehr, bei uns zu sein und ermutigte uns, seine Arbeit für die Wahrheit des Spiritualismus fortzuführen, aber diesen Abend sei er aus einem bestimmten Grund gekommen. Heute, sagte er, sei ein bedeutungsvoller Tag, indem er exakt vor 23 Jahren, am Samstag, 22. März, die Ehre gehabt habe, offiziell die neue Kirche von Middlesbrough einzuweihen, wobei Mam und Dad Hudson als „Offiziere" ihm assistiert hätten.

Alfred Kitson, 1855-1934

Wir waren alle hocherfreut, seinen festen Händedruck zu spüren, vor allem Mam und Dad Hudson, die sagten, sie müssten im Kirchenarchiv noch einmal das genaue Datum überprüfen – nach den vielen Jahren hätten sie das nicht mehr im Kopf. Aber Dad Kitson konnte sich erinnern, und es ist müßig, hinzuzufügen, dass das Archiv ihm recht gab. Als weiteren Beweis gab er sein Geburtsdatum als den 15. Februar 1855 an, was keiner von uns gewusst hatte – und wieder behielt er recht, wie uns ein Blick in seine Autobiografie zeigte. Er sagte uns, dass seine Tochter Nellie ihn begleitet habe und ebenso erfreut sei, bei uns zu sein.

Da dies eine so besondere und einzigartige Sitzung gewesen war, schickte ich einen Bericht davon an Ernest Thompson, den Redakteur der Zeitung *Two Worlds*, der ihn am 25. April abdruckte. Zwei Monate später erhielt ich einen Brief, der sich noch in meinem Besitz befindet. George Mack aus der Nähe von Warrington schrieb am 25. Juni:

„Ich las mit Interesse Ihren Bericht über die Séance, die Sie in Middlesbrough abhielten und über die Sie schreiben, dass sich Dad Kitson materialisiert habe. Ich weiß, dass Middlesbrough für Dad etwas bedeutete, und es ist vermutlich einer der Orte, den er nach seinem Ableben aufsuchen würde.

Es hat so viele Berichte über sein Auftauchen an verschiedenen Orten gegeben, dass ich ernste Zweifel an einigen der Episoden hege. Das brachte mich dazu, die Einzelheiten der Séancen in Erfahrung zu bringen, um herauszufinden, ob er dort tatsächlich auftauchte. Ich darf erwähnen, dass ich zu den engsten Freunden von Dad Kitson zählte. Er war einer der bevorzugten Personen (sie waren an einer Hand abzuzählen), die an unserem privaten Zirkel teilnahmen, wenn sie gerade zu Besuch waren. Nun gut! Er und ich schlossen einen Pakt, der niemandem sonst bekannt ist, damit ich, sollte er nach dem Tod wiederkehren, seine Identität bekräftigen könne. Über unseren eigenen Zirkel stehe ich mit ihm in Verbindung; er manifestiert sich durch Trancekontrolle, gibt und bestätigt dabei stets die geheimen Zeichen, die wir ausmachten.

Könnte ich Sie dazu bewegen, wenn es Ihnen nicht zu viele Unannehmlichkeiten verursacht, mich wissen zu lassen, wenn er bei weiteren Sitzungen Ihres Zirkels auftritt? Ich bitte Sie darum sowohl in Ihrem Interesse als auch in meinem. Ich wünsche Ihrem Zirkel allen Erfolg. Es ist erhebend, was man mit harmonischen, regelmäßig veranstalteten und aufopferungsvollen Sitzungen zu erreichen vermag. Mit den ergebensten Grüßen,

Geo. A. Mack."

Wir fühlten uns sehr erfreut und geschmeichelt von Mr Macks Brief und sicherten ihm zu, wir würden ihn wissen lassen, wenn Dad Kitson sich erneut manifestieren würde. Obwohl es nicht mehr dazu kam, wurde uns bei Sitzung 63 am 12. Juli 1947 doch indirekt eine Botschaft von ihm zuteil. Ganz am Ende, als die Materialisationen zu Ende gegangen waren, sprach Sunrise zu uns und sagte: „Alfred Kitson ist hier und gibt euch diese Botschaft: ‚Rechte Hand Zeichen

für guten Willen, linke Hand Zeichen brüderlicher Liebe.'"
Ich schrieb sofort George Mack und bekam als Antwort, das sei tatsächlich ihr geheimes Zeichen gewesen.

Ich bin sicher, ihr werdet auch der Meinung sein, dass es keinen schlüssigeren Beweis für den Besuch des „wahren" Alfred „Dad" Kitson bei uns am 22. Mai 1947 geben konnte, da wir die folgenden Informationen bekamen.

1) Zwei Tage wurden genannt, die keiner von uns im Raum wissen konnte, was Gedankenlesen ausschließt.

2) Ein geheimes Zeichen, das nur den beiden engen Freunden bekannt war.

Wie ich schon mehrmals sagte, vergessen unsere Geisterfreunde uns nie und frischen unser Gedächtnis immer wieder auf, wenn wir wichtige Jahrestage vergessen. Vielen Dank, „Dad" und Nellie, für euren schönen und legendären Besuch in Middlesbrough.

14

Erster Geburtstag – Sunrise materialisiert sich

26. April 1947, Sitzung 52

Sunrise hatte an diesem Abend ausdrücklich Mam und Dad Hudson als Gäste haben wollen, da er wegen seines Versprechens, sich selbst zu materialisieren, zusätzliche Energie brauchte; sonst waren wir ja zu acht. Wir begannen 15 Minuten früher und hatten gleich das eindeutige Gefühl, dass Kraft um uns war. Der erste Sprecher durch die Trompete war Mrs Puckrin, ein altes Mitglied der Kirchengemeinde Middlesbrough, die sich gut verständlich artikulierte. Dann ergriff Sunrise das Wort und sagte, die Bedingungen seien wirklich ziemlich gut. Sam Hildred schaute zu seiner üblichen Plauderei vorbei, auch er deutlich und lehrreich für uns, und er erklärte, einige Blumen für Mrs Hildred mitgebracht zu haben, zu ihrem gemeinsamen Hochzeitstag.

Wir fanden sie nach der Sitzung auf dem Herd – fünf reizende Nelken. Wir fragten ihn, ob er herausfinden könne, ob die Blumen dematerialisiert worden seien oder ein Teil der Wand, durch den sie gebracht wurden. Er sagte, er werde es uns später wissen lassen. Er redete außerordentlich lange, neun Minuten, was durch die Trompete eine besondere Leistung ist. Sunrise machte dann den Vorschlag, zu den Materialisationen zu schreiten, also ging meine Mutter ins Kabinett und wir schalteten das rote Licht ein.

Die erste Materialisation war der Geistführer von Brittain Jones, der sich Ali Bei Ahtum nannte, sich jedoch nicht lange halten konnte. Wenigstens hatte Mr Jones ihn treffen können. Dad Hudsons Onkel Tom nahm dann

Gestalt an, gut geformt und mit Bart. Sprach deutlich, konnte aber nicht lange bleiben, was bei denen, die zum ersten Mal kommen, häufig ist. Das normale Vorgehen war, dass Sunrise zwischen zwei Materialisationen das Procedere leitete und den nächsten Besucher vorstellte, doch heute Abend war das anders. Sobald Tom Hudson gegangen war, hörten wir im Kabinett eine Stimme, die „Annie, Annie" rief, Mam Hudsons Vornamen. Annie gab Antwort, und ihre Mutter, Oma Lumsden, schritt sofort aus dem Kabinett. Sie waren beide überglücklich, sich wiederzusehen.

Bei einer vorherigen Sitzung hatte Sunrise gesagt, wenn er auftauche, würde er versuchen, sowohl eine seiner Federn als auch eine aus Ektoplasma zu bringen, weshalb wir gebeten worden waren, ein kleines Gefäss auf den Kaminsims zu stellen, das einen Zentimeter hoch mit Wasser gefüllt sein sollte. Damit uns auch ein unvorgesehener Unfall nichts anhaben könnte, stellte Gladys gleich zwei mittelgroße Gläser, in denen früher Brotaufstrich gewesen war, auf den Sims. Sie waren leicht mit Wasser gefüllt, und ihre Deckel lagen daneben.

Dann kam das, worauf wir uns schon seit vielen Monaten freuten. Sunrise gab bekannt: „Wir werden Uns aufbauen." Bevor er indessen kam, schärfte er uns ein, wir sollten unsere Stühle nicht verlassen und keine Hände schütteln, da die Kontrolle nicht so stark sein könne wie sonst, was wir gut verstanden. Er hatte offenbar die Gläser auf dem Sims begutachtet und meinte, es sei nicht genug Wasser darin, aber wir bräuchten uns deshalb keine Sorgen zu machen, sie würden sich darum kümmern!

Dann materialisierte er sich, ziemlich groß, in seinen Kleidern aus Ektoplasma, komplett mit gefiedertem Kopfschmuck, und da stand er eine Minute oder zwei vor dem Kabinett im roten Licht, von uns allen zu sehen. Er war eine höchst eindrucksvolle Gestalt, unser Zeremonienmeister, der in den ersten 12 Monaten unserer Sitzungen ein enger Freund und Beschützer geworden war. Ein wundervoller Augenblick für uns alle, und bevor er verschwand, sagte er uns, „die Dame" würde mit zwei Federn folgen.

Tante Agg, von Sunrise „die Dame" genannt, kam tatsächlich sofort und hielt in jeder Hand eine Feder. Eine war eine apportierte gewöhnliche Feder von oranger Farbe, und sie legte sie auf den Sims; sie ist heute Teil meiner geschätzten Memorabilien-Sammlung *(siehe S.61).* Die andere war eine weiße Feder aus Ektoplasma, die sie meinem Vater gab, damit er sie unter den Zirkelteilnehmern herumgeben sollte. Wir fanden das natürlich sehr aufregend und das so sehr, dass nach der Hälfte der Runde die Feder zu Boden fiel. Ich ging sofort auf die Knie, um sie zu mir zu holen, wo ihre Reise zu Ende war. Sie fühlte sich an wie eine Gänsefeder, nicht flaumig, sondern biegsam und ganz anders als die apportierte Feder, die wir später anschauten.

Nachdem ich sie untersucht hatte, gab ich sie Doris zurück, die neben mir saß und sie Tante Agg reichen sollte, die ruhig dagestanden und sich an unserer Aufregung gefreut hatte. Statt aber die Feder an sich zu nehmen, bat sie Doris, sie in das Glas zu stecken, das Tante Agg soeben vom Kaminsims genommen hatte. Danach holte sie sich den Deckel, und wir sahen alle fasziniert zu, wie sie den Deckel auf das Glas schraubte, das die ektoplasmatische Feder enthielt.

Zusätzlich zu ihrem Job als „Federhalterin" genoss es Tante Agg wieder einmal, nett zu plaudern, und das tat sie neun Minuten lang. Sie freute sich, dass wir in beiden Welten ein derart vergnügliches Jahr miteinander gehabt hatten und fügte an, sie seien ganz schön verblüfft über die Fortschritte, die erzielt worden seien. Wir erwiderten, dass es uns genauso gehe, aber dass es alles ihre Arbeit sei und es uns vollauf genüge, die nötigen Rahmenbedingungen zu schaffen. Nachdem Tante Agg gegangen war, bog Onkel Jack kurz seinen Kopf um den Vorhang, fragte „Geht's allen gut?" und war fort!

Sunrise schloss den Abend, indem er uns bat, immer an die ursprüngliche Zielsetzung des Saturday Night Club zu denken: regelmäßige Treffen mit alten Freunden und Verwandten aus der Geistigen Welt zu veranstalten und einzuhalten. Wenn wir „experimentierten", war es für sie schwieriger, aufzutauchen, und obwohl er nichts dagegen hatte, dass wir uns weiter auch dem wissenschaftlichen Aspekt widmeten, so beschwor er uns doch, uns nicht darin zu verlieren und nie unsere „Kumpels" zu vergessen. Er versicherte Mr Jones, dass er künftig ein Stück von Tante Aggs Kleid abschneiden dürfe, denn dieser konnte es nicht erwarten, es zu untersuchen. Eine ausgezeichnete und erstaunliche Sitzung von eineinhalb Stunden Dauer, die um 21.20 Uhr endete. Eine echte Geburtstagsfeier!

Nach der Sitzung sahen wir bei Begutachtung der Gläser, dass in dem Glas mit der Feder mindestens doppelt so viel Flüssigkeit war, diese aber nicht aus dem anderen Glas gekommen war. Es gab nirgendwo Spuren von Flüssigkeit. Wir schauten uns alle durch Sydneys Lupe, die er für Uhrenreparaturen verwendete, die Feder aus Ektoplasma an, und meine Mutter war natürlich am meisten interessiert daran.

Die Feder hatte sich wie aus Plastik angefühlt, und unter dem Vergrößerungsglas sah sie auch so aus. Sunrise hatte uns gesagt, dass sie bald verschwinden würde, und in der Tat waren wir, als wir gerade zu Abend aßen, dabei Zeugen. Der Teil oberhalb der Flüssigkeit schien zu einzelnen Tropfen zu schmelzen und nach unten zu fließen. Die Feder war um 21 Uhr in das Glas gesteckt worden, und um 23.30 Uhr war sie völlig verschwunden, bis auf die gelbliche Flüssigkeit. Wir öffneten das Glas, um den Inhalt zu begutachten, und es roch beißend wie ein Bleichmittel und glich dem Geruch in den ersten paar Minuten bei den Materialisationen, wenn sich die Geister in Ektoplasma kleiden.

Am Ende der Sitzung der folgenden Woche (53) gab uns Sunrise eine Bitte um Entschuldigung von Seiten des Geisterchemikers (genannt „Swifty") weiter wegen des „seltsamen" Geruchs im Zusammenhang mit der Feder vergangene Woche. Er erklärte, der Stiel sei ein gewöhnlicher Apport gewesen, um das Federwerk aus Ektoplasma zu halten, und die Flüssigkeit, die er beigegeben habe, habe den Stiel zerstört. Wir waren alle amüsiert über den

Gedanken, dass sich da ein Geisterchemiker bei uns entschuldigte, wo er doch so unglaubliche Arbeit geleistet hatte. Wir baten Sunrise, ihm unseren aufrichtigen Dank für die großen Anstrengungen auszurichten, die er unternommen habe. Zwischen den beiden Welten war tatsächliche eine harmonische, liebende und vertrauensvolle Beziehung entstanden, und dies sollte sich in den vor uns liegenden Jahren nicht ändern.

~~~~~~

Ein Gebet sprechen

Auf dieser Erde keine Nacht vergeht,
ohne dass jemand spricht ein Gebet:
Es möge sein, dass das geliebte Wesen
die Stunden der Schmerzen übersteht.
Dass am Morgen es froh und stark erwacht
und ohne Angst, mit neuen Plänen;
Dieses Gebet sprechen heute Nacht
Tausend Herzen unter Tränen.

Es bricht auf Erden kein Morgen an,
an dem nicht Hoffnungen werden wahr.
Vielleicht kam's so für euch, die ihr euch liebt,
der Tag ist plötzlich hell und alles endlich klar.
Vergesst dann jene nicht, die weiter weinen,
deren Gebet nicht linderte die Qual.
Du aber, Dankbarkeit im Herzen,
sagst das Gebet, das du schon kennst – noch mal.

<div align="right">*M.R.H.*</div>

15

Jack Graham

Ich lernte Jack im Jahr 1947 kennen, als er einen Fisch- und-Chips-Laden in der Garnet Street betrieb, am anderen Ende derselben Straße, in der Mam und ich unser Geschäft hatten. Wenn ich mit meinen Vorbereitungen fertig war, ging ich normalerweise die Straße hinunter, um Jack zu helfen, dessen Öffnungszeiten nicht mit den unsrigen kollidierten. Als wir so auf umgedrehten Fischkisten saßen und arbeiteten, unterhielten wir uns über Gott und die Welt und gelangten auch zum Leben nach dem Tod und, unvermeidlich, zu unserem bemerkenswerten privaten Zirkel.

Jack Graham

Jack war als Mitglied der Plymouth-Bruderschaft aufgewachsen, die augenscheinlich glaubt, dass das Leben mit dem Tod zu Ende ist. Wie er es ausdrückte: Wenn wir tot sind, dann war's das. Er war ein sehr wacher junger Mann, und als er dann über zwanzig war, begann er diese Ansicht in Frage zu stellen und anderweitig nach Antworten zu suchen; aber er war nie zufrieden mit dem, was er hörte. Aber da müsse es etwas geben, dachte er.

Unser privater Zirkel in der Wohnung von Syd und Gladys Shipman – mit Trompetenstimmen und vollen Geistermaterialisationen mit Ektoplasma – kam jeden

Samstag Abend zusammen, und wir hatten das Stadium erreicht, dass unsere Geisthelfer uns gestattet hatten, Gäste einzuladen. Ich erzählte Jack von unseren wundervollen Erlebnissen, was ihn im höchsten Maß interessierte, so dass er fragte, ob ich ihn auf die Warteliste der potenziellen Gäste setzen könne. Ich sagte ihm, dass er da wohl ein paar Monate warten müsse, vielleicht sogar ein Jahr, was er auch akzeptierte, freilich in der Hoffnung, es könne schon vorher passieren ... Und es passierte auch vorher, und es war eine Fügung, die man sich nicht hatte vorstellen können.

Kurz nachdem Jacks Name auf die Liste gesetzt worden war, rief Syd mich an einem Samstag Morgen an und sagte, dass die Dame, die heute Abend als Gast vorgesehen wäre, verhindert sei und ob jemand anders so kurzfristig kommen könne. Ich dachte augenblicklich an Jack und ging sofort zu seinem Laden. Obwohl er eigentlich am Abend verkaufen musste, sagte er sofort begeistert zu und meinte, er würde sich von seinem Sohn Albert vertreten lassen, egal was der geplant habe, und so regelte er das. Eine solche einzigartige Gelegenheit würde er nicht verpassen.

Wie immer begannen wir auf Rat unserer Geisthelfer in der Dunkelheit, und eine Reihe Geistwesen meldete sich und sprach durch die Trompete. Nach etwa 20 Minuten machte Sunrise den Trompetenphänomenen ein Ende, und wir schufen für die Materialisationen das rote Licht und erlebten an jenem Abend eine schöne Zahl von ektoplasmatischen Materialisationen.

Jacks Tante Edna kam und erzählte ihm von den alten Zeiten, „als wir immer zusammen spielten", was ihm natürlich unendlich gefiel, und nachdem wir die Sitzung beendet hatten, redeten wir beim Abendessen noch bis 23 Uhr. Jack war sichtlich beeindruckt und aufgeregt von allem, was sich vor seinen Augen abgespielt hatte: dass er persönlich an diesem Samstagabend materialisierte Geister auf- und abgehen und mit uns sprechen hatte sehen. Er ging mit einem völlig anderen Blick auf das Leben nach dem Tod nach Hause. Endlich hatte er gefunden, wonach er seit Jahren suchte.

Am nächsten Morgen rief mich sein Sohn Albert an, der am vorigen Abend sich um den Laden gekümmert hatte, und berichtete mir von der Heimkehr seines Vaters um Mitternacht, weit später als üblich: Jack war sofort nach oben gegangen und hatte seine beiden Söhne und seine Tochter geweckt. Sie möchten nach unten kommen und sich anhören, was er zu sagen hätte, lautete der Befehl. Jack war eigentlich ein ruhiger Mann, aber wenn er in solch einer Stimmung war, widersprach man besser nicht, also hieß es hinuntergehen und sich aufs kleine Sofa setzen.

Offensichtlich sagte Jack mit großem Nachdruck: „Setzt euch, hört zu, was ich euch zu sagen habe! Es ist alles wahr, und vergesst es nie!" Eine Stunde lang beschrieb er in allen Einzelheiten die bemerkenswerten Phänomene, die er mitangesehen hatte. Albert hatte Mühe, dies alles zu glauben und rief mich deswegen an: Er wollte eine Bestätigung für das Geschehene und die Versicherung, dass sein Vater sich nicht alles ausgedacht hatte, auch wenn ihm klar war, dass es höchst unwahrscheinlich war, dass ein so bodenständiger Mann wie Jack seiner Familie haarsträubende Erfindungen vortragen würde.

Exakt eine Woche später, am nächsten Sonntag Morgen, bekam ich wieder einen Telefonanruf von Albert, allerdings mit einer völlig anderen Botschaft: Er rief mich an, um mir mitzuteilen, dass sein Vater in der Nacht verstorben sei, genau eine Woche nach seinem unerwarteten Besuch in unserem privaten Zirkel! Es sah so aus, als habe Jack am Samstag zuvor zum Zirkel kommen müssen, um zu finden, was er gesucht hatte und was ihn auf seinen überraschenden Heimgang in die Geistige Welt vorbereiten würde.

Fünf Wochen nach seinem Hinscheiden sprach er zu uns durch die Trompete. Er war ja immer eine starke Persönlichkeit gewesen und ist es noch. Er dankte uns für das, was wir für ihn getan hatten, wodurch er verstehen habe können, was bei seinem Tod geschah. Jack kam weiterhin und sprach oft zu uns, und er wiederholte stets seinen Dank.

Bei unseren Plaudereien in seinem Fischladen hatte er einen alten Freund bei der Plymouth-Bruderschaft erwähnt, einen Mr Matheson, der, wie sich herausstellte, einer unserer Nachbarn in der Lambeth Road war. Er war offenbar Mitglied der Bruderschaft geblieben und lebte mit seinen beiden unverheirateten Töchtern in unserer Straße, zwei Türen weiter. Einige Zeit nach Jacks Tod brach Mr Matheson vor der nahegelegenen Bushaltestelle zusammen und starb an einem Herzanfall.

Als Jack nach Mr Mathesons Ableben zum ersten Mal wieder zu uns sprach, fragte ich ihn, ob es ihm möglich gewesen sei, mit Mr M. Kontakt aufzunehmen. „Oh ja", war seine Antwort, – „aber wir haben da ein Problem: Er glaubt nicht, dass er tot ist!" Sein Glaube, dass nach dem Tod nichts käme, war so stark, dass er sich weigerte zu glauben, nicht mehr am Leben zu sein. Anscheinend besuchte er regelmäßig sein Haus und redete zu seinen Töchtern, die ihn ignorierten! Das entmutigte ihn zusehends, und er konnte es einfach nicht verstehen.

Genau so fühlen sich Poltergeister, bevor sie ihre Selbstkontrolle verlieren und ihre latente Energie dazu benutzen, materielle Objekte zu bewegen – nur, um Aufmerksamkeit zu erregen. Zum Glück behielt Mr Matheson, ein reifer Mann in seinen Sechzigern, die Kontrolle, und – so viel wir wissen – es traten keine Spukphänomene in seiner Wohnung auf.

Jack versuchte ihm die Sachen zu erklären, doch der einzige Kommentar darauf war, dass er einfach nicht tot sein könne, denn andernfalls wäre da einfach nur nichts und er könne nicht mit Jack reden wie jetzt gerade.

Die Erwähnung der Tatsache, dass er, Jack, auch tot sei, hatte keine sofortige Wirkung. Aber Jack gab nicht auf, und einige Monate später, als er sich wieder an uns wandte, konnte er hocherfreut berichten, dass er endlich durchgedrungen sei und Mr Matheson nun schon viel entspannter in die Welt blicke. Diese Große Wahrheit – dass wir einfach weiterleben, aber auf der Basis erhöhter Schwingungen – hatte Jack Graham in der entscheidenden Woche vor seinem Hinübergang erfahren; wenn wir uns nur alle dieser Wahrheit bewusst wären!

16

Roy Dixon Smith

Der Saturday Night Club war seit zwei Jahren aktiv, als Sydney in der wöchentlich erscheinenden Spiritualisten-Zeitung *Psychic News* einen Brief von Roy Dixon Smith entdeckte, der in London lebte. Er erforsche den Spiritualismus, schrieb er, und sei wie hundert andere besonders daran interessiert, „echte Materialisationen zu erleben". Da für uns die Sicherheit meiner Mutter, also des Mediums stets im Mittelpunkt stand, waren uns alle geladenen Gäste entweder persönlich bekannt oder von vertrauenswürdigen Bekannten als ehrlich und zuverlässig empfohlen.

Roy Dixon Smith passte in keine der beiden Kategorien. Doch auf Sydney wirkte sein Brief, und er legte ihn uns vor. Nachdem wir dessen Inhalt ernsthaft diskutiert hatten, beschlossen wir, seinem Autor die Möglichkeit zu geben, mit uns zu „sitzen". Am wichtigsten war freilich, dass meine Mutter keine Einwände hatte, denn auch nur der leiseste Anschein von Misstrauen ihrerseits hätte uns dazu gebracht, die Einladung nicht auszusprechen. Sie war sich sicher, dass unsere Geisterfreunde uns in die richtige Richtung lenken würden.

Er war uns allen ganz unbekannt – wie sich seinen Ausführungen auch entnehmen lässt –, und um ihn hier vorzustellen, habe ich seinem Buch *New Light on Survival* (Neuer Blick auf das Leben nach dem Tod) die folgende kurze Biografie entnommen. Als Oberstleutnant in der indischen Armee war Dixon Smith ein Mann mit einem gewissen Status.

Als er 1934 in Indien Dienst tat, lernte er Betty und ihren Ehemann Stuart kennen. Nachdem er 1937 von Stuarts

Oberstleutnant Roy Dixon Smith   *Betty, fotografiert 1938*

Tod erfahren hatte, kamen sich Betty und er näher, und 1939 heirateten sie. Ihr gemeinsames Leben dauerte nicht sehr lange, da Betty 1944 an einer Herzkrankheit starb.

    Danach begann seine entschlossene Suche nach Beweisen für ein Leben nach dem Tod durch den Spiritualismus. Nach seiner Verabschiedung aus der Armee frequentierte er ab 1945 die Marylebone Spiritualist Association (später The Spiritualist Association of Great Britain) in London. Dort erhielt er beeindruckende Beweise bei einer Lesung mit Psychometrie [mediale Eindrücke durch Berühren persönlicher Gegenständen von Verstorbenen], wobei die Namen Betty und Ethel erschienen, letzterer Bettys wahrer Vorname, der aber nie gebraucht worden war. Von da an reiste Dixon Smith rastlos umher und suchte viele bekannte Medien auf, aber ektoplasmatische Materialisationen hatte er nie erlebt. Von den Erlebnissen in unserem Zirkel war er so gebannt, dass er sie in sein Buch aufnahm – wie folgt:

    „Am Nachmittag des 9. Oktober (1948) holte mich Mr Shipman vom Bahnhof ab. Er fuhr mich mit seinem Auto nach Hause, wo ich ein Zimmer zur Verfügung hatte und das ganze Wochenende zuvorkommend behandelt und verpflegt wurde.

Sie wussten überhaupt nichts von mir und hatten nie von mir gehört (und umgekehrt), bevor mein Brief in der Zeitung erschienen war. Das Haus war von der Art wie das in Buckie [eine Stadt in Schottland, wo der Autor zuletzt eine Séance besucht hatte], mein Gastgeber und seine Freund waren Geschäftsleute oder arbeitende Menschen mit demselben sozialem Hintergrund. Der Zirkel, den ich am Abend kennenlernte, bestand aus Mr und Mrs Shipman, den Eltern von Mrs Shipman [hier hielt Dixon Smith Vater Harrison für Vater Shipman], dem Medium Mrs Harrison, die eine intime Freundin der Shipmans ist und vom Körperbau klein und stämmig und mittleren Alters – also nicht im Geringsten Betty ähnelnd -, ihr Sohn und ihre Schwägerin sowie ein bekannter Arzt. Ich erwähne diese Details nur, um zu zeigen, dass jeder Vorwurf des Betrugs lachhaft und unsinnig wäre, sollte es auch möglich gewesen sein, die beschriebenen Resultate künstlich zu erzeugen.

In meinem Brief in den *Psychic News* hatte ich gesagt, ich wolle meine Erfahrungen in einem Buch veröffentlichen, und so würde jeder, der sie mir vermitteln könnte, womöglich der Welt einen Dienst erweisen; und deshalb hatten sie auf meinen Appell geantwortet, jedoch verständlicherweise darauf bestehend, ich möge ihre Adresse nicht angeben, damit sie nicht irgendwelchen Neugierigen und Sensationshungrigen ausgeliefert wären. Aus begreiflichen Gründen gab ich vor Ende der Séance nichts aus meinem Privatleben bekannt, und hätte ich etwas gesagt, so hätten sie davor die Ohren verschlossen, da ihnen und mir an echten Beweisen gelegen war.

Der Raum, in dem die Séance abgehalten wird, ist ähnlich wie der in Buckie, abgesehen davon, dass es nur eine Türe gibt, die in ähnlicher Position zu den Teilnehmern und dem Kabinett steht wie das Fenster in Buckie, während der Kaminsims längs und rechts von der Ecke verläuft, die das Kabinett enthält. In diesem Fall bestand das Kabinett einzig aus einem schwarzen Vorhang, den ich selber über die Ecke hängen half; er umschloss eine Fläche, auf der eben noch der Stuhl Platz hatte, auf dem das Medium saß.

Das Licht der Séance kam von einer hellen roten Elektro-Glühbirne in einer Schale, die von der Mitte der Decke herunterhing. Damit war der Raum während der Materialisationen hell erleuchtet, und die Formen und ihre Gesichter waren klar zu sehen. Der Kreis aus Stühlen war in Richtung Tür orientiert und blockierte diese, die etwas weiter vom Kabinett entfernt war als diejenige in Buckie. Die Tür wurde verschlossen, und die Séance konnte beginnen.

Im ersten Teil gab es 'Direktstimmen' im Dunkeln durch eine Trompete mit Leuchtstreifen (besser Megafon genannt), die im Raum umherjagte, manchmal hoch hinauf in die Luft flog und oft den Gesang in der Art eines Taktstocks begleitete. Die Trompete schwebte vor dem Teilnehmer, der angesprochen wurde, und die Stimmen kamen durch, alle ganz laut, jedoch manche schwer zu verstehen, wogegen andere völlig deutlich waren. Der Zirkelführer, der durch die Trompete sprach, gab dann eine großartige Beschreibung von Betty ab, erwähnte ihre Größe, ihre schlanke Gestalt, ihre Schönheit; all dies waren Kennzeichen, die im Raum nur mir bekannt waren. Betty versuchte dann mit mir zu sprechen, um dann - nach einer langen, verzweifelten Anstrengungen – auszurufen, dass sie es nicht könne. Doch gelang es ihr doch, zu sagen: 'Ich bin deine Betty.'

Während dieser Phase wurden große pinkfarbene Nelken in den Raum apportiert. Jedem Teilnehmer wurde eine in den Schoß gelegt. Sie waren ziemlich frisch und feucht, wie von Tau benetzt. Vorher hatte ich in dem Raum keine Blumen dieser Sorte gesehen, und mein Gastgeber sagte mir, nirgendwo sonst im Haus seien solche zu finden. Währenddessen hatte das Medium mit uns allen im Kreis gesessen, ohne in Trance zu sein.

Am Ende dieses Abschnitts, der etwa eine Viertelstunde gedauert haben mag, wurde das rote Licht eingeschaltet, das Medium nahm seinen Platz hinter dem Vorhang ein und die Materialisationen begannen, von denen wir etwa ein halbes Dutzend sahen.

Ich wurde jeder vorgestellt; es waren allesamt verstorbene Freunde und enge Verwandte der Teilnehmer und ihnen daher eingehend bekannt. Ich erhob mich von meinem Stuhl, ging zu ihnen hin und schüttelte ihre Hand, und wir tauschten die üblichen Höflichkeitsfloskeln aus, wie man es tun würde, wenn man zum ersten Mal Fremde trifft. Sie waren sozusagen eingewickelt in weiße, wie Musselin wirkende Draperien mit Kapuzen, und sie wirkten exakt wie die Kleider der Formen in der Buckie-Séance.

Die Auftretenden waren stabil gebaut und schienen, wenn man von ihrer Kleidung absieht, ganz normale lebende Menschen zu sein. Sagen wir es so: Wäre jeder von ihnen gekleidet gewesen wie wir, – es wäre unmöglich gewesen, die materialisierten Formen von uns, dem Rest der Gesellschaft, zu unterscheiden. Ihre Hände fühlten sich vollständig natürlich und lebensecht an, und ihr Händedruck war ziemlich fest. Sie lächelten, lachten und redeten auf mich und die anderen ein; alle ihre Gesichtszüge, Hautfarben und ihr Mienenspiel waren in dem reichhaltigen Licht bestens zu sehen.

Ich wiederhole (und ich kann es nicht deutlicher sagen): Sie waren genau wie du und ich in seidenen Tüchern, und sie verhielten sich, wie wir uns verhalten würden, wenn wir für ein paar Minuten einen Kreis von Freunden und Verwandten aufsuchen würden, in deren Mitte ein Fremder saß; und sie wurden ebenso empfangen, und alles lief natürlich und ohne Übertreibung ab. Es gab gegenseitige fröhliche Abschiedsrufe, als sie gingen und scheinbar durch den Boden sanken, genau wie die materialisierten Formen in Buckie.

Ich wurde mit dem Satz 'Kommen Sie und treffen Sie Tante Gladys' der ersten Besucherin vorgestellt [da irrte der Autor; es war selbstverständlich Tante Agg], der Schwester des Mediums, und sie war äußerst charmant und lebhaft, als sie mir ihre Hand reichte, mich anlächelte und mit mir plauderte. Dann kam Oma, und als ich ihr vorgestellt wurde, sagte der Arzt zu mir: ‚Fühlen Sie ihren Puls.' Die alte Dame grinste, streckte ihren Arm aus, machte eine witzige Bemerkung der Art, immer werde sie herumgeschubst, und ich drückte meine Finger in ihr Handgelenk. Alle Sehnen waren da, und das Handgelenk wirkte absolut menschlich; der Pulsschlag war stark und regelmäßig.

‚Berühren Sie jetzt ihre Füße', sagte der Arzt, und ich beugte mich nieder und nahm den Fuß in die Hand, den die lachende alte Dame aus dem Faltenwurf hervorreckte. Er fühlte sich irgendwie schwammartig oder wollartig an und war anscheinend gerade dabei, sich aufzulösen, denn gleich danach verabschiedete sich die alte Dame und verschwand. Dann kam ein Mann mit einem verunstalteten Gesicht, das auf der rechten Seite nach unten gezerrt war; deshalb konnte er auch nur Unverständliches murmeln. Ich wurde ihm mit dem Namen vorgestellt, und als ich seine Hand schüttelte, erläuterte mein Gastgeber: ‚Er kommt immer so zu uns. Er starb an einem Schlaganfall.'

An die nächsten zwei oder drei Besucher kann ich mich nicht sehr gut erinnern, aber was ich über die anderen gesagt habe, traf auch auf sie zu, außerdem war das Gefühl der Seltsamkeit verschwunden, das diese erstaunlichen Begebenheiten bei mir zunächst ausgelöst hatten, weil alles so völlig normal schien. Sie unterschieden sich alle grundlegend in Gesicht, Gestalt, Stimme und Benehmen, und bei allen waren die Augen weit geöffnet, während die Veränderung ihrer Gesichtszüge beim Lachen und Reden eher einer Abfolge von wechselnden Masken entsprechen wollte, was dem unbelehrbarsten Skeptiker Nahrung geben könnte, falls er es wirklich für möglich hielte, dass Menschen einen anderen bei sich herzlich aufnehmen, um ihn dann zu hintergehen.

Der Geistführer kündigte danach Betty an und bat uns, einen ihrer Lieblingssongs anzustimmen. Wir sangen *I'll Walk Beside You*, und ungefähr in der Mitte des Lieds löste sich eine große, schlanke Figur vom Vorhang und stand still vor uns.

Ich erhob mich von meinem Stuhl und ging zu der Gestalt hin, nahm die ausgestreckte Hand in die meine. Ich untersuchte die Hand, und sie war genau wie die Bettys und ganz anders als die des Mediums. Ich schaute der Gestalt ins Gesicht und erkannte meine Frau. Wir sprachen miteinander, obschon ich mich nicht erinnern kann, was das war, denn ich war so aufgewühlt wie sie, deren Stimme vor Emotionen unsicher war.

‚Darf er dich küssen?' fragte jemand, und Betty murmelte: „Ja'. Ich küsste sie dann auf die Lippen, die warm, weich und menschenähnlich waren. Daraufhin neigte sie den Kopf und weinte, und einen Augenblick oder zwei danach begann sie zu sinken. Ich beobachtete, wie ihre Form hinabging bis zum Fußboden vor meinen Füßen und zerging, und ein letztes Spurenelement glitt zum Kabinett.

Nachdem ich meinen Platz wieder eingenommen hatte, gab es eine Pause, vielleicht um mir Zeit zu geben, meine Fassung wiederzugewinnen; und dann gab der Zirkelführer einen weiteren Besucher für mich bekannt und nannte den Namen ‚John Fletcher', wobei er ergänzte, es sei ein Priester, der mich zu meinem Buch inspiriert hätte, – vielleicht der ‚Priesterführer', in Kapitel III von dem männlichen Medium erwähnt, von dessen Authentizität ich aber nicht absolut überzeugt war.

Es erschien eine hochgewachsene Gestalt mit schwarzem Bart, und als ich bei ihr stand, drückte sie meine Hand sehr kraftvoll und herzlich, drückte ihre Freude über das Treffen zwischen uns aus und freute sich auch, dass ich nun anerkennen müsse, dass er wirklich sei. Er diskutierte mit mir über das Buch, erklärte, dass das Werk nun abgeschlossen sei, nahm freundlich von mir Abschied und verschwand in der üblichen Manier. Früher hatte ich ja die Existenz von Geistführern bezweifelt, aber wie könnte ich das jetzt tun?

Ich habe meine Geschichte nüchtern erzählt, ohne rührselige Hinzufügungen und ohne Dramatisierung; gewiss kann jeder mit der eigenen Imagination die Lücken ausfüllen."

17

Die Straße heimwärts

Während unserer Weihnachtsparty-Sitzung für die Kinder (89) am 3. Januar 1948 sprach plötzlich ein junger Mann ruhig durch die Trompete. Er gab seinen Namen als Andrew an. Er hatte in Haverton Hill gelebt und war 1941 gestorben, aber an viel mehr konnte er sich nicht erinnern. Er versprach, mit mehr Informationen zurückzukommen.

Er hielt sein Versprechen schon am folgenden Samstag, sprach noch einmal durch die Trompete und sagte uns mittels einer Reihe von Fragen und Antworten, dass er James Andrew Fleming heiße; er war mit 12 Jahren gestorben, am 6. Juni 1941; er hatte keine Brüder oder Schwestern gehabt, aber einen kleinen Hund, der von ihm sehr geliebt worden war.

Das helle Licht, das von unserem Zirkel ausging, hatte ihn angelockt. Er wisse nicht mehr genau, sagte er, wo er gelebt habe, meine aber, in der Coniston Avenue oder in der Nähe in Haverton Hill. Er habe versucht, in sein Elternhaus zu gelangen, aber da habe Nebel geherrscht, den er nicht durchdringen habe können. Ob das bei uns in der Nähe sei, ob wir ihm helfen könnten?

Haverton Hill war ein Dorf in der Nähe von Middlesbrough, entstanden für die Arbeiter in den weitläufigen Fabrikanlagen der Imperial Chemical Industries. Ich hatte am nächsten Mittwoch Nachmittag frei und sagte, ich würde hingehen und sehen, ob ich sein Haus finden könne. Ich lud ihn ein, mich zu begleiten – vielleicht mit der Hilfe von Tante Agg oder anderer Geistwesen, die ihm vielleicht bekannt seien. Wir würden versuchen, diese Nebelbarriere zu überwinden und ihn mit seiner Mutter und seinem Vater zusammenzubringen – und mit seinem kleinen Hund, wenn er noch da wäre.

Ich kannte Haverton Hill ja nicht gut und hielt mit meinen Wagen beim Metzger des Ortes an. Coniston Avenue, klingt das bekannt? Nein, leider nicht, aber die Collinson Road sei um die Ecke. Ich dankte und fuhr hin. Eine lange Straße mit typischen Häusern aus den 1930-er Jahren mit vier oder fünf Stockwerken lag vor mir, und alle hatten kleine Vorgärten. Und hier war ich, um drei Uhr nachmittags an einem sehr kalten Mittwoch, keine Seele war zu sehen und ich wusste nicht, wo ich mit meinen Nachforschungen beginnen sollte. Und an welche Tür sollte ich klopfen? Die Antwort kam sofort in Gestalt einer Frau aus dem drittnächsten Wohnblock.

Ich sprang aus dem Auto und näherte mich ihr: „Entschuldigen Sie, könnten Sie mir bitte sagen, wo die Flemings wohnen?" Zu meiner Überraschung antwortete sie prompt: „Oh ja, um die Ecke, Nummer 20." Das schien ja problemlos. Aber auf mein Läuten antwortete niemand, nur eine Frau lugte neugierig aus dem Haus daneben und wusste immerhin, dass Mrs Fleming bis halb fünf arbeiten würde. Ich kam um halb acht wieder, wie ich angedeutet hatte, und es wurde eine extrem kalte Januarnacht, und wie damals üblich dämmerte die Gasbeleuchtung nur vor sich hin. Wieder läutete ich bei Nummer 20, vielleicht etwas vorsichtiger, da ich nicht wusste, was mich erwartete. Diesmal ging die Tür auf, und ein sehr streng aussehender Mann stand vor mir.

„Sind Sie der Bursche, der heute Nachmittag schon mal da war?" blaffte er. Oh nein, dachte ich; ist das wirklich das Zuhause von Andrew, das ich suche? „Ja, Sir", antwortete ich so freundlich wie möglich. Was ich wolle? Mein Anliegen war ja recht ungewöhnlich, ich dachte mir also: Stell einfache Fragen und geh nach dem Gefühl vor. „Hatten Sie einen Sohn namens James Andrew?" – „Ja." – „War er etwa 12 Jahre alt, als er starb?" – „Ja." – „Ist er am 6. Juni 1941 gestorben?" fragte ich noch, sehr gespannt auf die Antwort.

„Ja", sagte er wieder, nicht mehr ganz so aggressiv wie zu Beginn, doch er setzte nach: „Woher wissen Sie das denn, und was soll das alles?" Eine vernünftige Frage an einen Fremden mit seltsamen Fragen in einer kalten Januarnacht.

„Ich bin auf der Suche nach Informationen über parapsychologische Phänomene und hoffe, Sie könnten mir dabei helfen", lockte ich. Der Mann ahnte gar nicht, dass und wie sehr er mir bereits geholfen hatte. Drei Fragen – drei bejahende Antworten. Und das an der Haustür, in drei oder vier Minuten! Nun erschien auch die Dame des Hauses im Flur. „Was ist los? Was will er?" Ihr Mann erklärte es halblaut, sie lud mich ein, hereinzukommen, und ich meinte, gespannte Erwartung aus ihrer Stimme herauszuhören. Ich bedankte mich: Es sei ziemlich kalt draußen.

Im Wohnzimmer war die Atmosphäre schon viel besser, fast freundlich. Ein offenes Feuer begrüßte mich, und auf dem Schrank stand die gerahmte Fotografie eines gutaussehenden Jungen – sicherlich James, dachte ich. Mrs Fleming bot mir eine Tasse Tee an und verschwand in der Küche, ein rauhaariger Terrier schoss heraus und saß gleich schweifwedelnd vor mir, mit gespitzten Ohren und eher winselnd als bellend. „Sehr ungewöhnlich", meinte Mr Fleming, „er ist sonst nicht so nett zu Fremden."

Ich erklärte den beiden sofort, dass der Hund nicht mich gemeint haben könne; er habe mir über die Schulter geschaut und ohne Zweifel James hinter mir gesehen. Es war tatsächlich James' Hund Rags, und er hieß ihn zu Hause willkommen! Ich war so froh, dass James wieder bei seinen Eltern war.

Ziel erreicht, sagte ich mir; ich würde nach der Tasse Tee gehen. Aber nein. Mrs Fleming reichte mir die Tasse und sagte schüchtern: „Wissen Sie, wir sind Katholiken." Ich wollte sofort gehen und sagte ihnen, ich hätte ihre religiösen Überzeugungen nicht verletzen wollen. „Ach nein", antwortete sie, „wir würden gerne mit Ihnen reden", und ihr Ehemann nickte sein Einverständnis. Von da an sprach nur noch Mrs Fleming, deren Liebe zu ihrem einzigen Kind deutlich wurde.

Ich erläuterte kurz, was es mit unserer Gruppe auf sich hatte und wie sich ihr Sohn vergangenen Samstagabend gemeldet hätte. Sie hörten genau und sehr interessiert zu. Ich spürte nicht, dass sie mir nicht geglaubt hätten. Ich war mir gewiss, dass sie akzeptierten, dass James bei ihnen war.

Obwohl wir schon über Dreikönig hinaus waren, bemerkte ich, dass es im Raum noch etwas Weihnachtsdekoration gab. Ungewöhnlich war vor allem, dass für Weihnachten überhaupt geschmückt worden war. In unserem Gespräch verriet mir Mrs Fleming, dass sie dieses Weihnachten das seltsame Gefühl gehabt habe, sie müsse einen Baum besorgen und den Raum schmücken, wie sie es zu James' Lebzeiten immer getan hatten. Das Gefühl, das sie sich nicht erklären konnte, war so stark gewesen, dass sie das ganze Dekorationsmaterial, das seit James' Tod vor sechs Jahren nie mehr benutzt worden war, hervorholte. Nun verstehe sie also, sagte sie, und sie sei so froh, dass sie ihrem Impuls nachgegeben habe!

Nun spürte ich, dass mein Besuch nicht nur Jack nach Hause gebracht hatte, sondern auch seinem Vater und seiner Mutter etwas bedeutete. Sie merkten seine Anwesenheit und freuten sich darüber. Der „Nebel", den James nicht durchdringen hatte können, hatte sich gelüftet, und die Familie Fleming war wieder vollzählig. Das, was eigentlich ein Kurzbesuch hätte sein sollen, war eine zweistündige hochinteressante und hoch befriedigende Visite geworden.

Währenddessen ereignete sich ein weiterer ungewöhnlicher Zwischenfall. In jenen Tagen war eine Eingangstür nie abgeschlossen, und darum wunderten wir uns nicht, als sie aufging und eine junge Dame hereinspazierte. Ich fragte mich, wie Mrs Fleming meine Anwesenheit erklären würde. Sie erklärte ihr ruhig, warum ich hier und mit welchem Anliegen ich gekommen sei. Die junge Besucherin war wie die Flemings Katholikin, gestand nun aber verschämt, dass sie seit sechs Monaten in die Spiritualistenkirche in Norton gehe, was sie ihnen bis heute nicht sagen habe können. So hatte mein Besuch auch da etwas in Bewegung gebracht.

Unsere Freude, geholfen haben zu können, kam der Freude von James und seinen Eltern gleich. Ich lud das Ehepaar herzlich ein, irgendwann einmal als Gäste zu unserem Zirkel zu kommen, aber leider, wie es zu erwarten war, hörte ich nie mehr von ihnen.

Das strahlende Licht, das James an jenem Samstagabend von unserem Zirkel hatte ausgehen sehen, war für ihn zum Leuchtfeuer geworden, und am Samstag darauf kam er, um uns zu danken – und dieses Mal mit weitaus stärkerer Stimme und deutlicherer Artikulation!

Dasselbe strahlende spirituelle und übernatürliche Licht wurde über die Jahre vielen anderen verzweifelten, verwirrten und verlorenen Geistern zum Leuchtfeuer der Orientierung, und uns war es eine große Freude, ihnen geholfen zu haben. Jetzt kann ich auch sagen, dass James jedes Jahr zu unseren Sitzungen mit der Weihnachtsparty kam und uns für unsere Hilfe dankte.

Ich weiß, dass ihr diesen Beweis für das Leben nach dem Tod richtig einzuschätzen versteht; denn James kam an jenem Abend als total Fremder, kam hereingeschneit als „Drop-in-Communicator", und niemand von uns hatte etwas über ihn oder seine Familie gewusst. Ich folgte den Hinweisen und fand heraus, dass sie zu 100 Prozent korrekt waren. Die von Skeptikern überstrapazierte Erklärung, Medien erhielten ihre Informationen durch das Lesen der Gedanken der Teilnehmer, konnte hier nicht gelten.

Ich habe diesem Kapitel den Titel eines Gedichts gegeben, das meine Mutter geschrieben hat und treffend die Gefühle so vieler Menschen wie Mr und Mrs Fleming ausdrückt. Sehr oft ist es als Lesung während Beerdigungsgottesdiensten verwendet worden. Viele dort waren keine Spiritualisten, sie schätzten einfach, was Mams Worte ausdrückten.

Die Straße heimwärts

Du bist auf unsichtbarem Pfad, entschwunden unsrer Sicht
Und auf der Fahrt nach Haus, wohin wir alle geh'n, zum Licht.
In Herzen und im Heim bleibt eine Leere, ja, du wirst vermisst.
Du bist nun fort – und dennoch spüren wir, dass du uns nahe bist.

Du bist nur einen Schritt von uns entfernt, in unbekannt' Gelände.
Auf dieser Straße heimwärts, zu deiner Reise Ende.
Obwohl der Schmerz unsres Verlusts uns quält –
es bleibt doch die Erinnerung ans Glück durch dich, was zählt.

M. R. H.

18

Die Weihnachtsparties

Jedes Jahr veranstalteten wir, wenn Mutters Zustand es zuließ, eine besondere Weihnachtsparty-Sitzung für die Geisterkinder, und ich möchte euch gerne einige der dramatischen Szenen schildern, die sich auf zwei dieser Sitzungen abspielten. Unsere erste Party fand am 3. Januar 1948 statt, und ich habe meine Aufzeichnungen darüber vor mir liegen. Die andere vom 5. Januar 1954 war in dem Sinne besonders, dass die eineinhalb Stunden durch ein Spulentonbandgerät aufgezeichnet wurden, das unser guter Freund Jim McKenzie bediente. Ich freue mich immer noch über die Kopie der Originalaufnahme, indessen sind solche Tonbänder leider vergänglich und tendieren dazu, nach 50 Jahren allmählich zu zerfallen. Unsere Kopie ist zum Glück noch in leidlich gutem Zustand, und dank einem freundlichen und kooperativen Radioproduzenten der BBC haben wir eine bessere, sogar eine „unvergängliche" Kopie auf einer Compact-Disc. Unser Dank dafür geht an Chris.

Als Familie mit fünf kleinen Kindern hatten wir selbtverständlich jedes Jahr einen Weihnachtsbaum, den wir speziell für diese Sitzungen umdekorierten. Wir hängten kleine, günstig zu erwerbende Spielsachen daran wie Rasseln, kleine Autos, Flugzeuge oder Schiffe, Puppen, Perlenstränge und anderen Tand. Den Geisterkindern sagten wir immer, sie könnten die Gegenstände vom Baum herunternehmen, mit ihnen im Zimmer spielen und alles mitnehmen, was sie wollten – wenn es ihnen gelänge.

Ich muss kaum erwähnen, dass sie uns jedes Jahr beim Wort nahmen, denn wenn das Licht nach jeder Sitzung wieder anging, sahen wir, dass einige Spielsachen sich nicht mehr am Baum und auch nicht mehr im Raum befanden. Tante Agg erzählte uns, die Kinder hätten mit den Sachen auf dem Fußboden gespielt und sie dann dematerialisiert, um sie mit sich zu nehmen. Wohin genau sie gelangten, erfuhren wir nicht, aber man sagte uns, die Geisterkinder brächten das Spielzeug in Gegenden, in denen arme Kinder lebten, neben denen sie ein Spielzeug rematerialisierten. Das Kind war überglücklich, etwas Neues zum Spielen vorzufinden – und so waren Kinder in beiden Welten mit Freude und Glück beschenkt worden!

Bei der 1948-er Party erhielten wir vier Tulpen und einen Strauß Veilchen als Apporte. Doris' Eltern – Mam und Dad Hudson – waren an diesem Abend unsere Gäste, und unser guter Geisthelfer Brownie sprach durch die Trompete und verriet uns, er sei in ihrem Haus gewesen und habe einen kleinen Keramikhund apportiert, den wir später finden würden. Wir fanden ihn dann gegen Schluss der Sitzung in dem Eimer, in dem der Baum stand, und Mam Hudson war entzückt, ihn wieder nach Hause mitnehmen zu können: als Erinnerung an die Party.

Sunrise sagte uns, ein kleiner afrikanischer Junge wolle sich uns mitteilen, und dieser pfiff *Swanee River* durch die Trompete. Die Melodie war sehr klar und hell, und wir stimmten alle leise mit ein – das war bewegend. Vier andere sprachen durch die Trompete, eingeschlossen der regelmäßige Korrespondent Sam Hildred und ein junger Mann namens „Andrew", der im Alter von 12 Jahren gestorben war und sich an nicht viel mehr erinnern konnte. Er versprach, wiederzukommen und uns mehr Information zu geben, was er, wie mein vorheriges Kapitel erzählte, auch tat.

Gerade als meine Mutter für die Materialisationen ins Kabinett gehen wollte, erlebten wir eine hübsche Überraschung. Alle fühlten wir, dass in der Dunkelheit etwas auf unsere Knie fiel, was für Aufregung und Gelächter sorgte (immer gut in einem Zirkel). Wir entdeckten, dass Sydney, Dad Hudson, Mr Jones und mein Vater jeder eine Zigarre und die übrigen einige eingewickelte Bonbons erhalten hatten. Als Nichtraucher war ich natürlich froh über die Bonbons.

Brownie sagte uns, er habe die Zigarren von einer großen Party ausschließlich für Männer in London, und die „Kiddies" (Kinder) hätten die Toffees auch von einem großen Fest dort.

Zu diesen speziellen Apporten gab es ein paar interessante und denkwürdige Punkte zu sagen. Brownie erwähnte, er habe drei Zigarren aus einer großen Kiste und war der Ansicht, sie würden von keinem vermisst werden, da es ohnehin zu viele gewesen seien für die Mitglieder dort, und ein Teil wäre vielleicht sogar fortgeworfen worden. Die vierte habe er anders erhalten, und das nun in seinen eigenen Worten: „Hab sie einem der Typen einfach aus den Fingern genommen, als der sie hat anzünden wollen – und er schaut herum und beschuldigt seine Kumpels!" Als das Licht anging, fanden wir drei Zigarren eingewickelt vor, aber die vierte ohne Papier und schon mit gekapptem Ende, bereit zum Angezündetwerden. Das bestätigte Brownies Version. Wir konnten uns die Verwirrung auf der Party vorstellen und lachten ausgiebig darüber – der typische Scherz eines Jungen, der als Handlanger arbeitete.

Das mit den Bonbons war noch interessanter. Sydney und Gladys verkauften in ihrem Laden zwar Konfekt, konnten aber mit der Aufschrift auf dem Einwickelpapier nichts anfangen. Genau erinnere ich mich nicht, aber ich glaube, es war „Vanity Fair", jedenfalls eine in Middlesbrough völlig unbekannte Marke. Dazu muss man wissen, dass der Verkauf von Konfekt 1948 streng rationiert war und nur regional erfolgte.

Sydney war wild darauf, mehr darüber zu erfahren und zeigte die Bonbons einigen Verkaufsrepräsentanten, ohne etwas über deren Herkunft zu verraten. Mr D. zum Beispiel hatte noch nie von dieser Marke gehört und nahm an, einige Besucher müssten sie aus einer anderen Ecke des Vereinigten Königreichs hierher gebracht haben. Er versprach, mehr in Erfahrung zu bringen und konnte schließlich sagen, dass diese Süßigkeiten nur auf dem Londoner Stadtgebiet verkauft würden. Das bestätigte ein weiteres Mal Brownie, und Entfernungen zurückzulegen, das wissen wir, stellt für Geister kein Problem dar.

Meine Notizen sagen, dass wir bei dieser Party-Sitzung sieben Materialisationen hatten. Erstens: Oma Lumsden, die kam, um ihrer Tochter und dem Schwiegersohn, Mam und Dad Hudson Grüße zu überbringen. Ihr – Oma – folgte sofort May, eine von Dad Hudsons Töchtern mit seiner ersten Frau Hannah; dann kam Hannah selbst und hielt sich plaudernd eine Weile aufrecht. Sie dankte anmutig Mam Hudson dafür, dass sie sich um die Familie mit den fünf Kindern gekümmert hatte, die Mam als junge Braut von 23 Jahren „geerbt" hatte, als sie Dad Hudson heiratete.

Es war ein sehr ergreifendes und einzigartiges Familientreffen, das die beiden Welten miteinander verband, und Hannah legte ihren Kopf an Dads Schulter, bevor sie ihn noch einmal küsste und entschwand. Ich kann die Rührung darüber auch jetzt, nach 50 Jahren noch spüren.

Annie und Charles Hudson mit Charlie, seinem Sohn mit seiner ersten Frau. Aufgenommen hat das „Geister-Foto" Billy Hope 1927 im Haus der Hudsons. Hannah, Charles' erste Frau und Charlies Mutter, ist der „Spirit extra" auf dem Foto [der zusätzliche zu sehende Geist], das 20 Jahre entstand bevor sie die Gelegenheit hatte, sich zu materialisieren und zu sprechen.

Charles Roeder, der frühere Präsident der Kirche von Middlesbrough, baute sich dann auf (so nennen wir ja gern das Sich-Materialisieren), komplett mit Bart, und brachte einen besonderen Apport mit, den er mir persönlich überreichte. Es war sein eigenes Lyceums-Abzeichen, mit einer eingearbeiteten Fotografie von Andrew Jackson Davis, einem der frühesten amerikanischen Pioniere des Spiritualismus, das Roeder immer als Sticker an seinem Jackenaufschlag getragen hatte. Wo er es gefunden hatte, blieb uns verborgen, aber während der ganzen Jahre unseres Zirkels hing es immer angesteckt vor dem Kabinettsvorhang und ist ein weiteres geschätztes Objekt meiner Erinnerungssammlung *(siehe Apporte, S.61)*.

Zwei andere alte Freunde aus dem Lyceum, Ernie Buckingham und Ronnie Lofthouse, erhielten Form und hatte ein

Ernie Buckingham (Buckie) starb schon als junger Mann an einem Schlaganfall. Wenn immer er auftrat, wirkte sein Gesicht verzerrt, wie es im Leben gewesen war. Siehe Seite 183, den Bericht von Roy Dixon Smith.

paar freundliche Worte, und endlich erschien selbstverständlich Tante Agg zu ihrer üblichen „Plauderei der Woche".

Bei der Sitzung hatte Douglas Hildred seine Geisterlichter um den Baum angeordnet, und ein Licht hing fast oben bei der Fee an der Baumspitze. Unser wundervoller Abend dauerte über zwei Stunden, und alle waren wir begeistert. Als wir das Licht wieder einschalteten, sahen wir, dass die Kinder drei Spielsachen entfernt hatten – ein Plastikauto, einen Hund aus Zelluloid und ein kleines Flugzeug, die sie wohl an arme Kinder weitergaben. Mr Jones bat, seine Zigarre als Geste der Freundschaft Jim McKenzie zu schicken, der ein paar Monate zuvor unsere erste Serie von Materialisationsfotos gemacht hatte und

Jim McKenzie mit seiner Frau (links). Das „Geister-Extra" ist seine Großmutter, Margaret McKenzie. Foto: Billy Hope

der – was wir noch nicht ahnten – auch unsere zweite Weihnachtsparty am 5. Januar 1954, sechs Jahre später, verewigen würde.

In jenen Tagen hatten Tonbandgeräte zwei Spulen und waren große, bullige und teure High-Tech-Apparate und damit für uns zu teuer; wir nahmen darum hocherfreut Jims freundliches Angebot an, einen besonderen Zirkel-Abend aufzuzeichnen. Die Tage des Kassettenrekorders lagen noch in weiter Ferne. Natürlich luden wir seine Frau und ihren jüngsten Sohn Donald ein, der damals 19 Jahre alt war und dann noch ihre enge Freundin Mrs Harrison, eine Spiritualistin, die zwar in keiner Beziehung zu uns stand, für die sich Jim jedoch verbürgte.

Leider waren zu der Zeit Brittain Jones und Dad Hudson schon von uns gegangen – im Jahr zuvor, 1953 –, und mein Dad fühlte sich auch nicht besonders gut und musste fernbleiben, aber das sonstige Team war anwesend plus Mam Hudson: eine aufgeregte Versammlung von 10 „Sitters".

Jim stellte mit Hilfe von Don in einer Ecke des mittleren Zimmers in der Oxford Road seine Ausrüstung auf. Er umgab sie mit verschiebbaren Wänden, damit die Anzeigelämpchen uns nicht stören würden. Ein Mikrofonkabel wurde durch den Raum zu meinem Stuhl gelegt, so dass ich einen Live-Kommentar zu den eineinhalb Stunden dauernden Ereignissen geben konnte, der auch die Quelle für diese Zeilen darstellt.

Unser Christbaum war geschmückt und stand in der Ecke links vom Kamin. Ich saß in der Nähe meiner Mutter, und beide waren wir die nächsten am Baum.

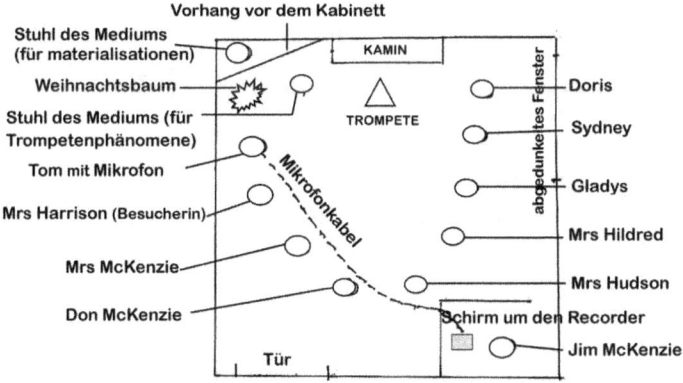

Diagramm: der Raum bei der Weihnachtsparty-Sitzung 1954

Die anderen saßen in ihrem gewohnten Halbkreis um den Kamin, und Doris nahm meine gewöhnliche Position am anderen Ende rechts vom Kamin ein.

Nach unserem Gebet und dem melodischen Gesang – Doris und Mrs Harrison besaßen sehr gute Stimmen – begannen die Trompetenphänomene. Sunrise entbot seinen üblichen Willkommensgruß und sagte uns, unsere Geisterfreunde seien sich sehr wohl bewusst, was an diesem Abend passieren sollte. Wir hatten die Erlaubnis für die Party eine oder zwei Wochen zuvor erhalten. Im ersten Teil des Abends spürten wir alle, wie etwas auf uns herabfiel. Was wir für Konfetti hielten, waren jedoch kleine apportierte Veilchen – ein hübscher Gruß.

Die Geisterfreunde begleiteten unseren Gesang mit einer kleinen Glocke auf dem Kaminsims, die einer indischen Tempelglocke nachempfunden war und die sie kräftig in allen Ecken des Raums ertönen ließen. Ich hatte Mühe, dem Klang mit dem Mikrofon zu folgen, aber etwas von dem Läuten ist auf Band. Nach einigen Minuten hörte ich die Glocke auf den Teppich fallen und wusste, dass diese Darbietung offensichtlich abgeschlossen war.

Zu meiner großen Überraschung fing das Läuten 30 Sekunden später aber wieder an und dauerte noch eine

Minute fort. Ich dachte, es käme von derselben Glocke, aber so war es nicht. Ivy Hudson, unsere erste Trompetenkommunikatorin, teilte uns mit, sie hätten eine zweite Glocke gebracht. Sie könne uns auch sagen wer, doch wir würden es vielleicht selber herausfinden.

Und ob man's glaubt oder nicht: Als wir nach Abschluss der Sitzung wieder Licht hatten, lagen auf dem Teppich zwei Glocken. Beide waren von derselben Bauart, aber die apportierte (auf dem Bild am Ende des Kapitels rechts zu sehen) war ein wenig größer als unsere, und das war nicht der einzige Unterschied: Unsere Originalglocke, die in den späten 1940-er Jahren womöglich bei Woolworth gekauft worden war, wies nun erwartungsgemäß einen starken Belag auf, wirkte trüb. Die apportierte Glocke hingegen ist sogar 50 Jahre später so glänzend geblieben wie an dem Tag, an dem sie gefertigt wurde! Vielleicht hat die Dematerialisierung die Molekularstruktur positiv beeinflusst und die Farbe bewahrt? Das ist nicht wichtig, aber eine interessante Beobachtung. Auch der Ton ist unterschiedlich, was man auf der Aufnahme hört.

Wie ich bereits erwähnte, sprach Ivy Hudson als Erste durch die Trompete, und dann war William Harrison dran, ein Onkel von Mrs Harrisons Ehemann. Margaret McKenzie, Jims Großmutter, folgte als nächste und sprach recht gut. Die Mutter von Mrs McKenzie meldete sich auch, gefolgt von Sam und seiner Tochter Mona. Sam war besonders entzückt, weil wir einige Monate lang keine Trompetenphänomene gehabt hatten, sondern ausschließlich Materialisationen, die Sam nicht besonders mochte; er erschien zwar zuweilen in Gestalt, doch nur zu reden gefiel ihm besser.

James Andrew Fleming ließ sich seinen jährlichen Weihnachtsbesuch nicht nehmen und wiederholte seinen Dank dafür, dass wir ihm 1948 geholfen hatten. Er bestätigte, dass er nun in der Lage sei, sein Heim aufzusuchen und dass seine Mutter immer wisse, wenn er da sei – Glück und Freude für beide, Mutter und Sohn.

Dann sagte uns Sunrise, es sei „Zeit für die Materialisationen", und wir brachten das rote Licht, und Mam wurde in die Ecke hinter den Vorhang geschickt. Ich blieb, wo ich war, neben dem Christbaum und in der Nähe des Vorhangs und so nah, dass ich gelegentlich die materialisierten Formen hinter ihm sich bewegen hörte, bevor sie in den Raum hinaustraten. Wir sangen ein paar Minuten, ehe Sunrise hinter dem Vorhang zu uns sprach, wobei er eine „Stimmbox" aus Ektoplasma benutzte und nicht die Trompete. Bei einer früheren Sitzung hatte er uns diese Box gezeigt: Sie glich in etwa einer kleinen Rose, deren Blütenblätter sich bewegten, wenn er sprach: sehr interessant.

Seine erste Botschaft lautete: „Die Dame kann zu den Kindern gehen." Wir waren etwas verstört, und ich fragte ihn, was das heißen solle. Er wiederholte einfach die Worte, und wir nahmen an, es habe mit unseren Kindern zu tun, die im Bett waren. Wir bekamen die Erlaubnis, die Tür zu öffnen, um etwas hören zu können, und augenblicklich hörten wir Wendy weinen – ungewöhnlich war das nicht für unsere 15-monatige Tochter. Doris bat darum, gehen zu können, und sie erfuhr, sie könne zurückkommen, wenn sich Wendy beruhigt habe. Leider dauerte das zu lange, und Doris verpasste den Rest der Sitzung.

In den sechs Jahren seit unserem wunderbaren Beginn hatten wir uns daran gewöhnt, bei den Sitzungen Oma Lumsden als erste Materialisation zu haben, und auch heute Abend enttäuschte sie uns nicht. Sie zog mit der Hand den Kabinettsvorhang beiseite und machte rasch ein paar Schritte, bis sie in der Mitte des Raums stand, direkt vor dem roten Licht, das als Glühbirne an einem Haken von der Decke hing. Ich beugte mich vornüber und hielt das Mikrofon, wie es ein Radiointerviewer tun würde, so nahe wie ich konnte an ihr Gesicht, um ihre Stimme aufzunehmen. Sie gab sich heiter und lachend, wie wir sie kannten und schenkte uns überraschende Einleitungsworte wie „Hallo ihr alle – wie geht's – hab doch gesagt, das Balg hat geweint – ja, hab ich gesagt, aber ihr wollt wohl nicht, dass es die ganze Nacht weint, oder?" Sie bezog sich offenbar auf das

Einschreiten von Sunrise zugunsten Wendys, und wir dankten ihr, dass sie ihm das gesagt hätte. „Na, ihr wisst, wir haben ein Auge auf sie, oder?" Es ist sehr schwierig, die authentische Transkription einer aufgenommenen Stimme mit dem regionalen Dialekt und dem Tonfall herzustellen, aber auch wenn wir Oma nicht im roten Licht gesehen hätten, so hätten wir sie schon an ihrem Middlesbrough-Akzent und ihrer typischen schrillen Stimme erkannt.

Sie plauderte weiter mit ihrer Tochter Mam Hudson und sagte „Charlie ist hier, weißt du?", was heißen sollte, dass auch Dad Hudson zur Party gekommen war. Schon in meinen früheren Berichten über die Sitzungen hatte es ja geheißen, dass stets einer von uns aufstand und hinging, um die Geisterbesucher zu grüßen; doch heute hatten wir uns darauf geeinigt, das zu unterlassen, weil das Mikrofonkabel auf dem Boden lag. Oma kommentierte zwar „Komisch, dass heute keiner herkommt", aber sie fügte gleich an, dass alle den Grund dafür wüssten – die Aufnahmen! Darum einigten wir uns darauf, unsere Besucherin Mrs Harrison Oma grüßen zu lassen, die darauf achtete, dass ihr Gesicht gut im roten Licht zu sehen war, als sie mit Mrs H. Hände schüttelte – eine denkwürdige Gelegenheit für sie.

Oma redete noch ein paar Minuten fröhlich und verabschiedete sich dann mit ihrem üblichen Spruch „Wir seh'n uns, dann ta-ra, ta-ra!", und dann schob sie sich wieder ins Kabinett neben mir. Ich überlese soeben das Geschriebene und denke mir, dass diese trockenen Zeilen in keiner Weise das innige Gefühl von Heimat, Gemütlichkeit und Liebe widerspiegeln, das alle unsere Geisterfreunde verbreiteten, und es tut mir leid, dass ich nichts tun kann, um es plastischer und intensiver zu beschreiben.

Nach Oma kam die seltene Materialisation von Douglas Hildred, des jungen Mannes, der alle unsere Geisterlichter bereitstellte, was besonders heute Abend schön war mit zahlreichen hell blinkenden Lichtern auf dem Weihnachtsbaum neben mir, außerhalb des Kabinetts. Wir verstanden, dass er gerade zu diesem Anlass gern farbige gehabt hätte, es ihm aber nicht gelungen war. Ich kann jedoch ergänzen, dass er bei späteren Sitzungen farbige Lichter zustande brachte. Nach einigen wenigen Minuten meinte er, er könne das Licht nicht länger ertragen, sprach aber hinter dem Vorhang weiter zu uns und brachte die Botschaft: „Ich möchte gerne den Leuten eurer Welt sagen, Mutter, dass wir aus der Welt des Geistes Grüße an die ganze Menschheit eurer Erde schicken. Vor fast 2000 Jahren wurde ein Kind geboren. Wenn die Menschen dieser Erde den Lehren Christi folgen würden, gäbe es mehr Glück. Wir aus der Welt des Geistes bringen euch all unsere Liebe und wünschen euch ein herzliches Lebwohl. Gute Nacht Mutter, gute Nacht Gladys, Gott schütze euch."

Ihm folgte Bruce McKenzie, einer von Jims Söhnen, der als kleines Kind bei einem Badeunfall gestorben war. Nun wollte er als junger Mann in der Geistigen Welt seinem Vater versichern, dass dieser nicht schuld daran gewesen sei. Die Großmutter von Bruce, Margaret Phoenix, tauchte auch einen Augenblick lang auf und wandte sich an ihre Tochter Mrs McKenzie.

Unsere letzte Materialisation war wie immer Tante Agg mit ihrer gesammelten, ernsten Gegenwart, die mit ihrer klaren, gewählten und dennoch gemütlichen Stimme zu uns sprach. Nachdem sie Botschaften von vielen anwesenden Geisterfreunden überbracht hatte, musste sie uns etwas Wichtiges sagen:

„Ihr habt uns in der Geistigen Welt viel Freude bereitet. Wir kommen wirklich gern, um mit euch zu sprechen und unsere Botschaften von unserer Seite des Lebens weiterzugeben – und ich hoffe sehr, dass alle, die eines Tages diese Worte hören, Hilfe und Orientierung von ihren Geistführern bekommen, wie ihr in diesem kleinen Zirkel Hilfe und Orientierung von den euren bekommt. Dies sagen euch eure Lieben, die schon den einen Schritt weiter getan haben ... Sie sagen, dass sie euch immer nahe sein werden, euch über die Schulter sehen und euch bei dieser Arbeit zugunsten der Wahrheit des Spiritualismus helfen. Geht hinaus in die Welt und sprecht es aus: die Wahrheit vom Leben nach dem Tod. Gute Nacht und Gott möge euch alle segnen – gute Nacht."

Leider könnt ihr Aggs kultivierte Stimme nicht hören, wie sie es sich erhofft hatte, aber ich denke, die gesprochenen und sorgfältig schriftlich aufgezeichneten Worte werden euch eine große Hilfe sein, wie sie es uns gesprochen an jenem Abend waren. Wenn ihr zusammen gekommen sein werdet, freuen sie sich, auch zu kommen und zu euch sprechen zu können; wir „holen" sie auf keinen Fall „aus dem Jenseits zurück", wie Kritiker des Spiritualismus meinen.

Nachdem uns Tante Agg verlassen hatte, ergriff wiederum Sunrise das Wort und hinterließ eine eigens aufgezeichnete Botschaft für seine „Meedi", wie er meine Mutter nannte, in der er seiner Freude über die gemeinsame Arbeit Ausdruck verlieh und die Hoffnung äußerte, sie möge gesund bleiben, um so weitermachen zu können. Nachdem Sunrise geendet hatte, hob ich den Vorhang zum Kabinett, und meine Mutter kam bald aus ihrer tiefen Trance. Danach nahmen wir alle unsere Abschiedsbotschaften zur Guten Nacht auf, meine Mutter eingeschlossen ... als sie ganz unerwartet wieder in Trance fiel. Binnen weniger als einer Minute sprach Brownie zu uns, und er sagte klar: „Ich habe die Glocke für euch!" Er sagte, er habe sich schon früher einzuschalten versucht, es aber nicht geschafft; so ergriff er seine Chance am Ende, ohne dass dies meiner Mutter geschadet hätte. Eine wirklich wundersame Sitzung zum Nutzen beider Welten.

Indische Tempelglocken: Die Glocke zur Linken war die ganze Zeit im Raum und war beschädigt, weil unsere Kinder viel mit ihr gespielt hatten. Die größere rechts wurde als Apport während unserer Party gebracht.

19

Fröhliche Geburtstage

Ich blätterte kürzlich in Neville Randalls vorzüglichem Buch *Life After Death* (Leben nach dem Tod), in dem er Berichte aus der Geistigen Welt wiedergibt, die über das Direktstimmenmedium Leslie Flint eingingen. Ich las mit Interesse, dass einige drüben ihre Geburtstage und Jahrestage aus ihrem irdischen Leben vergessen hatten und erst an sie erinnert wurden, als ihre Lieben an sie dachten. Ohne Zweifel wird es auf jene zutreffen, die zu höheren Ebenen vorgedrungen sind, wogegen die, die noch enge Verbindung zur Erde haben, weiter gerne diese Feiern begehen, wie wir aus unseren Erfahrungen im Zirkel wissen. Dieses Kapitel beschäftigt sich mit drei solchen Feiern. Die erste betraf meine Mutter, als sie noch lebte, die anderen beiden Dads Mutter und Tante Agg in der Geistigen Welt.

Der ungewöhnlichste und gewiss grösste Apport durch die Medienschaft meiner Mutter traf nicht bei einer Sitzung unseres Zirkels ein, sondern in ihrem Haus an deren 53. Geburtstag. Es war der 17. März 1948.

Es war die Zeit, als Mam und Dad den Fisch-und-Chips-Laden besaßen, hinter dem sie auch lebten. Die kleine Küche war mit einer begehbaren Vorratskammer versehen, die im Stil jener Tage kein Fenster, aber eine mit Gaze verkleidete Öffnung besaß. In dieser halbdunklen Vorratskammer ereignete sich der Apport. Doris und ich lebten mit unseren fünf Kindern nicht weit vom Laden entfernt, eine 10-minütige Autofahrt etwa. Ich hatte die Vorbereitung des Fischs schon abgeschlossen, Mam zum Geburtstag gratuliert und war wieder heimgefahren, als ich von ihr am

Nachmittag um vier Uhr einen überraschenden Telefonanruf erhielt.

Ob ich nicht kommen und mir etwas Ungewöhnliches anschauen wolle? Ich dachte, es habe mit dem Laden zu tun und fuhr hin. Mam und Dad tranken in der Küche gerade eine Tasse Tee. Mam lächelte mir wie immer zum Gruß zu, aber ihr Lächeln war etwas wonniger als sonst. Sie wusste, dass ich sehr neugierig war zu erfahren, warum sie mich angerufen hatte, und so begrüßte sie mich mit den Worten: „Mach einfach die Tür zur Vorratskammer auf, mein Sohn, aber sehr vorsichtig."

Das machte mich wirklich sehr neugierig, aber argwöhnisch war ich auch. Ich tat also, was sie verlangt hatte. Ich öffnete die Tür ganz langsam, aber wegen des Halbdunkels konnte ich in den ersten Minuten nichts Ungewöhnliches wahrnehmen. Als ich sie dann weiter aufstieß, um eintreten zu können, blieb ich verblüfft stehen.

Vor meinen Füßen auf dem Boden der Vorratskammer lagen eine Menge lila Flieder! Sie bedeckten nicht nur den Boden, sondern füllten den freien Raum bis zu einer Höhe von einem Meter! Ich drehte mich zu Mam um, die mit ihrem breitest verfügbaren Grinsen sagte: „Dachte ich doch, dass du überrascht sein würdest." Das war eine schöne Untertreibung. Die nähere Erklärung war noch überraschender. Mam hatte am Nachmittag ihre übliche Kanne Tee zubereitet, das Milchgefäß aus der Vorratskammer geholt, die Tür wieder zugemacht und sich auf den Stuhl daneben gesetzt. Die Tür ging also nicht mehr auf. Dann fiel ihr ein, dass sie den Zucker vergessen hatte, stand auf, schob den Stuhl weg und öffnete erneut die Tür – und dann hatte sie dieses überwältigende Bild vor Augen, den mit Fliederblüten und -sträußen gefüllten Raum, dessen Boden ein paar Sekunden davor noch völlig leer gewesen war. Woher waren sie gekommen?

Mam und Dad hatten sich gewiss keinen Spaß erlaubt, das war nicht ihr Stil, und wer konnte schon Mitte März eine derartig große Menge Flieder zusammenkriegen? Dad und Mam hatten kein Auto, und als ich die Blumen wegbrachte, füllten sie fast den ganzen Hecksitz des Austin. Ich brachte die Sträuße zu vielen Freunden, die begeistert waren und bei denen die Blumen sich noch zwei bis drei Wochen hielten.

Da wir wenige Male Blumenapporte außerhalb des Zirkelraums hatten, während wir „saßen", fragten wir uns, ob der Flieder ein höchst außergewöhnlicher Apport war, ohne dass wir unsere Séance abhielten. Es beschäftigte uns alle, aber es schien keine andere Erklärung zu geben, und wir sagten uns, wir würden unsere Geisterfreunde bei der Sitzung am nächstfolgenden Samstag fragen, drei Tage später.

Wir hatten natürlich auch mit Sydney und mit Gladys gesprochen, als ich den Flieder ablieferte, und sie waren genauso wie wir begierig, die Frage zu stellen. Tante Agg materialisierte sich wie gewöhnlich, doch bevor wir unsere Frage anbringen konnten, kam sie uns zuvor, indem sie uns bat, „unserer Min" – so nannten sie meine Mutter immer – auszurichten, „dass es uns gefreut hat, ihr so ein besonderes Geburtstagsgeschenk zu machen, das von ihren vielen Geisterfreunden kommt, die ihr so nahe sind." Mam war selbstverständlich genauso erfreut, als wir es ihr nach der Sitzung erzählten.

Tante Agg erklärte, die Dunkelheit in der Vorratskammer und die Nähe meiner Mutter hätten die idealen Bedingungen für einen solch ungewöhnlichen Apport geschaffen. Es war ein weiteres Beispiel für ihre wunderbar entwickelte Gabe – aber nun hatte sie es zum ersten Mal selber miterleben können! In unserer Aufregung versäumten wir zu fragen, woher die Blumen gekommen waren, und so wissen wir es bis heute nicht – aber gewiss blüht an einem 17. März kein Flieder in Ostengland.

Es war jedoch nicht das erste Mal, dass wir außerhalb der Saison Flieder gehabt hatten. Im Jahr zuvor hatte sich am 29. März meine Großmutter väterlicherseits materialisiert und an diesem ihrem Geburtstag ihrem Sohn, also meinem Vater einen Strauß Flieder überreicht. Sie weilte damals seit 13 Jahren in der Geistigen Welt.

Das letzte denkwürdige Geburtstagsereignis fand für Tante Agg selbst statt, am Samstag, 14. Juni 1947, der ihr 62. Geburtstag gewesen wäre (sie starb im November 1942). An jenem Tag verheiratete sich ihr jüngster Sohn Terry mit Ruby Hudson, einer von Doris' Schwestern, in der Spiritualistenkirche von Middlesbrough. Jim McKenzie, den alle nur „Mac" nannten, ein langjähriger Freund beider Familien, leitete den Gottesdienst. Der Organist war Mr Todd, auch ein guter Freund, und darum schien es nur passend, an jenem besonderen Abend zu unserem Zirkel die McKenzies und die Todds einzuladen.

Die Hochzeit von Terry und Ruby an dem Tag, an dem seine Mutter (Agg) 62 Jahre alt geworden wäre. Als Brautjungfern sieht man drei Schwestern von Ruby und die zwei kleinen Töchter von Tom und Doris.

Die Phänomene für beide Paare sollten besonders reichhaltig und deutlich ausfallen. Verwandte und Freunde von drüben, namentlich zwei als Kinder verstorbene Söhne sprachen durch die Trompete, und es folgten andere Familienmitglieder, die sich materialisierten. Alle wurden sie wiedererkannt und überbrachten trostreiche Botschaften. Schließlich materialisierte sich mit ihrer fröhlichen und freundlichen Gegenwart Tante Agg, wie gewöhnlich gegen

Ende unseres Abends. Als sie aus dem Kabinett nach vorne trat, konnten wir alle im hellen roten Licht erkennen, dass sie fünf Nelken hielt, die sie wie stets mit gut gewählten und innigen Worten darbot.

Eine für Mac, „weil er heute die Zeremonie gehalten hat, die mir so viel bedeutete".

Eine für Mrs Mac, „einer teuren alten Freundin".

Eine für meine Frau Doris, damit sie sie ihrer Schwester Ruby gäbe, der Braut des Tages – „mit all meiner Liebe und den besten Wünschen".

Eine für Mr Todd, „weil er so gut Orgel gespielt hat".

Eine für Mrs Todd, der sie sagte: „Ich glaube, ich habe dich immer Effie genannt, damals in der St. Paul's Road, oder?" Mrs Todd bestätigte das sofort. Sie sagte uns nach der Sitzung, das sei vor 15 Jahren gewesen, als Tante Agg in der St. Paul's Road gelebt habe, und – noch beweiskräftiger – dass nur sie selbst das wusste, nicht einmal ihr Mann.

Tante Agg drückte dann ihre mütterliche Freude über die Heirat ihres jüngsten Sohnes mit einem so hübschen Mädchen aus, das sich um ihn kümmern würde; er sei damit Teil einer sehr guten Familie mit starkem Zusammenhalt. Bevor sie ging, wünschte ich ihr noch Alles Gute, und sie antwortete, es sei der schönste Geburtstag gewesen, den sie je gehabt hätte! Ein wunderbarer Abend, da waren sich die Gäste einig – also vergesst nicht, eure Gedanken an eure Lieben zu richten, und tut es bevorzugt an ihren Jahrestagen, die ihnen so viel bedeuten!

20

Briefe von Gästen

Von Dorothy Matlock in Middlesbrough, 16. Oktober 1947 (Gast bei Sitzung 84, 11. Oktober 1947)
„Ich darf Ihnen meinen Dank für den wunderbaren Abend abstatten, den ich bei Ihnen am vergangenen Samstag verbrachte. Jeden Tag seither denke ich an alles, was dabei geschehen ist und sehe ein, dass es ein großes Glück ist, diese Erfahrungen gemacht zu haben. Woran ich glaubte, wurde mir auf natürliche und schöne Art und Weise bestätigt, abgesehen davon, dass ich Ihre angenehme Gesellschaft sehr genoss."

Von John Mattock, Dorothys Vater, der mit ihr zu Gast war
„Bitte geben Sie den Mitgliedern Ihres Zirkels von meiner Tochter und mir unseren aufrichtigen Dank für die wunderbaren Manifestationen weiter, die in Ihrem Haus zu erleben wir die Ehre hatten. Worte allein können kaum die Freude und das Vergnügen beschreiben, die ich empfand, als mir auf solche überzeugende Art ein klarer Beweis für ein künftiges Leben zuteil wurde. Ich hoffe sehr, dass der Erfolg Ihres Zirkels eine Fortsetzung findet, dass noch viel mehr Besucher zu Ihnen kommen und dass jeder diesen definitiven Beweis erhält, den wir wahrhaft erhielten."

Von Mrs Lily Dinsdale, Medium in Middlesbrough, die einen eigenen privaten Zirkel unterhielt;
Brief vom 5. November 1953
„Ich möchte Ihnen meine tiefe Wertschätzung dafür zum Ausdruck bringen, dass Mrs Johnson und ich Ihren Zirkel

besuchen durften. Es war ein großes Vergnügen, meinem Zirkel-,Vorsitzenden' die Hand schütteln und mit ihm reden zu dürfen, mit ihm, der so großartige Arbeit in beiden Welten tut. Mrs Johnson war überglücklich, ihren Ehemann gesehen sowie Gedicht und Blume bekommen zu haben."

Von Mrs Mary Hastie, Mai 1996

Schon früher habe ich Teile eines Briefes von Mary Hastie aus Darlington veröffentlicht, die meinen Vortrag in der Kirche von Billingham im Mai 1996 gehört hatte. Sie erinnerte sich lebhaft an die Erzählungen ihrer Mutter Emily Nicholson über ihre Teilnahme an unserem Zirkel als Gast 1948, und Mary fährt dann fort:

„Es war solch eine Freude, Sie in Billingham zu treffen und mehr über den Zirkel zu erfahren, von dem meine Mutter so oft sprach. Sie weilt nun seit neun Jahren in der Geistigen Welt, und so kann ich Ihnen nur wiedergeben, woran ich mich erinnere. Sie sagte mir, es sei ein echtes Privileg gewesen, zum Zirkel Ihrer Mutter eingeladen worden zu sein, und alle, die dieses Privileg genossen, waren sich dessen sehr wohl bewusst.

Um etwa dieselbe Zeit wie meine Mutter wurde unser Kirchenpräsident Frank Myers eingeladen und war höchst verwundert über die Materialisationen. Er bekam eine pinkfarbene Tulpe als Apport und bat meine Mutter, sie für ihn aufzubewahren, weil er seiner Frau daheim nicht erklären könne, woher er sie habe. Frank starb 1963. Wir hatten lange Zeit ein Foto der materialisierten Form von Tante Agg, das meine Mutter geschenkt bekommen hatte. Danke sehr nochmals für einen sehr interessanten und kurzweiligen Abend."

Meine Aufzeichnungen bestätigen, dass Frank Myers am 14. Februar 1948 bei Sitzung 95 zusammen mit Edward Nellist, dem Präsidenten der Kirche von Middlesbrough, unser Gast war.

Bill Lennie aus Middlesbrough, ein Cousin von Gladys Shipman, war Gast bei zwei aufeinanderfolgenden Sitzungen, Nummer 55 und 56 am 17. und 24. Mai 1947. Mit dabei waren seine Mutter Maud und seine Schwester Mildred. Er schrieb mir im Dezember 1989, nachdem er in der Lokalzeitung „Evening Gazette" einen Artikel über unseren Zirkel gelesen hatte. Lennie wollte mein Buch für einen Freund haben. Als ich es ihm schickte, bat ich ihn um eine schriftliche Erklärung über das, woran er sich nach über 40 Jahren noch erinnerte. Hier sind die wichtigsten Auszüge:

„Der Grund, weshalb wir teilnahmen, war die Bitte eines Geistes in einer vorherigen Sitzung, meine Mutter solle dabeisein ... Was vorher ein stationäres Megafon gewesen war, begann plötzlich herumzuwirbeln und wurde zum Kommunikationsinstrument, noch vor den nachfolgenden Materialisationen.

Ich erinnere mich lebhaft an zwei Ereignisse. Zuerst das Erscheinen von Tante Fanny, die die Frau von Onkel Frank war, des älteren Bruders von Onkel Sam (Sam Hildred). Ihr Sohn Billie Hildred tat Dienst in der Königlichen Marine, und Gerüchte besagten, er sei in diverse ‚Eskapaden' verwickelt. Als ich das vor Tante Fanny erwähnte, erwiderte sie, und sie war gut zu verstehen: ‚Ich beobachte ihn.' Zweitens war da das Experiment von Dr Brittain Jones. Es wurde um die Erlaubnis gebeten, ein Stück Ektoplasma für eine Untersuchung abschneiden zu dürfen, und sie wurde gewährt. Ich entsinne mich noch eines Geräuschs, als der Doktor den Schnitt machte, und es klang so, wie wenn jemand scharf den Atem einzieht, weil er von einem scharfen Instrument verletzt wurde.

Man erlebte mit, wie die Seelen, die Abschied von dieser Welt genommen hatten, in menschlicher Form ihren Auftritt hatten, und es war fast unglaublich, hätte man es nicht miterlebt. Es war eine sensationelle Erfahrung, und dennoch war die ganze Atmosphäre die eines herzlichen Familientreffens. Es gab keine düsteren Vorahnungen, sondern nur freundliche Begegnungen. Es bewies mir, dass das Leben nach dieser Existenz in anderer Form weitergeht.

Es zeigte auch, wie es unter den richtigen Bedingungen möglich ist, mit der Geistigen Welt in Kontakt zu treten und mit ihr zu verkehren und dass von daher nichts zu fürchten ist. Für mich war das wirklich wunderbar."

Nach einem meiner Vorträge in Middlesbrough wurden – im Juli 1994 – Gwen Schlegel und ihre Schwester Cora Walker für das geplante Video über unseren Home Circle interviewt und gefilmt. Ich fragte sie, ob sie mir einen Bericht über die Erlebnisse als Gäste 1954 schreiben würden, als sie mit ihrer Mutter Mrs Pearson und Coras Ehemann Arnold bei uns waren. Gwen schrieb:

Die Schwestern Gwen Schlegel und Cora Walker 1954, als sie als Gäste im Zirkel waren

„Die Materialisationssitzung war eine Erfahrung, die wir nie vergessen werden, und wir fühlten uns sehr geehrt, dass wir die Möglichkeiten hatten, teilnehmen zu können. Ein junger Mann aus der Geistigen Welt kam durch und führte herrliche Lichter vor. Doris' Großmutter materialisierte sich – eine sehr lustige Dame, in deren Anwesenheit sich alle wohlfühlten, und sie schüttelte allen auch die Hände: absolut wundervoll. Mams Schwester Jane materialisierte sich auch, doch da es für sie das erste Mal war, konnte sie nicht richtig aufrecht stehen. Sie sagte zu Cora ‚Ich liebe dich', wie sie es früher liebkosend immer zu ihr gesagt hatte. Sie fand es sehr aufregend, dass sie sprechen konnte und nannte ihre

Schwester beim Namen: ‚Phoebe'. Sie konnte sich nicht lange halten, aber diese Erfahrung war absolut wundervoll. Wir hatten auch den Besuch einer gemeinsamen Freundin, die Nora hieß und während ihrer Schwangerschaft gestorben war. Sie gab uns die Hand und sagte uns, sie sei sehr glücklich und habe ihr Baby bei sich – ein kleines Mädchen. Es war wunderbar, ihre schlanken jugendlichen Hände zu spüren. Auch Arnolds Großmutter kam und gab ihm einige Veilchen.

Diese Erfahrungen waren unvergesslich und haben unser Leben verändert, da wir nun sicher wissen, das es ein Leben nach diesem Leben gibt. Ich kann mir nicht vorstellen, wie Menschen den Verlust eines geliebten Wesens überstehen, ohne das zu wissen, was wir das Glück hatten zu erfahren."

(*Kommentar meinerseits*: Der junge Mann, der die Lichter vorführte, war natürlich Douglas Hildred, unser regelmäßiger Geisterbesucher. Ich kann mich auch an Janes Aufregung erinnern, als sie spürte, dass sie in ihrem materialisierten Körper sprechen konnte. Ich entsinne mich auch, wie sie den Namen ihrer Schwester aussprach, indem sie beide Silben betonte: „Phiiii ... biiii")

Als ich Ende 1988 mein erstes Buch schrieb, hatte ich die Gelegenheit, darüber mit Tony Carr zu sprechen, einem Schwager, der zuweilen zu einem Besuch vorbeischaute. Mein Notizbuch sagt mir, dass er bei Sitzung Nr. 97 am 28. Februar 1948 bei uns zu Gast war, als er ein ziemlich skeptischer 18-Jähriger war. Er verbrachte sein Arbeits leben mit Wissenschaft und Technik im Umkreis der Motorenindustrie. Er baute eine eigene erfolgreiche Fertigung auf und achtet in seiner Arbeit auf jedes Detail.

Er gab einige seiner noch guten Erinnerungen wieder und schrieb mir später einen Brief, aus dem ich hier zitieren möchte:

„Ich fand unser Gespräch sehr interessant, aber auch erschütternd, weil das alles über 40 Jahre her ist! Einige der Sachen hatte ich vergessen, aber es gibt zwei wichtige

Faktoren, die es meiner Meinung nach wert sind, festgehalten zu werden.

Erstens: Bevor es anfing, riet mir Syd, den ganzen Raum zu durchsuchen und mich davon zu überzeugen, dass der einzige Zugang die Tür war; dass das Fenster geschlossen und verhängt war und von außen nicht zu öffnen; und dass es keine Falltür im Boden oder in der Decke gab! Ich weiß noch, wie er sagte: ‚Die Leute werden dir sagen, dass man irgendwie in den Raum hineinkommen konnte. Ganz bestimmt werden sie das!' Ich gestehe, ich tat es nur etwas widerwillig und nur, um Syd zufriedenzustellen, und natürlich gab es keinen Weg hinein in den Raum, als einmal die Tür geschlossen war.

Zweitens: Die materialisierte Form meines Verwandten hatte einen ziemlich starken Bart, und er bestand darauf, ich solle fest an ihm ziehen, um mich davon zu überzeugen, dass er nicht falsch war. Das tat ich, und ich konnte ihn einfach nicht von seinem Gesicht wegzerren! Zu der Zeit dachte ich keine Sekunde daran, dass ihm das vielleicht Schmerzen bereitet haben mag. Ich habe so stark gezogen, dass Sie oder ich sicher geschrien hätten. Aber von ihm kam keine Reaktion.

Doch der bedeutendste Teil des Abends war die Bewegung der Trompete, bevor die Geisterstimmen begannen. Die Mitglieder des Zirkels saßen um die Trompete herum und ziemlich nah an ihr dran. In so einem kleinen Zimmer war es unmöglich, sich zu bewegen, ohne von den anderen dabei bemerkt zu werden.

Ich erinnere mich sehr gut, wie die Trompete sich langsam vom Boden erhob (die fluoreszierende Farbe darauf schimmerte leicht in der Dunkelheit und gab uns ihre jeweilige Position an) und begann, sich um den Zirkel herum zu bewegen. Sie ging vor jedem von uns auf und nieder und tat das immer schneller, ohne je den Boden oder unsere Füße zu berühren. Dann bewegte sie sich wieder hoch zur Decke, ohne anzustoßen. Es gab keine Möglichkeit für irgendeinen Teilnehmer, dieses physische Objekt so schnell und unterschiedlich in der Dunkelheit zu bewegen.

Wie du weißt, Tom, habe ich mein Arbeitsleben in Wissenschaft und Technik verbracht, und dieses Ereignis bleibt das einzige herausragende Erlebnis, für das ich keine physikalische Erklärung finden konnte und mir nicht einmal eine dafür vorstellen kann."

Ich danke euch allen, die ihr eure Erinnerungen mit uns teiltet.

~~~~~~

Wenn ich fort bin

Lasst Grabesstille sein, o meine Lieben, bin ich einmal fort;
Die Leiche sehen, die Tränen, schwarze Kleider, Friedhofsgruft;
Denkt euch, dass ich zurückgegangen bin in helle Luft, -
Noch dein – du mein; erinner' dich der schönen Stunden,
die wir verbracht, vergesst den Rest: Es ist nun überwunden.

Verbrennt dann meinen Körper, meine Lieben, bin ich einmal fort;
Denkt euch, dass meine Seele lebt in höheren Regionen
Und auf die Erde oft zurückkommt von dort oben, wo die Engel wohnen;
Noch dein – du mein; in Liebe noch vereint
Bis Gott auch euch ruft, ihr meine Lieben – dahin, wo niemand weint.

<div style="text-align:right">M. R. H.</div>

21

Das Leben geht weiter

1958 verlor meine Mutter traurigerweise ihren Kampf gegen den Krebs, und damit endeten die legendären Jahre des SNC.

Im selben Jahr wurde ich, nachdem ich zuvor einige Jahre als Vertreter für die Nördlichen Gaswerke gearbeitet hatte, zum Gebietsrepräsentanten/Technik einer Maschinenbaufirma in Slough ernannt, der Ronald Trist Ltd. 1959 wurde ich zum Nationalen Servicemanager befördert, was einen Umzug in die Nähe von Slough bedeutete, und wir fanden ein Haus in dem reizenden Dorf Eton Wick – von Windsor gesehen auf der anderen Seite der Themse. Wer sechs Kinder hat, entschließt sich nicht leicht zu so einem großen Umzug, aber es schien uns für die ganze Familie von Vorteil. Für Colin und Mavis stellte sich das ganz konkret heraus, denn sie lernten dort ihre künftigen Ehepartner kennen. Leider machten nach vier Jahren einige größere Personalrochaden in der Firma meine Lage unhaltbar, und nach wohlwollenden Diskussionen mit meinem Verkaufsdirektor entschlossen wir uns zum nächsten Umzug.

Dieses Mal wollten Doris und ich selber etwas auf die Beine stellen und kauften ein großes Besitztum direkt am Meer in Perranporth in Cornwall, wo ein früherer Armeekollege die Eisenwarenhandlung betrieb. Wir verbrachten den Winter 1963/64 damit, die Inneneinrichtung völlig umzubauen: Wir wollten ein Restaurant mit 40 Plätzen haben, nannten es dann The Cornish Venture (Das Cornwall-Wagnis) und eröffneten es im April 1964. Im Winter darauf besuchte ich das College in Redruth, um einen Catering-Kurs zu belegen – und erhielt zu meiner

Freude sogar ein Diplom mit Auszeichnung als bester Student des Vereinigten Königreichs.

Einer der Höhepunkte in unserem Restaurant, das recht großen Erfolg hatte, war ein Tag im Juli 1965, als Mollie und Jack Warner (Künstlername des Schauspielers: *Dixon von Dock Green*) in mittelbarer Folge eines 13 Jahre zuvor gewonnenen Wettbewerbs einer Zeitung in Middlesbrough bei uns ein Abendessen genossen.

Jack und Mollie Warner mit Doris und Tom (mit der weißen Kleidung des Chefs) außerhalb ihres Restaurants, Das Cornwall-Wagnis, Juli 1965

Wir diskutierten viel über parapsychologische Fragen, während wir immer zwischendurch Gäste bedienten. Jack war ein enger Freund von Michael Bentine, und beide interessierten sich sehr für unsere früheren Phänomene. Mollie war offensichtlich ein sehr gutes Medium, und Jack sagte uns, er nehme keine Rolle in Film oder Fernsehen an, ohne „Mollies kleinen Mann" konsultiert zu haben – wohl ihren Geistführer.

Es war eine große Freude, ein derart natürliches und freundliches Paar kennengelernt zu haben, und jedes Jahr bekamen wir von ihnen Weihnachtskarten, bis zu seinem Tod. Er machte eine ältere Dame überglücklich, indem er ihre Speisekarte signierte und sie küsste. Sie war beim Verlassen des Restaurant an seinen Tisch gegangen und hatte zögernd gefragt: „Sie sind Dixon, stimmt's? Ich sehe jede Ihrer Shows." Als sie dann mit ihrer Tochter wegging, sagte sie triumphierend: „Ich wusste es doch, er war es!"

Wir hätten das Restaurant womöglich viele Jahre betrieben, wäre meine Aufmerksamkeit nicht auf eine Anzeige in den „*Psychic News*" gelenkt worden, mit der ein Manager für das bald zu eröffnende „Arthur-Findlay-College für Parapsychologische Wissenschaft" (Arthur Findlay College for Psychic Science) in der Stansted Hall gesucht wurde. Arthur Findlay hatte die Villa in seinem Testament der Nationalen Spiritualisten-Union vermacht. Eine Lehranstalt für Parapsychologie – was für eine großartige Idee! So etwas hatten wir seit vielen Jahren vermisst. Nach einem langen Gespräch wurde mir die Stelle angeboten, und im Oktober 1966, also nach der Sommersaison in Perranporth, verkauften wir unser Anwesen an zwei Freunde. Dann zogen wir mit drei unserer Kinder nach Stansted Hall, damit ich dort meine Arbeit als Gründungsdirektor des College aufnehmen konnte. Ich dachte, dass eine solche Schlüsselposition in einem College, das hunderten Menschen bei der Förderung ihres spirituellen Bewusstseins helfen würde, auf viele Jahre hinaus befriedigend und erfüllend sein würde.

Es folgten zwei sehr mühevolle, oft entmutigende Jahre, in denen wir die Basis für eine erfolgreiche Lehranstalt legten. Wir hatten es mit einer Menge von freundlichen Leuten zu tun, unter denen Persönlichkeiten waren wie Bertha Harris, Ena Twigg, Harry Edwards sowie exzellente Redner und Medien. Unglücklicherweise kam etwas dazwischen, was ungeübtem Verwaltungspersonal oft widerfährt: eine „politische" Intrige mit schwerwiegenden Folgen für das Management. Ich erklärte mich nach einem Jahr bereit, auch meiner Familie zuliebe, meinen Posten zur Verfügung zu stellen. Auf Geheiß von Berthas hauptsächlichem Führer, der sie in der Trance kontrollierte, wurde ich gebeten, noch ein Jahr anzuhängen, um zu sehen, ob die Geisthelfer die Probleme beseitigen könnten.

Bei ihrem Besuch ein Jahr später hatte sich die Lage jedoch noch nicht geglättet, und ihre „Geistkontrolle" dankte mir dafür, dass ich meinen Teil der Abmachung gehalten hatte, sagte mir aber, ich sei in meiner Entscheidung nun frei. Es war traurig, aber ich musste kündigen, und wir zogen 1968 nach Eton Wick zurück, natürlich schrecklich enttäuscht, aber um so glücklicher, all den Misshelligkeiten am College entronnen zu sein. Ich erfuhr später, dass die Situation noch sehr lange so angespannt blieb.

Ein bedeutsames Ergebnis unseres Aufenthalt in Stansted war, dass ich auf Geheiß – schon wieder; der bessere Ausdruck ist indessen „auf Befehl" – von Fanny Higginson, Gordons mediumistischer Mutter, mit meinen bebilderten Vorträgen über die physikalischen Phänomene beim Saturday Night Club begann, was mich in zahlreiche Kirchen und Veranstaltungszentren im ganzen Land führte. So war das gekommen: Im November 1966, noch vor der offiziellen Einweihung des College, unterhielten wir uns in der Lounge mit ein paar Gästen. Unter ihnen war das außergewöhnliche Medium Gordon Higginson, das einige Jahre später Prinzipal des College wurde sowie seine Mutter Fanny, ebenfalls ein herausragendes Medium, die Gordons Gabe in der Longton Church in den Potteries gefördert hatte. Gordon und ich waren gleich alt, 48 Jahre, und Fanny war wohl Ende sechzig.

Wir plauderten über nichts Spezielles, aber es ging um die Zukunft des College, das bis zum Ende des Jahres seine ersten Studenten aufnehmen sollte. Plötzlich drehte sich Fanny, die neben mir saß, um und sagte: „Es riecht hier stark nach Fisch und Chips. Kannst du etwas damit anfangen, Tom?" „Ja", sagte ich, „das verstehe ich." Dann deutete sie mit der Hand in die Luft, oberhalb von Doris und meinte: „Da ist ein schöner Torbogen mit den Buchstaben M.I.N. obendrauf."

„Ja", sagte ich wieder, „meine Mutter hieß Minnie, man hat sie oft Min genannt, und sie hatte einen Fisch-und-Chips-Laden, bevor sie uns vor acht Jahren verließ."

Das war ein sehr guter Beweis dafür, dass meine Mutter mit uns im College war, und ich erzählte Fanny von unserem wundervollen privaten Zirkel in Middlesbrough. Ich berichtete von der unglaublichen physikalischen

Medialität meiner Mutter, die uns erlaubt hätte, so viele verschiedene physikalische Phänomene zu erleben – Apporte, Geisterlichter, Geisterschrift, Telekinese, Geisterstimmen durch die Trompete mit dem Höhepunkt der lebensgroßen Geistermaterialisationen mittels Ektoplasma.

Als sie die Fotografien aus dem Zirkel sah, kannte ihre Begeisterung keine Grenzen. Die kleine Fanny wies mich mit matriarchalischem Gehabe, wie es Gordon ohne Zweifel nur zu gut kannte, an, zu einem Fotografen zu gehen und von den Bildern Diapositive herstellen zu lassen. „Dann", sagte sie, „reist du herum und hältst Vorträge über deine wunderbaren Erlebnisse. Du kannst das nicht für dich behalten, das muss man jedem erzählen, der es hören will." Und wenn Fanny mit ihren 1,55 Metern kommandierte, musste man wohl oder übel gehorchen!

Stansted Hall mit Park, 1996

Am folgenden Morgen musste ich ohnehin geschäftlich nach Bishop's Stortford, und so nutzte ich die Gelegenheit, um das Fotogeschäft des jungen Mr Harris aufzusuchen. Ich fragte ihn, ob er aus 20 Jahre alten Fotodrucken Diapositive herstellen könne. Er müsse sie zuerst untersuchen, meinte er. Also reichte ich ihm etwas bang die Schwarzweiß-Fotos von den Materialisationen (die hier im Buch abgedruckt sind) und fragte mich, wie er reagieren würde. Er überraschte mich, denn alles, was er sagte, war: „Ah, Materialisationen mit Ektoplasma. Sind Sie von der Spukhalle?"

„Ja", antwortete ich erleichtert. „Ich bin der Direktor des Arthur Findlay College in Stansted Hall (das aus offensichtlichen Gründen im Volksmund den Namen „Spukhalle" bekommen hatte). Aber wieso kennen Sie sich da aus?" – „Ach, meine Großmutter war ein Medium, und ich habe mich für solche Sachen immer interessiert." Damit war eine freundschaftliche Beziehung hergestellt, und er machte mir zwei Serien mit hervorragenden Dias, die noch heute, 40 Jahre später, in Gebrauch sind. Sie begleiteten mich zu mehr als 150 Vorträgen auf den Britischen Inseln, in Portugal und Spanien, und die Zahl der Zuhörer lag zwischen 10 und 120. Fanny organisierte meine ersten Vorträge in Leicester, und dank ihres „Befehls" konnte ich meine Erlebnisse mit den Phänomenen durch meine Mutter tausenden Menschen mitteilen.

Wir gingen also zurück nach Eton Wick. Meine alte Firma in Slough hatte mitbekommen, dass ich wieder in der Gegend war und bot mir die Stelle des Bürodirektors Export an. Das übte ich mit Freude 18 Monate lang aus, dann wurde ich gefragt, ob ich Bürodirektor Buchhaltung werden wollte, was mir in jenen noch computerlosen Tagen auch gefiel. Mein Training am und meine Zugehörigkeit zum British Institute of Management erwies sich als höchst nützlich, vor allem, wenn dringende Probleme zu lösen waren.

Sobald das Buchhaltungswesen der Firma computerisiert wurde, kam ein Experte zum Zug, und ich arbeitete als freiberuflicher Buchrevisor weiter. Diesem angenehmen Weg folgte ich bis 1988, als ich allmählich in die Pensionierung hinüberwechselte. Die freiberufliche Arbeit für kleinere Firmen gestattete mir auch, mehr Zeit mit Doris zu verbringen. Wir reisten viel in Europa umher, weil einige Familienmitglieder bei British Airways tätig waren. Doris bekam Krebs und starb 1976, erst 59 Jahre alt – ein schmerzlicher Verlust für die ganze Familie nach 36 glücklichen Ehejahren.

Damals gefiel es mir immer noch, mit meinem Diavortrag durchs Land zu reisen. Nach meiner Darbietung wurde ich oft gefragt, ob ich ein Buch geschrieben hätte, das die Zuhörer mit nach Hause nehmen könnten. Ich versprach es (und mir selber auch) immer wieder, aber leider machten die Routine und der Kleinkram des Alltags die Vorsätze zunichte, und so vergingen 20 Jahre, bis ich mich ans Werk machte. Als meinen guten Vorsatz für das Neue Jahr 1988 schrieb ich am 1. Januar die erste Seite. Im August würde ich in der Gegenwart angekommen sein, in meinem 70. Jahr, der üblichen Lebensspanne; aber ziemlich schnell holte ich mein gelebtes Leben erzählerisch ein oder es mich, so dass ein Freund meinte: „Gleich bist du in der Nachspielzeit."

Ich schreibe nach einem Vortrag über die Medienschaft meiner Mutter Widmungen in Bücher (1998)

Es dauerte mehr als ein Jahr, das Buch fertigzustellen, das ein paar der bemerkenswertesten Ereignisse unseres privaten Zirkels erzählte und vier Bilder zu bieten hatte. Meine jüngste Tochter Wendy, die Computerunterricht gab, sah mich eines Tages, wie ich zur Mittagszeit meine Schreibmaschine bearbeitete und Fehler mit Tippex löschte. Sie schlug mir vor, ihren „Word Processor" zu benutzen. Schon das Wort klang schrecklich. Aber schließlich ließ ich mich überreden und ging fortan täglich viele Monate lang zu ihr, um mehr als 20 kurze Kapitel über unsere Erfahrungen mit dem Saturday Night Club zu schreiben.

Das vollendete Buch V*isits by Our Friends from the Other Side* (Besuche von unseren Freunden von der anderen Seite) druckte ein Freund für mich im April 1989, genau in der Woche, in der ich als Ex-Gründungsdirektor des Arthur Findlay College eingeladen war, bei den Feiern zum 25-jährigen Bestehen drei Vorträge zu halten. Ich war erfreut, in dieser Woche 100 Exemplare verkauft zu haben, was meiner Stiftung für Krebskranke, an die die Erlöse gingen, zu einem erfolgversprechenden Start verhalf.

Etwa fünf Jahre nach der Veröffentlichung des Buchs und viele Vorträge später sagte mir meine mittlere Tochter Joyce: „Du kannst doch nicht immerzu durchs Land fahren und Vorträge halten." – „Warum nicht?" – „Du bist schließlich nicht mehr der Jüngste (ich war ein junggebliebener 75-Jähriger!); dreh doch besser ein Video." Ein Video drehen, was für eine verrückte Idee! Wie fängt man das an? Wen fragt man da? Wieviel kostet das? Ja, eine hervorragende Idee, Joyce, aber unrealisierbar – dachten wir.

Im Juni 1993 wurde ich von dem Soziologen und Autor Joe Cooper gebeten, in seiner Tagesschule in Wakefield zu referieren. Ich übernachtete zusammen mit einem freundlichen Paar, Antony und Patricia Hamblin, am Stadtrand von Wakefield. Tony besaß einen Doktortitel in organischer Chemie und hatte bis zu seiner Pensionierung im Polytechnikum von Leeds gearbeitet (heute Leeds Metropolitan University), während Pat in der Gegend von Wakefield in der Erwachsenenbildung organisatorisch tätig war. Wir verstanden uns gut, und sie kamen dann auch zu meinem Vortrag über die physikalischen Phänomene, was ihnen neu war. Am Morgen danach tranken wir im Garten Kaffee, als Pat erwähnte, sie drehe im Rahmen ihrer Arbeit Trainingsvideos für das College von Wakefield; und der Rest, ja, ist Geschichte. Die verrückte Idee war plötzlich gar nicht mehr so verrückt. Mit Pats Erfahrung und Tonys exzellenter Arbeit hinter der Kamera war der Großteil der Arbeit in 12 Monaten getan. Sie filmten und nahmen fünf meiner

Vorträge an fünf verschiedenen Orten des Vereinigten Königreichs auf und interviewten Sydney und Gladys Shipman in der Robin Hood's Bay.

Nach meinem Vortrag in Middlesbrough waren die Schwestern Gwen Schlegel und Cora Walker an der Reihe, die beide 40 Jahre zuvor Gäste in unserem Zirkel gewesen waren und uns versicherten, es hätte ihr Leben verändert. Weitere Interviews mit mir als dem „Verbindungsmann" bedeuteten ein paar hektische Monate für Pat und Tony, die sich jedoch nie beklagten und im Gegenteil angaben, sie hätten es rundum genossen. Ich kann ihnen nicht genug danken für die herrliche Arbeit, die sie gemacht haben.

Das 60-Minuten-Video – *Visitors from the 'Other Side'* – machte noch eine Phase ausgezeichneter Nachbearbeitung bei Howard Garton in Kirkella bei Hull durch, bevor es im Oktober 1995 in den Verkauf kam und Joyces unmöglicher Traum wahr geworden war. Howard half uns auch, 200 professionelle Kopien unserer Weihnachtsparty-Sitzung vom Januar 1954 herzustellen, womit wir technisch auf dem neuesten Stand waren. Auszüge des Weihnachts-Bandes liefen im halbstündigen Programm von Chris Eldon Lee, einem Radioproduzenten. Es hieß *Weihnachtsgeister* und lief an Heiligabend 2003 bei Radio 4 der BBC.

Mittlerweile habe ich mehr als 5000 Exemplare von dem kleinen Buch verkauft, obendrein 1000 Videos, und damit kam viel Geld für die Krebskranken zusammen. Alle Erlöse aus den Verkäufen sind immer in meine persönliche Stiftung Krebshilfe gegangen, die zu meiner großen Genugtuung vielen Leidenden etwas konkrete Hilfe geben konnte – etwa 100 Pfund an einen Einzelnen oder Geld für Unterstützungsgruppen –, was im kleinen Rahmen die Qualität und Würde ihrer schwierigen Existenz verbesserte. Neben der florierenden Stiftung erfuhren hunderte Leute, die nicht an meinen Vorträgen teilnehmen konnten, die Wahrheit, und das dank der großen Hilfe, die uns von unseren Geisterfreunden zuteil wurden. Sie geben uns die Kraft, weiterzumachen.

Nach der Reise nach Wakefield besuchte ich ein neues Spirituelles Zentrum bei Howden in Ost-Yorkshire, wo ich Ann kennenlernte, die mir fortan unermüdlich liebend zur Seite stand, wenn wir das Vereinigte Königreich durchquerten und besonders jetzt, in meinen Jahren als Senior. Wir heirateten 1998 und begrüßten das neue Jahrtausend, indem wir im Januar 2000 nach Spanien zogen. Hier genießen wir nicht nur die Sonne, sondern führen mit unserer spirituellen Entwicklung im Kreise von Freunden fort, halten gelegentlich noch einen Vortrag und wandten viel Zeit auf, dieses Buch zu planen und zu schreiben. Ich bin sicher, es hat sich gelohnt.

Vier Generationen meiner Familie bei der Party zu meinem 85. Geburtstag im Jahr 2003

Ich weiß, was es für ein Privileg war, derart wundervolle Erfahrungen gemacht zu haben, und will alles tun, um der Welt die Wahrheit über das Leben nach dem Tod zu verkünden.

Wie Sir William Crookes, der renommierte Wissenschaftler, sagte, nachdem er viele Jahre Medien auf den Prüfstand gestellt hatte:

„*Ich sage nicht, dass diese Dinge möglich sind – ich sage, dass sie passiert sind.*"

Und so war es bei uns – immer und immer wieder –, und ich hatte das Glück, dazuzugehören.

22

Grüße von Susan

Unser ältester Sohn wurde 1942 geboren und heiratete seine erste Frau Margaret im Oktober 1965 in einer reizenden alten Pfarrkirche im Dorf Eton Wick, in der Nähe des Eton-College bei Windsor. Nachdem sie einige Jahre auf ein Kind gehofft hatten, wurden sie im Februar 1971 mit der Geburt von Susan gesegnet. Natürlich waren sie freudig erregt und eine überglückliche und hingebungsvolle Familie – bis es im Dezember 1973 zu einer Tragödie kam. Margaret, seinerzeit eine junge Frau von 38 Jahren, musste sich im Windsor-Krankenhaus einer kleineren Operation unterziehen. Wenige Tage vor Weihnachten hätte sie entlassen werden sollen, doch 12 Stunden bevor Colin sie mit nach Hause nehmen konnte, verschlechterte sich ihr Zustand, und sie starb in den frühen Stunden des 22. Dezember. Es war ein Trauma für uns alle, aber besonders für Colin, der nun mit seiner knapp dreijährigen Tochter alleine zurückblieb.

Doris und ich überredeten Colin, ein paar Monate bei uns zu leben, damit Oma Doris, die nicht nur eingetragene Krankenschwester und Hebamme war, sondern auch sechs Kinder großgezogen hatte, sich um Susan kümmern und Colin seinen schweren Verlust verarbeiten konnte. Zum Glück war er immer eine abgeklärter und realistischer Charakter gewesen; er war ein Mann, der so eine Krise zu überstehen in der Lage war. Da er in einer spiritualistischen Familie aufgewachsen war, wusste er, dass Margaret in der Geistigen Welt weiterlebte und sich dort irgendwann weiter für das Wohl ihrer Tochter einsetzen würde, die immer ihr Augapfel gewesen war.

Obwohl die Familie, in der Colin das älteste der sechs Kinder war, und viele Freunde es an ihrer Unterstützung nicht fehlen ließen, war er sich doch schmerzlich bewusst, dass Susan unter dem Verlust der Mutter sehr zu leiden haben würde, vor allem wenn sie mit anderen Kindern in Begleitung deren Mütter zusammen wäre. Doch das Glück lächelte ihm wieder zu, als er nach einem Jahr einer neuen Margaret vorgestellt wurde, die wenige Jahre zuvor ihren Ehemann durch einem Herzinfarkt verloren hatte und zwei kleine Töchter von fünf und sieben Jahren hatte. Die Freundschaft vertiefte sich, und wir freuten uns, als sie im März 1975 heirateten und eine wirklich traumhafte Familie wurden. Susan hatte nun eine Mutti und Julie und Lorraine einen Vati. Wieder einmal alle glücklich.

Im November 1980 eröffnete sich für Colin, der als Ingenieur bei British Airways im Heathrow-Flughafen arbeitete, die Möglichkeit, nach Südafrika auszuwandern, wo Margaret eine Schwester hatte, Barbara, die in Durban verheiratet war. Colins neuer Arbeitgeber, eine Luftfahrt-Ingenieurfirma bei Johannesburg, kümmerte sich um ihre vorübergehende Unterbringung. Die ersten 12 Monate vergingen mit der Suche nach einem Haus und dem Umzug nach Boksburg bei Johannesburg und mit der schrittweisen Eingewöhnung in eine andere Kultur, eingeschlossen die neuen Schulen für die drei Mädchen. Aus ihren Briefen und Telefonanrufen zu schließen, war es eine hektische, aber befriedigende und ausgefüllte Zeit.

Dann kam der Freitag, 4. Dezember 1981, nicht einmal 12 Monate nach ihrer Ankunft. Susan war 10 Jahre alt, musste am Morgen in eine Klinik, um ihre Mandeln entfernen zu lassen, was eine Routineoperation war: Entlassung am selben Abend geplant. Doch irgendetwas ging verdammt schief. Eine neue Tragödie.

Ich bekam um 8 Uhr morgens unserer Zeit einen Anruf von Colin. Er sagte mir, Susan sei vor einer Stunde unter der Narkose gestorben. Ein neuerlicher schwerer Schock: nach dem Verlust seiner Frau vor acht Jahren nun der Abschied von ihrem einzigen Kind. Colin aber erklärte, er habe zu Glück noch seine zweite Frau Margaret und ihre beiden Mädchen, während seine erste Frau Margaret nun ihre gemeinsame Tochter in der Geistigen Welt für sich hätte.

Susan im August 1981 in Südafrika mit ihrem kleinen Hund

Das war unter solch vernichtenden Umständen ein wahrhaft spiritueller Blick auf die Lage, der auch anderen, die einen Verlust zu tragen haben, eine große Hilfe sein könnte. Dazu muss ich noch ergänzen, dass Susan wohl auch Colins Mutter begegnen würde, meiner verstorbenen Frau, von allen liebevoll Nannie (Oma) Doris genannt. Sie war im April 1976 von uns gegangen.

Einige Wochen vergingen, bevor ich ein Flugzeug besteigen konnte, um sie zu sehen, doch immerhin blieben wir in engem telefonischen Kontakt. Nun füge ich eine Zusammenfassung an, ein von Colin verfasstes Tagebuch über die bemerkenswerten Ereignisse in ihrem Bungalow in Beyer's Park während der ersten 16 Tage seit Susans Tod. Colin, Margaret und die beiden Mädchen, damals Teenager, sind sehr bodenständige Charaktere und neigen nicht dazu, sich Geschichten auszudenken. Beide Mädchen bekleiden heute höhere Positionen in einer Bank und einer Computerfirma, und daher bin ich ziemlich sicher, dass sich alles so zutrug, wie es Colin berichtet, auch wenn es höchst seltsam anmuten mag.

Er rief mich jeden Tag an und gab mir seinen Bericht. Nach dem zweiten Anruf drängte ich ihn, sofort aufzuschreiben, was sich ereignet hatte, weil die Erinnerung sich oft als trügerisch erweist. Die Zusammenfassung stützt sich auf jene schriftlichen Notizen.

Sonntag, 6. Dezember 1981. Zwei Tage nach Susans Ableben. Abends bemerkten Colin und Margaret, die gemütlich in der Lounge saßen, hinter einem großen lasierten Topf auf dem Kamin einen halb gegessenen Pfirsich. Das beschäftigte sie natürlich, und sie vermuteten, er könne von einer Maus stammen, da sie in der Küche am Morgen Hinweise darauf gefunden hatten. Aber nirgends gab es Anzeichen für eine Maus oder weitere Hinterlassenschaften einer solchen im Bungalow, weder jetzt noch später. Ich sollte noch hinzufügen, dass das Wohnzimmer ein offener, über zehn Meter breiter Bereich ist, an den sich ein drei Meter breites Esszimmer anschließt. Die Tür zum Flur und den Schlafzimmern befindet aich an der Verbindung zwischen Eßzimmer und Lounge sowie gegenüber vom Kamin, etwa 5 Meter von ihm entfernt.

Montag, 7. Dezember. Margarets Schwester Barbara war aus Durban eingetroffen und blieb bis Montag, dem 21. Dann wollten alle zu einem zwei- bis dreiwöchigen Urlaub zu Barbaras Haus fahren, die zunächst ebenfalls Zeugin der ungewöhnlichen Vorkommnisse wurde.

Diese „Vorkommnisse" ereigneten sich in der Nacht, als alle schliefen, und das Ergebnis war vor aller Augen, als sie am nächsten Morgen das Wohnzimmer betraten. An diesem Morgen fanden sie einen halb gegessenen Pfirsich und einen ganzen Pfirsich auf dem Herd. Keiner war irgendwie angeschlagen; heruntergefallen waren sie also nicht. Wiederum waren alle verwundert, aber sie erinnerten sich, dass Susan alle Arten Früchte mochte und speziell Pfirsiche zu ihren Favoriten zählten. Natürlich befragte man die Mädchen, die aber ihren Eltern versicherten, dass sie nichts darüber wüssten.

Dienstag, 8. Dezember. Nichts Unübliches.

Mittwoch, 9. Dezember. Ein neuer halb gegessener Pfirsich auf dem Herd – und hier muss ich betonen, dass nach jeder Untersuchung das Beweisstück entfernt wurde.

Mittlerweile waren die Bewohner sehr neugierig geworden und fragten einander, ob niemand nachts auf gewesen sei und stellten sicher, dass es unter ihnen keinen Schlafwandler gab. Was es allerdings gab, waren zwei Wachhunde in einer abgeteilten Zone des Gartens, aber sie durften nie ins Haus. Nun wurden drei Pfirsiche absichtlich in die Schale auf dem Esstisch gelegt, und alle sagten, sie würden aufeinander warten und erst dann zusammen den Raum betreten.

Donnerstag, 10. Dezember. Beim Betreten des Raums fanden sie zwei der Pfirsiche angebissen auf dem Herd, doch von dem dritten fehlte jede Spur. Später fand ihn Margaret auf dem Boden unter einem der Freischwinger in der Lounge und etwa fünf Meter vom Tisch entfernt.

Freitag, 11. Dezember. Margaret hatte einige Kirschen gekauft und sie in die Fruchtschale auf dem Esstisch gelegt. Sie kaufte auch einen kleinen Weihnachtsbaum, nahm den Topf vom Herd weg und setzte den Baum an seine Stelle. Nichts passierte an diesem Tag und am nächsten.

Sonntag, 13. Dezember. Am Morgen fanden sie zwei ganze Kirschen und einen Kirschkern auf dem Herd neben dem Baum.

Montag, 14. Dezember. Der Baum war am Sonntag dekoriert worden, und am Morgen fanden sie zwei Mini-Spielsachen auf dem Herd, unbeschädigt. Sie waren ganz sicher, dass die Spielsachen nicht einfach vom Baum fallen hätten können, da sie gut befestigt waren; und wären sie gefallen, so wären sie zerbrochen.

Dienstag, 15. Dezember. Nichts Berichtenswertes.

Mittwoch, 16. Dezember. Nichts Berichtenswertes, jedoch vor dem Zubettgehen legten sie eine halbe frische Feige aus ihrem Garten auf den Esstisch.

Donnerstag, 17. Dezember. Am Morgen war die Feige verschwunden, und auf dem Tisch, auf dem sie gelegen hatte, waren ein paar Kratzer. Noch mehr Verwunderung – also füllten sie am Abend die Schale mit neun Pflaumen, vier

Orangen und einem Apfel, um etwas mit den Früchten abzuwechseln.

Freitag, 18. Dezember. Beim Betreten des Raums waren sie verblüfft, als sie sahen, dass die vier Orangen und der Apfel noch da, die neun Pflaumen aber allesamt verschwunden waren. Auch eine gründliche Suche förderte sie nicht mehr zutage, und sie tauchten nie mehr auf; auch nicht ihre Steine.

Colin schlug vor dem Zubettgehen vor, eine weitere Feige zu hinterlassen, und dieses Mal sagte er ausdrücklich „für Susan", und dann schnitt Margaret sie in zwei Hälften und legte sie auf die Platte des Esstischs.

Samstag, 19. Dezember. Dieses Mal war eine Hälfte der Feige fort, und die andere Hälfte lag auf dem Boden neben dem Tisch. Nun war ihre Aufregung kaum zu zügeln, besonders bei den beiden Mädchen, und so schälte Julie am Abend eine Orange, teilte sie in acht Teile und legte sie auf einen Teller auf dem Esstisch. Erneut sagten sie: „für Susan". Da sie immer noch an Mäuse dachten, legten sie etwas Mäuseköder aus, und eines der Mädchen sagte: „Sei vorsichtig, Susan, nicht davon essen, es könnte dich umbringen!" Natürlich mussten da alle lachen.

Sonntag, 20. Dezember. Am Morgen fanden sie fünf Segmente der Orange noch auf dem Teller, eines auf dem Tisch, eines auf dem Herd, und das achte blieb verschwunden.

Leider konnten sie ihre Beobachtungen nicht fortführen, da sie vereinbart hatten, mit Barbara am 21. abzureisen, worüber sie nach all der Aufregung fast ein wenig traurig waren. In Durban ereignete sich nichts Vergleichbares – aber als sie nach ihrer Rückkehr die Auffahrt hinaufgingen, waren sie sehr erstaunt und alarmiert, als sie wahrnahmen, dass das schmiedeeiserne Sicherheitstor hinter der Eingangstür aus Glas (Standard in Südafrika) weit offen stand! Sie waren sicher, dass sie es gut geschlossen hatten, als sie abfuhren. Da ging man immer auf Nummer Sicher.

Augenblicklich dachten sie an einen Einbruch und näherten sich dem Haus sehr vorsichtig. Zu ihrer Verwunderung und Erleichterung fehlte nichts. Nach langen Diskussionen kamen sie zu dem Schluss, dass dies Susans Willkommensgruß war. Sie hatten so viel Angst gehabt, dass sie Susan baten, so etwas nicht wieder zu tun, und damit endeten die ungewöhnlichen Vorkommnisse in Beyer's Park.

Die Skeptiker werden alle möglichen Erklärungsversuche ins Feld führen, die meist schwerer zu glauben sind als die einfache Wahrheit, an die Colin und seine Familie glauben – dass Susan und ihre Mutter Margaret sie wissen ließen, dass sie sehr wohl am Leben sind und Weihnachten mit ihnen feiern wollten.

Vielleicht kann ich noch anfügen, dass wir, die Großeltern, immer den Eindruck gehabt hatten, dass Susan in ihrem kurzen Leben eine „alte Seele" war, und wenn wir so still dasaßen, schien sie oft in einer anderen Welt zu sein – vielleicht in der, in der sie heute lebt.

Heute, 20 Jahre später, ist mir wieder etwas passiert, das mit Susan zu tun hat. Ann und ich gehörten zu einer kleinen spirituellen Gruppe in Spanien, von der ein Mitglied ein Trancemedium war. Bei unserem Treffen Anfang Dezember 2001, bevor wir abreisten, um Colin und Margaret in Südafrika zu besuchen, sprach ein junges Mädchen durch unsere Medium und bat uns, ein Weihnachtslied zu singen, was wir gerne taten.

Wir saßen in einem verdunkelten Raum, konnten also fast nichts von unserer Umgebung wahrnehmen, aber während unseres Singens spürte ich, wie etwas auf meinen linken Fuß fiel (wenn ich in einer Gruppe bin, ziehe ich immer meine Schuhe aus). Ich erwähnte das gegenüber dem Geistkommunikator, und er sagte nur, wenn wir Lieder sängen, bekämen wir Geld für Geschenke – also hätte sie mir etwas Geld mitgebracht! Als es auf meinen Fuß traf, fühlte es sich nicht wie eine Münze an, aber womöglich steckte sie in einem geisterhaften Schutzumschlag.

Der Kommunikator ergänzte, dass sie tatsächlich von dem kleinen Mädchen gebracht worden sei, das mit mir verbunden und in der Geistigen Welt aufgewachsen sei – Susan! Wundervoll! Als wir nach dem Treffen das Licht anschalteten, lag da eine kleine Silbermünze zwischen meinen Füßen auf dem Boden. Es stellte sich heraus, dass es eine 10-Sen-Münze aus Malaysia war mit dem Aufdruck 1981.

Das war nicht nur ein schöner Apport, aber denkt an die Fakten ...

Das Treffen fand am 4. Dezember statt – am Tag, als Susan gestorben war. Das Jahr auf der Münze war 1981 – das Jahr ihres Todes. Der Wert der Münze betrug 10 Sen – und Susan war 10 Jahre alt, als sie starb, geboren am 26. Februar 1971.

Wir haben keine Ahnung, woher die Münze kam, aber sie ruht unter unseren anderen Apporten und Erinnerungsstücken, als liebende Erinnerung an Susan.

~~~~~~

Lichter des Glücks

Mach dieses Jahr doch schöner, als das alte war.
Du hast dir Freundlichkeit ja vorgenommen sicherlich.
Denn es gibt Herzen, die sind kälter als der Januar,
Die brauchen jemanden genau wie dich.
Manche Herzen glühten einst vor Hoffnung hell wie Lichter,
leuchteten vor Lachen, glommen golden wie Gesang.
Du kannst ihnen Erinnerungen schenken wie ein Dichter,
wenn deine Liebe kommt mit ihrem Klang.
Schick die Gedanken durch die Dunkelheiten, sie sind wahr
Und reichen weiter, als man glauben kann,
Sie machen dieses Neue Jahr viel schöner, als das alte war,
drum zünd die Lichter unsres Glückes an.

M.R.H.

23

Weitere Besuche Unsichtbarer

Physikalische Phänomene in unserem Sinn können sich überall und jederzeit ereignen, wo und wenn die Bedingungen für sie günstig sind. Es ist wahrscheinlich, dass sie in eurem Haus oder in der näheren Umgebung passieren, ohne dass ihr es gerade bemerkt. Wie oft waren Gegenstände nicht mehr da, wo wir meinten, sie hingelegt zu haben, sondern in einem anderen Zimmer – wie Autoschlüssel, Füllhalter, Haarbürsten oder Brillen? Dabei waren es vielleicht nur freundliche Geisterkinder, die sich mit euch oder ihren Lieben einen Spaß erlaubt haben, um sie wissen zu lassen, dass sie in der Nähe sind; und wir dürfen versichert sein, dass uns, wenn die Atmosphäre einigermaßen gelassen ist, kein Leid geschehen wird. Natürlich existieren böswillige Geister, doch deren schlimme Taten sind dünn gesät, und die folgende Geschichte zeigt, dass die unsichtbaren Lieben um uns herum immer bereit sind, uns zu helfen.

1950 lebten Doris und ich mit unseren fünf Kindern, die zwischen drei und neun Jahren alt waren, in einem terrassierten Haus in der Oxford Road in Middlesbrough und hatten nicht viel Geld. Doris hatte es zur Meisterschaft darin gebracht, lange mit wenig auszukommen.

Sie faltete zum Beispiel jede einzelne der wenigen Pfundnoten in ihrer Geldbörse und wusste immer, wie viele sie hatte. Zu Hause ließ sie die Börse zuoberst auf einem Regal, das auf der Kommode thronte. Als ich eines Abends heimkam, war Doris etwas verstört, weil eine Pfundnote zu fehlen schien. Sie hatte alle Kinder gefragt, und alle hatten angegeben, nichts damit zu tun zu haben. In solchen Zeiten schleichen sich Zweifel in das Gemüt der Eltern, aber wir hatten keinen Grund, unseren Kindern nicht zu glauben und ließen folglich alles auf sich beruhen.

Natürlich ließ uns das nicht unberührt, hatten wir doch ein Sechstel unsres Wocheneinkommens eingebüßt; und erklären konnten wir es uns auch nicht. Doris rechnete immer wieder ihre Ausgaben nach, und immer wieder kam heraus, dass ein Pfund fehlte, was wir aber niemandem erzählten.

Dann kam der nächste Sonntagabend – mit einer höchst unerwarteten und erfreulichen Überraschung, die uns heute, nach den Erfahrungen im Zirkel, jedoch weniger wundersam vorkommt. Die Szene war etwas anders als bei unseren Sitzungen.

Mam und Dad besuchten uns meistens am Sonntag zum Tee, und dann blieben sie noch, um das wöchentliche Fernsehspiel anzuschauen. Es gab immer eine Pause zwischendurch (mit pflügenden Pferden oder spielenden Kätzchen auf dem Fernsehschirm), in der Doris den Tee zubereiten konnte. An diesem Sonntag verschwand Doris also in der Küche, während ich bei Mam saß, um mit ihr zu plaudern. Binnen 30 Sekunden jedoch, noch bevor ich den Mund auftun konnte, war sie in Trance und hatte die Augen geschlossen. Tante Agg sprach aus ihr zu uns. Die Schwestern standen in solch engem geistigen Austausch, dass es so einfach war.

Sie sagte mir, dass ihr unsere Sorgen wegen der fehlenden Ein-Pfund-Note sehr gut bewusst wären und versicherte mir, die Kinder hätten nichts damit zu tun. Ich rief Doris aus der Küche zurück, und dann ging Tante Agg daran, uns zu erklären, was geschehen war. Die große spirituelle Kraft, die im Haus herrschte, konnte von den Geistern leicht dazu benutzt werden, Dinge zu verschieben, wie wir oft genug feststellen konnten. Es waren meist harmlose Späße der Geisterkinder, die wir uns nie verbaten, stattdessen darüber lachten. Doch in diesem Fall lagen die Dinge anders.

Dieses Mal handelte es sich um einen kleinen Jungen, der erst kürzlich gestorben war, einiges auf dem Kerbholz hatte und sich auch nach seinem Tod auf der schiefen Bahn bewegte. Das ist ganz normal, und Poltergeister sind ein extremes Beispiel für die Unfähigkeit von Geistern, ihren Zustand zu begreifen: dass sie nunmehr keine irdische Wesen mehr sind, sondern geistige.

Er hatte die Banknote aus Doris' Börse mit der Absicht entwendet, sie zu behalten, indessen konnte er die Schutzaura unserer Geisthelfer nicht durchbrechen und musste das Geld dalassen. Tante Agg erzählte uns dann, er habe das Pfund unter den Kühlschrank in der Küche gelegt, wohl in der Meinung, das sei ein gutes Versteck, das man nicht finden würde.

Ich dankte Tante Agg von Herzen und sagte, ich würde mich sofort darum kümmern, während sie warten würde; ihr sei es wichtig gewesen, hier „reinen Tisch" zu machen, sagte sie.

Und tatsächlich, als ich mit einem Stab unter dem Kühlschrank scharrte, kam die Pfundnote heraus! (Eine Menge Staub war auch dabei.) Und sie war immer noch nach Doris-Art gefaltet. Tante Agg kicherte dann in ihrer unnachahmlichen Art, sagte „Cheerio", und Sekunden später kam Mam wieder aus ihrer Trance. Wir hatten noch Zeit für eine Tasse Tee, bis die 15-minütige Pause zu Ende war, und wir konnten Mam auch alles erzählen. Wir dürfen nicht vergessen, dass sie von der ganzen Geschichte nichts wusste, und nun war sie so glücklich wie wir über das gute Ende der Affäre. Unsere verstorbenen Lieben kümmern sich um uns, sind immer noch Teil der Familie und benehmen sich auch so, indem sie helfen, wenn immer es möglich ist. Aber sie mischen sich nicht ein oder regeln unser Leben für uns – das ist immer unsere eigene Verantwortung.

An einem anderen Sonntag war die Handlung des Fernsehspiels in Frankreich angesiedelt, und als wir zusahen, sagte meine Mutter immerzu, dass ihr dieser Ort bekannt vorkomme. „Kann nicht sein", sagten wir ihr, „du bist nie außerhalb von England gewesen!" Aber sie bestand darauf, dass es so war, und sie schilderte uns Einzelheiten.

Als die Pause eintrat und sich die Töpferscheibe drehte, ging Doris in die Küche, um den Teekessel aufzusetzen, und wir redeten eine Weile. Nach wenigen Sekunden schlossen sich die Augen meiner Mutter, und ein bekanntes Lächeln erschien auf ihren Lippen. „Hallo, Tante Agg", sagte ich.

„Ich schneie hier nur kurz herein, um euch zu sagen, warum eure ‚Min' meint, den Ort im Stück zu kennen", sagte sie.

„Seht ihr auch fern?" fragte ich ungläubig.

„Oh ja", erwiderte sie. „Wir tun es, wenn es interessant ist, und einer von Mins Geistführern, der mit ihr arbeitet, ist ein Arzt namens Jean Dupré, der in dem Dorf lebte. Jetzt ist er hier und schickt ihr Impressionen von seinem Heimatdorf." Eine einfache Erklärung, die auch zeigt, dass wir manchmal Winke mit dem Zaunpfahl aus der Geistigen Welt für eigene Einfälle halten.

Die Sache mit der Pfundnote ist außergewöhnlich, aber ich habe viele ähnliche Vorkommnisse erlebt. Eines ereignete sich am Neujahrstag 1998 in Südafrika. Ann und ich besuchten meinen ältesten Sohn Colin und dessen Frau Margaret. Wir verbrachten alle zusammen ein paar Tage Ferien in einem Hotel bei Sun City, das einer Ranch ähnlich sah. Es waren zwei Stunden Autofahrt von ihrer Wohnung. Wir wollten in der Game Park Lodge unser Frühstück einnehmen, bevor wir wilde Tiere anschauen würden, und da dies eine Abfahrt um sechs Uhr morgens bedeutete, wurden die Koffer am Abend zuvor gepackt.

Wir sahen an einem heißen Tag Zebras, Antilopen und viele andere Tiere. Wir kamen am Hotel an und wollten uns gleich in den Swimmingpool stürzen. Ich war fast bestürzt, als ich die schön gefalteten Shirts und Shorts hochhob und auf der grauen Tüte für die Schuhe darunter eine schimmernde 50-Cent-Münze von 1996 sah! Ich rief Ann und sagte ihr, sie solle den Fotoapparat mitnehmen. Sie fragte gleich, wozu ich die Münze hingelegt hätte, und ich verteidigte mich. Sofort wurde ein Erinnerungsfoto geschossen, und die Münze ist nun ein Erinnerungsstück.

Als wir packten, hatten wir kein Geld eingepackt, weder kam es aus den Shirts oder Shorts, und Ann hatte die Münze am Tag vorher auch nicht gesehen.

Woher die Münze kam, fanden wir nie heraus, aber wir akzeptierten es einfach als weiteres Zeichen, dass unsere Lieben bei uns waren. Ich nehme an, dass ich nicht zu sehr überrascht war, vor allem weil Susan uns ja oft und häufig nahe war, und der Urlaub wurde schön und erholsam.

Ich wünsche euch, dass ihr euch der Nähe eurer verstorbenen Lieben bewusst seid und sie genießt, besonders wenn ihr feiert oder, noch wichtiger, wenn ihr das Gefühl habt, Trost nötig zu haben.

~~~~~~

„Und immer bei uns, gleichwohl unsichtbar
Ist unsrer lieben Geister unsterbliches Licht.
Das unbegrenzte Universum lebt, und eins ist wahr:
Die Toten gibt es nicht."

24

Stewart Alexander

Es war das Jahr 1989, als ich den Brief eines Gentlemans mit dem Namen Stewart Alexander bekam, der in der Nähe von Hull lebte. Er hatte von meinem Tonband der Weihnachtsparty gehört und wollte gern eine Kopie haben, um sie seiner imponierenden, in vielen Jahren zusammengekommenen Bibliothek über paranormale Phänomene einzuverleiben. Ich erklärte Stewart, dass ich a) nur eine Kopie auf einem herkömmlichen Tonband für Spulengeräte hätte und diese noch nicht in eine Tonbandkassette umgewandelt habe werden können; und dass ich b) dazu die Erlaubnis der beiden überlebenden Mitgliedern des SNC einholen müsste, von Sydney und Gladys Shipman, die in Robin Hood's Bay bei Whitby lebten.

Stewart war so interessiert an dem Tonband, dass er mit seinem engen Freund und Zirkelführer Ray Lister einen Besuch bei den Shipmans vereinbarte, um ihre Genehmigung zu erhalten, die umgehend erteilt wurde. Sydney und Gladys waren von Stewarts und Rays Glaubwürdigkeit sehr beeindruckt, die seit Jahren in einem Zirkel für physikalische Phänomene saßen, dessen Resultate immer besser wurden. Es war also mir aufgegeben, die Spulentonbänder auf Kassette zu übertragen. Stewart bot zwar an, die Kosten dafür zu übernehmen, doch wir kamen überein, sie zu teilen, da ja auch wir etwas davon hätten.

Nach vielen Monaten des Herumfragens fand ich schließlich einen allein arbeitenden Unternehmer in Bracknell, der die nötige Ausrüstung für diese Art Transfer hatte. Heraus kam eine Kopie auf zwei Kassetten, die ich heute noch besitze. Ich erstellte sogleich eine zweite Kopie und ließ sie Stewart zukommen, wofür er äußerst dankbar war. Wir wurden gute Freunde und schrieben uns regelmäßig. Zum ersten Mal trafen wir uns im Januar 1991 beim Gründungstreffen der *Noah's Ark Society*, wo ich meinen Diavortrag über unsere Materialisationen hielt, der auf einem Treffen in Leicester und einige Monate danach in Wimbledon wiederholt wurde.

Meine Mutter weilte damals schon seit mehr als 30 Jahren in der Geistigen Welt, und ich vermisste immer noch unsere wöchentlichen Sitzungen, weshalb ihr euch meine Freude vorstellen könnt, als ich von Stewart eingeladen wurde, als bevorzugter Gast an seinem privaten Zirkel in Hull teilzunehmen. Sie sagten mir, dass sie Trompetenphänomene hätten und durch Stewart Kommunikation in Tieftrance, wogegen sich Materialisationen mit Ektoplasma, wie wir sie damals in unserem Home Circle gehabt hatten, noch nicht entwickelt hätten.

Damals lebte ich in Buckinghamshire bei High Wycombe und hatte also eine Rückfahrt von 560 Kilometern mit einer Übernachtung, für die freundlicherweise Ray Lister gesorgt hatte. Ich war mehr als gewillt und glücklich, diese Reise auf mich zu nehmen, würde sie mir doch Gelegenheit geben, in einem physikalischen Zirkel den Kontakt zu meinen Geistfreunden wieder aufzunehmen. Auf der Suche nach einem Beweis für das Leben nach dem Tod war ich gewiss nicht, ich hatte ja überreiche Beweise während der Jahre des Saturday Night Club bekommen. Zusätzlich zu meinem persönlichen Vergnügen und der Spannung, wieder einmal an einem derartigen Zirkel teilnehmen zu können, hoffte ich auch, einen konstruktiven Beitrag leisten zu können. Sunrise hatte mir immer gesagt, ich sei eine starke Quelle innerer Kraft.

Stewart war hocherfreut, als ich ihn um die Erlaubnis bat, unsere Trompete mitbringen zu können. Damit gesellte ich mich am 19. April 1993 den acht regulären Teilnehmern in einem besonders hergerichteten Raum im Haus von Ray und June Lister in Hull bei. Ich war aufgeregt, vor allem als unsere Trompete neben ihrer stand, beide klar durch leuchtende Flecke auf den Schalltrichtern gekennzeichnet. Die Sitzung, die eineinhalb Stunden dauerte, wurde in völliger Dunkelheit abgehalten, wie ich es aus den frühen Tagen unseres Saturday Night Club kannte, als wir nur Trompetenphänomene gehabt hatten. Ich verfüge über eine siebenseitige Abschrift der Tonbandaufnahme, die bei dieser Sitzung gemacht wurde, und zum ersten Mal nach 47 Jahren war ich in einem privaten Zirkel wieder Zeuge der fliegenden Trompeten. Die Teilnehmer und die Geisterbesucher, die zu uns sprachen – darunter Stewarts Geistführer White Feather – hießen mich besonders freundlich willkommen; da war der „junge" Christopher, dessen Absicht es war und noch ist, alle zum Lachen zu bringen, um die Schwingungen zu verbessern, daneben der unentwegte, gestrenge und dennoch immer freundliche Walter Stinson sowie Freda Johnson, die später hinzukam und die alle zu sehr engen Geistfreunden wurden.

Es bietet sich nicht an, von allen Ereignissen des Abends zu berichten, aber einige sind es wert, wiedergegeben zu werden. White Feather eröffnete die Sitzung mit einem warmen Willkomm; es folgte ein in seiner unverwechselbaren Art plaudernder Christopher, wonach Walter sich kurz vorstellte und sagte, er werde später wiederkommen. Als nächstes war die sehr ruhige Stimme einer Dame zu hören, die dem renommierten und bekannten Medium Gladys Osborne Leonard gehörte. Diese entschuldigte sich dafür, so lange bis zur richtigen Kontrolle zu brauchen, weil so viel um sie herum geschehe, während sie spreche. Es war wirklich ein spannender Moment, solch eine bekannte Frau zu treffen, die sich dann sogar persönlich an mich wandte:

„Mr Harrison, wir haben eine Art Überraschung, die wir Ihnen, wenn wir dürfen, vielleicht später präsentieren werden. Wir wissen, dass Sie sich auf diesen Abend gefreut haben, und wir selbst haben uns auch auf Ihren Besuch gefreut. Hier sind ein oder zwei Leute, die es kaum erwarten können, mit Ihnen zu sprechen." Sie verbreitete sich über meine Vergangenheit und den hohen Wert meiner Vorträge im Land und gab ihrer Hoffnung Ausdruck, dass sie mich ein klein wenig dafür belohnen könnten. Ich war bestimmt nicht auf irgendeine Belohnung aus, sah aber neugierig der weiteren Entfaltung des Abends entgegen. Mrs Leonard schenkte dann Denise Lister einige Worte der Ermutigung, mit der sie sich eng verbunden fühlte und durch die sie hoffte, künftig arbeiten zu können.

Christopher kehrte zurück und sagte: „Da rennt hier ein Bursche mit einem Eimer Wasser dauernd auf und ab. Tom, das muss dir etwas bedeuten." Ich dachte nach, ob mir jemand bekannt sei, der Feuerwehrmann war, als Christopher ergänzte: „Er sagt, im Zirkel sei etwas, das ihm gehöre." Ich antwortete sofort: „Die Trompete." Sie hing derweilen mitten in der Luft. „Wer ist Running Water?" fragte Christopher. „Ist anscheinend lange nicht mehr hier gewesen." – „Stimmt", sagte ich, „er ist Tante Aggs wichtigster Geistführer, der diese Trompete in ihrem privaten Zirkel in den dreißiger Jahren benutzte."

Fantastische Beweise so früh in der Sitzung.

Da flitzte die Trompete durch den Raum, deutlich zu sehen durch die vier reflektierenden Flecken auf dem Schalltrichter. Sunrise, der hauptsächliche Geistführer meiner Mutter, deutete dann sein Zeichen an – einen Kreis im Uhrzeigersinn und gegen ihn, wie er es zu tun pflegte –, bevor die Trompete direkt vor mir zum Stillstand kam. Sie bewegte sich dann hoch und nieder, schob sich mir sanft in den Magen, rollte über meine beiden Hände und schließlich über meinen Kopf. Ihr werdet sicher gut verstehen, dass ich mich nun in höchster Aufregung befand und nur stammeln konnte: „Exzellent, brillant, wunderbar ..." Dann flogen beide Trompeten synchron sehr rasch durch den Raum – und weiter entfernt vom Medium als je zuvor –, und die erregten Kommentare der Teilnehmer passten dazu. Christopher meinte: „Das ist wegen Tom, der hat einige Kraft mitgebracht." – „Danke, Christopher."

Stewarts Trompete hing nun in Kopfhöhe in der anderen Ecke des Raums in der Luft, während die unsere sich in Kniehöhe befand und auf mich und Gaynor wies, Stewarts

Schwester, die rechts von mir saß, während ich links Stewart neben mir hatte. Gaynor und ich konnten aus unserer Trompete eine ruhige Stimme hören, die die meiner Mutter war und „Mein Junge" sagte und etwas, was wie „Sonny" klang. So hatte sich mich genannt, bis ich 10 Jahre alt gewesen war, und in späteren Jahren nannte sie mich „Sonner", was niemand sonst im Raum wissen konnte. Sie beendete ihren Einsatz mit einem lauten Kussgeräusch, typisch für meine Mutter. Was wir zu jener Zeit nicht wussten, war, dass dieselbe Botschaft durch die andere Trompete den anderen Teilnehmern in der entfernten Ecke des Raums präsentiert wurde: zum ersten Mal also Stereo-Sound in Stewarts Zirkel, was alle Teilnehmer sehr genossen! Christopher erläuterte stolz und atemlos: „Die Sprachbox war mit beiden verbunden ... haben wir zum ersten Mal gemacht ... aufregendes Ding ... Ich hab euch gesagt, wir versuchen etwas Neues."

Sunrise gab dann durch die Trompete seinen Willkommensgruß, und plötzlich fühlte ich mich zurückversetzt in die unvergleichlichen Sitzungen mit dem Saturday Night Club vor fast 50 Jahren! Die nächste Stimme, auch sehr gesammelt, überraschte mich dann völlig: „Ich tue mein Bestes ... kann nicht denken ... habe vorher gesprochen, nicht hier ... Tom, kleiner Tom, erkennst du mich nicht ... kannst du mich nicht hören („Ja.") ... Willie (Willie Earle?) ... Ja ... vor langer Zeit ... ich nicht verändert, nur älter ... Ich habe 40 Jahre auf das hier gewartet."

Eine weitere besondere Stimme aus der Vergangenheit, woüber ich schon in Sitzung 73 geschrieben habe.

Mittlerweile hatte sich Onkel Jack zu Wort gemeldet und mich mit der Trompete am Kopf berührt, und ich war wirklich in Hochstimmung und genoss diesen bemerkenswerten Abend außerordentlich. Die Stimmen kamen weiterhin durch beide Trompeten, und nachdem drei neue Geister sich geäußert hatten, sahen wir, wie im blassen roten Licht eine Hand aus Ektoplasma eine Fläche hielt, wozu Christopher sagte: „Wir wollten Tom eine Erinnerung mitgeben." Als ich erwiderte, der Abend habe nicht erinnerungswürdiger sein können, sagte er: „Sag Sydney und Gladys, dass wir sie lieben; sie sind nett, nicht wahr?" – „Ja, morgen sehe ich sie", gab ich zur Antwort.

Dann kehrten die Trompeten sozusagen zur Bodenstation zurück, und uns wurde eine lange Rede von einem Herrn namens Jack gehalten, der Stewart in seiner Trance von drüben oft steuerte. Er war mit Christopher gut bekannt, den er oft zum Fischen mitgenommen hatte. Jack sprach sehr deutlich, und nachdem er mich begrüßt hatte, stellte er fest, alle seien sehr zufrieden mit dem Verlauf des heutigen Abends. Meine zusätzliche Kraft hatte eine große Wirkung gehabt. Christopher erschien dann wieder, indem er Stewart kontrollierte und merkte an: „Die Kraft ist nun sehr schwach ... wir haben unser Bestes getan ... Tom, du kannst wiederkommen (Würde mir gefallen.) ... Ich hab dich jedenfalls eingeladen (Danke.) ... Ich glaube, es war reizend ... unsere Leute hier waren so froh darüber ... sie sagen, du hättest eine lange Zeit darauf warten müssen (Ja.) ... Deine Mam ist reizend, sie tat viel gute Arbeit, als sie auf eurer Seite war ... deswegen wollten wir sie auch belohnen ... kann jetzt nicht dranbleiben ... bye bye."

White Feather kam zurück, um uns zu segnen. „Ihr werdet alle von hier fortgehen und wissen, dass ihr auf dieser Seite geliebt werdet. Gute Nacht." Einer der anderen Teilnehmer sprach ein Abschlussgebet, und die Sitzung endete um 21.40 Uhr.

Die fröhlichen Bemerkungen von allen Teilnehmern hinterher waren nur ein Echo meiner eigenen Gefühle: Wir hatten ein wunderbares Zusammengehen der beiden Welten erlebt, was auch die Absicht des Saturday Night Club gewesen war, den ich seit dem Tod meiner Mutter im November 1958 so vermisste. Ich stattete Stewart und den anderen meinen aufrichtigen Dank ab und hoffte, ich würde noch einmal einen Besuch bei einem so ernsthaften und harmonischen privaten Zirkel machen können; und dazu kam es auch, acht Wochen später am 15. Juni, und wiederum erwartete mich ein wundervoller Abend.

Zu der Zeit lagen die Schauplätze meiner Vorträge hauptsächlich im nördlichen England und in Schottland, was bedeutete, dass ich alle vier oder fünf Wochen in der Nähe von Hull war. Ann und ich hatten dann das Glück, zu einer Teilnahme an Stewarts Zirkel für den Januar 1994 eingeladen zu werden – Anns Debüt in einem physikalischen Zirkel. Die Einladung wurde dann zu einer „offenen", zu einem Blankoscheck gewissermaßen und galt immer, wenn man zufällig in der Gegend war. Im ganzen Jahr 1994 und in der ersten Hälfte 1995 nahmen wir mindestens einmal im Monat teil. Nach August 1995, als Ann und ich nach Swanland bei der Humber Bridge gezogen waren, wurden wir reguläre Mitglieder dieses einmaligen privaten Zirkels in Hull. Wir genossen die wöchentlichen Sitzungen uneingeschränkt, bis wir mit einer „Ehrenmitgliedschaft auf Lebenszeit" im Januar 2000 nach Spanien zogen. Wir konnten also mit unseren Freunden die sehnsüchtig erwarteten Abende, echte Juwelen, im Zirkel verbringen, wenn wir gerade in der Gegend von Hull waren. Unser aufrichtiger Dank an Stewart und Ray dafür, dass sie dies alles möglich machten – zusammen mit unseren lieben Freunden in beiden Welten.

Stewarts privater Zirkel besteht seit 30 Jahren, hat nur wenige personelle Veränderungen erlebt, und die physikalischen Phänomene entwickeln sich allmählich, wie die zahl-reichen Zeugen bestätigen werden, die das Glück hatten, in den vergangenen zehn Jahren bei öffentlichen Demonstrationen dabeigewesen zu sein. Zu Beginn des Zirkels konzentrierte man sich auf Stewarts Bruder Michael als potenzielles Medium, aber dann wurde langsam klar, dass die Geisterwelt lieber mit und durch Stewart arbeiten wollte, dessen Repertoire nun enthält:

... lärmende Telekinese mit Trommelschlegeln und kleinen Glocken;

... rotierende Trompetenbewegungen und Geisterstimmen durch die Trompete;

... eine Palette von Experimenten, ausgeführt durch den stets aktiven und umsichtigen Walter Stinson, einem von Stewarts wichtigsten Geisthelfern, eingeschlossen ...

... die Penetration von Materie durch Materie, wozu die unzerstörbaren dünnen Plastikkabel gehören, die Stewarts Handgelenke an die Armlehnen ketten;

... wiederholter physischer Kontakt zwischen Walters Ektoplasma-Hand und der Hand eines Teilnehmers, alles sichtbar im roten Licht;

... die Tatsache, dass Geister ohne die Trompete sprechen, indem sie eine unabhängige Stimmbox benutzen, die für Stewart von den Geistwissenschaftlern gebaut wurden und, das Verblüffendste von allem:

... Geister in solider Form, deren Schritte hörbar sind, wenn sie durch den Raum schreiten, die Teilnehmer berühren und mit ihnen sprechen.

Walters erklärte Absicht ist es, diese Formen mit ihren eigenen Geisterlichtern zu beleuchten, damit man das rote Licht nicht mehr bräuchte, das wir in unserem Zirkel in Middlesbrough verwendeten. Wir dürfen nicht vergessen, dass physikalisches Licht jeglicher Farbtönung die Phänomene stets beeinträchtigen wird, auch wenn die Geisthelfer die Erlaubnis dazu gegeben haben. In der frühen Phase der totalen Verdunkelung gab es Zeiten, als Stewart, der bekanntlich gebunden und an seinen Stuhl gekettet ist, unerwartet aus der Trance kam und die Trompeten sah, die über ihm durch die Luft flogen und Geisterstimmen durch die Trompete und die unabhängige Stimmbox hören konnte – exakt wie damals das bekannte Direktstimmenmedium Leslie Flint. Auch dies deutet auf eine rasche Fortentwicklung von Stewarts Medialität hin. Als dies im Zirkel zum ersten Mal geschah, war Stewart ganz außer sich und rief aus „Was fliegt da für ein Licht oben herum?", worauf die Teilnehmer herzlich lachten und ihm zu erklären suchten, dass es sich „nur" um das Rotieren der Trompete handle, was sie jede Woche miterlebten, für die Hauptperson

Stewart jedoch völlig neu war. Wir hatten unseren Spaß, er war aber bald wieder in die Trance geglitten, und die Sitzung konnte weitergehen.

Ihr werdet einsehen, dass ich hier nicht Stewarts Biografie und seinen Weg zum Medium nachzeichnen kann; dafür ist sein Bruder Michael kompetenter. Ich wollte nur darauf hinweisen, dass diese Art physikalische Medialität, die wir in den 1940-er Jahren erlebten, nicht vollkommen verschwunden ist, sondern aus persönlichen Gründen im Verborgenen, also in privaten Zirkeln weiter gepflegt wird. Stewarts öffentliche Demonstrationen begannen 1992, vor allen Dingen, um der neu gegründeten *Noah's Ark Society* zu helfen. Sie war 1990 auf Geheiß von Noah Zerdin aus der Geistigen Welt gegründet worden, um paranormale physikalische Phänomene zu erzeugen und private Zirkel zu unterstützen, die sich zu diesem Zweck trafen.

Stewarts großes historisches Wissen über dieses Thema, unterstützt durch seine große Bibliothek prädestinierte ihn für den Posten des Archivars, den er viele Jahre bekleidete, auch noch neben seiner späteren Präsidentschaft. Seine Vorträge bei den Seminaren waren immer interessant und informativ, doch seine Entwicklung als physikalisches Medium verlief streng im Geheimen – bis er Ende 1991 seine Dienste anbot. Colin Fry, der damals unter dem Namen „Lincoln" auftrat, gab bei Seminaren schon öffentliche Vorführungen, und als Stewart endlich seine Nervosität abgelegt hatte und vorgetreten war, ergötzte er die Mitglieder mit seiner exzellenten Medialität.

Und wie man sagt: Der Rest ist Geschichte. – Stewart hat eine Menge herausragender Demonstrationen im ganzen Vereinigten Königreich und in Übersee gegeben, und dennoch ist er ein stiller und bescheidener Mann geblieben, der seinem wöchentlichen Zirkel die Treue hält, in dem Walter Stinson und die Geistwissenschaftler ihre Experimente ausführen, die mitzuerleben Ann und ich das Vergnügen hatten.

Ein anderer wichtiger Aspekt privater Zirkel ist die Regelmäßigkeit der Sitzungen, ob nun alle Mitglieder dabei sein können oder nicht. Stewarts Zirkel besteht normalerweise aus acht Leuten, aber wegen Ferien, Arbeit oder Verpflichtungen können es bisweilen weniger sein wie am 30. Januar 1996, an dem meine Aufzeichnungen eine bemerkenswerte Sitzung mit nur drei Teilnehmern verzeichnen, die Denise, Ann und ich waren – neben Stewart selbstverständlich. Er wurde bald von Walter „kontrolliert", der durch ihn also sagte: „Es gibt bestimmte Experimente, die wir gerne ausprobieren würden (Ich: „Mit uns vieren bloß?") ... was uns an Zahlen fehlt, machen wir durch Harmonie wett ... Natürlich wäre es nett, einen vollbesetzten Zirkel zu sehen, aber wir verstehen das und danken euch paar Leuten für das Kommen, damit wir an diesem Abend unsere Entwicklungen weiter treiben können ... Wir hoffen, ihr werdet etwas nach Hause zu nehmen haben, das die anderen neidisch macht (viel Gelächter) ... keine Versprechungen, wir schauen mal."

Nach einigen weiteren Minuten verschwand Walter, und seinen Platz nahm schnell die sehr klare, kultivierte Stimme einer Dame ein, die erklärte, sie besuche alle unsere Treffen, aber bis heute habe sie lange und ganz geduldig sozusagen hinter den Kulissen gewartet, bis sie die Chance bekommen würde, zu uns zu sprechen. Sie erläuterte, dass der Inhalt ihrer Rede heute Abend viel weniger wichtig war als ihre aktuelle Redeweise, denn es handle sich um ihre Jung fernrede, und sie würde sich zu erkennen geben, wenn sie sich wohler fühle. Sie sprach weiterhin sehr deutlich, dankte uns für unser Willkommen und unser Zuhören in diesen wenigen Momenten. Das sollte die Vorstellung einer Dame sein, die bald zu einem wichtigen Mitglied des Geisterteams werden sollte und es bis heute ist – die freundliche Freda Johnson.

Schon eine Minute nachdem die Dame sich empfohlen hatte, sprach ein Herr – mit etwas Schwierigkeiten zu Beginn, doch bekam er das bald in den Griff und hielt einen intelligenten Diskurs. „Ich bin geneigt zu fragen: Wo seid ihr alle heute Abend?" Wir erklärten das mit Ferien und Arbeit, und seinen folgenden Kommentar hielt ich für wert, aufnotiert zu werden: „Alles, worum es geht, ist, dass ihr jede Woche zusammenkommt, dass ihr den Kontakt aufrecht erhaltet. Ich finde das selbst recht erstaunlich ... recht erstaunlich, dass ich in meiner von euch unterschiedenen Welt mich verständlich machen kann in eurer Welt ... und was noch überraschender ist: Dass ich euch auch reden hören kann. Zur Zeit passiert so viel ... mit Medialität ... mit dem Zirkel ... Wir sind ja, wie ihr sagt, in eurer Welt, stechen in See ... dehnen uns hinüber ... reichen hinüber ... und versuchen immer wieder, unseren Horizont zu erweitern. Und nur auf diese Weise können ... können wir erreichen, was wir uns erhoffen, irgendwann. Nichts wurde je gewonnen, indem man sich zufriedengab mit dem, was erreicht wurde ... Dinge können nur weiter entwickelt werden, indem man die ganze Zeit weiter drängt, kontinuierlich, jedoch immer im Rahmen der Sicherheit ... das versteht sich von selbst. Es gibt viele Seelen, die Sie heute Abend umringen, die hinter Ihnen stehen, Mr Harrison, und es ist nicht meine Aufgabe, Botschaften weiterzugeben, aber da ist eine Minnie bei Ihnen ... sie lässt nicht locker." (Ich: „Danke. Meine Mutter.")

Christopher folgte gleich darauf und beklagte sich, dass er es nicht geschafft habe, hereinzukommen, da so viele andere kommen hatten wollen. Er fragte mich, ob mir der Name Tom Tompkinson etwas sage (Ja, ein alter Freund von Sydney Shipman, der im Januar 1948 Gast unseres Zirkels gewesen war, und seine Mutter hatte sich materialisiert.) und wer Mrs Lumsden sei, und ob Doris (meine verstorbene Frau) sie kenne (ja, sie war Doris' Großmutter). Alle drei spürten wir dann, wie uns Geister von hinten berührten. Denis wurden auf den Arm geklopft, was wir laut hören konnten; ich fühlte, wie etwas sanft meinen Kopf berührte; Ann hörte, wie jemand hinter ihr ging und sie sanft anblies, gefolgt von jemandem, der leicht ihren Kopf berührte, dann zwei Hände auf ihre Schultern legte und sie fest nach unten drückte. Die Glocke, die auf den Fußboden gekickt worden war, hing plötzlich da und läutete vor uns und fiel dann auf die Knie von Denise, zusammen mit dem

Notizblock und dem Bleistift, die immer neben Stewart liegen. Mehr als einmal hörten wir, wie Stewarts Stuhl hochgehoben und lautstark wieder auf dem Boden abgesetzt wurde, und plötzlich merkte ich, wie mir die Seile, die neben Stewart gewesen waren, auf die Knie fielen.

Dann wollte Christopher einen Buchtest mit mir anstellen, der sehr aufschlussreich werden sollte. Er beschrieb kurz den Umschlag des Buchs, und ich sollte Seite 14 lesen, die eine Falte habe. Nach seiner Beschreibung fand ich das Buch rasch – ein altes Handbuch zur Erziehung im Lyceum, das ich als Junge oft zur Hand genommen hatte –, blätterte vor zu Seite 14, die in der Mitte eine Falte aufwies, und auf ihr fand ich nur neun Zeilen oben auf der Seite, die ich hier zitiere:

> *„Eine der auffallendsten Merkmale regelmäßig stattfindender privater Zirkel ist die strikte Pünktlichkeit der Geistergäste. Sie vergessen nie ihren Termin mit uns. Die Rückkehr der Geister ist dabei derart natürlich, dass es immer geschehen ist und immer geschehen wird, so lange Liebe und Freundschaft im Universum herrschen. Genau so lange werden jene, die die Brücke des Todes überquert haben hinein ins Leben des Geistes, sehnsüchtig beweisen wollen, dass Liebe und Freundschaft vom Geiste sind und nie sterben können."*

Ich spürte, dass diese Stelle genau das wiedergab, was uns vorher in der Sitzung gesagt worden war.

Als wir danach das Licht anmachten, sahen wir, dass unsere Schuhe kreuz und quer über den Raum verstreut standen und dass – noch wichtiger – auf dem Block auf Denises Knie stand: „Denise, Liebe, G. O. L." Es war eine Botschaft von Gladys Osborne Leonard, die sich bereithält, um mit Denise zu arbeiten, wenn die Zeit gekommen ist. Es war eine wunderbare Stunde, diese Sitzung mit ihren vier Teilnehmern statt der üblichen acht. An die, die einen eigenen privaten Zirkel haben: Haltet eure Sitzungen wie vereinbart ab, unabhängig von der Zahl der Teilnehmer. Ihr seid es den Geistern, die für euch arbeiten, schuldig.

Die Erwähnung des Buchtests erinnerte mich an das Transatlantische Experiment vom 1. November 1994, das, wie der Name sagte, auf beiden Seiten des Atlantiks und zur selben Stunde stattfand, ungeachtet der unterschiedlichen Zeitzonen. Vorgeschlagen hatte es Riley Heagerty, der in Oswego im amerikanischen Bundesstaat New York lebte. Riley schrieb an Stewart, um zu sehen, ob dessen Geistkontrolleure sich auf die Schwingungen in seinem Haus einstellen könnten, wenn sie von ihm eine Haarlocke und ein kleines Bildnis hätten, die Stewart geschickt worden waren. Ich hatte mit dem Experiment insofern zu tun, als es eine Woche vorher stattfinden hätte sollen. Der Termin musste aber verschoben werden, und so war ich nicht anwesend und hatte keinen Einfluss auf die Geschehnisse. Ein detaillierter Bericht findet sich bei Katie Halliwell, *Experiences of Trance and Physical Mediumship: Part 1* (Erfahrungen mit Trance und physikalischer Medialität, Teil 1), das gut geschrieben ist und Stewarts Zirkel behandelt, aber ich würde lieber ein Beweisstück erwähnen, das wir durch Christopher bekamen. In Rileys eigenen Worten, als er die Tonbandaufnahmen von der Sitzung in Hull gehört hatte:

„Gehen wir jetzt zu Christophers Beiträgen ... ‚eine große Bücherkiste, eine riesige Menge Bücher', das ist natürlich völlig korrekt. ‚Drittes Regal unten, vierzehntes Buch von links ... eher eine Broschüre ... neben der Broschüre ist ein Buch, und der Umschlag ist zerrissen'. Die Broschüre ist – wohlgemerkt, meine Freunde – *Visits by Our Friends from the Other Side* (Besuche von unseren Freunden der anderen Seite) über Minnie Harrison, geschrieben von Tom Harrison, und neben der Broschüre ist ein Buch mit zerrissenem Einband – *Weisheit der Götter (Wisdom of the Gods)* von Denis Bradley. Stewart erwähnte, dass Mr Harrison teilnehmender Gast sein könnte. Ich weiß nicht, ob er es war, aber ohnehin: Es war erstaunlich."

Das ist ein weiteres Beispiel dafür, wie nah unsere Geistfreunde uns kommen können, wenn wir sie mit Liebe und Harmonie konsultieren.

Katie Halliwell war bei Stewart seit 1999 recht regelmäßig zugegen, vor allem, um Aufnahmen in seinem Zirkel zu machen und Informationen für ihr Buch zu sammeln, das den oben erwähnten Titel erhielt und erstmals im Oktober 2003 veröffentlicht wurde. Im Juni 2008 erschien eine überarbeitete Fassung. Die Autorin ist taub seit ihrer Geburt, aber weil sie einigermaßen normal redet, ahnt das fast niemand. Katie erhielt Sprechunterricht in der Odsal Schule für die Hörbehinderten in Bradford.

Lassen wir Katie das Wort: „Da Freda meine Hörbehinderung bekannt war, fragte sie damals, 1999 und 2000, immer die anderen Teilnehmer: ‚Hat mich Katie gehört?' Da ich in völliger Dunkelheit saß, konnte ich nicht meinen anderen Sinn ausspielen, der mir oft half, zurechtzukommen. Ich konnte keine Lippen lesen, keine Mimik studieren, sah keine Zeichen dafür, dass jemand gerade mit mir sprach, aber ich war nie isoliert. Die Geister und Zirkelmitglieder taten immer ihr Bestes, mir bei meiner Kommunikation mit der anderen Seite zu helfen.

Erst als ich Anns Transkript meiner Tonbänder las, erkannte ich, wie viele Wörter ich in diesen zwei Jahren nicht mitgekriegt hatte. Aber da die Geisthelfer für mich ‚spezielle Bedingungen' eingerichtet hatten, mussten Freda und Walter den Zirkel nicht andauernd fragen, ob ich sie gehört hätte. Obwohl ich manchmal langsam beim Antworten bin und immer noch meine Hörgeräte benötige, erhalte ich nun ohne Probleme verbale Mitteilungen aus der Geistigen Welt.

Wenn ich zu Hause den Tonbändern lausche, muss ich mich auf die Worte konzentrieren, während ich im Séancenraum diese Schwierigkeit nicht habe. Da gibt es ein Element von Klarheit, und da ich mich zudem nicht so sehr konzentrieren muss, kann ich mich an der Konversation beteiligen. Ich habe auch bemerkt, dass ich, wenn ich den Raum betrete, mich immer fühle, als trüge ich eine Art Hut.

Ich nehme ein leichtes Druckgefühl auf und um meinem Kopf herum wahr sowie um die Ohren, und ein starkes Kitzeln tritt auf.

Bei diesen speziellen Bedingungen musste der Zirkel nur ein einziges Mal einspringen und für mich übersetzen: Als John Sloan sich mit seinem breiten schottischen Akzent an mich wandte. Dabei handelte es sich aber nicht um ein akustisches Problem; ich konnte einfach nicht verstehen, was er meinte!" Katie war da nicht die einzige.

Bei der Sitzung vom 4. Mai 2000 drückte Walter vor Katie einen Wunsch aus: „Nichts würden wir in unserer Welt lieber tun als heilen, was krank und falsch ist, aber damit ist es nichts; es ist nicht möglich. Wir tun, was wir können, aber was du in einer Beziehung verloren hast, das hast du in einer anderen dazugewonnen. (K: „Ja, definitiv.") Du bist eine gute Seele. Vielleicht denkst du, dass du eine einsame Ruferin in der Wüste bist, aber lass dir gesagt sein, du wirst von meiner Welt geliebt. Deine Worte, ob gesprochen oder geschrieben, tragen ein solches Gewicht, dass sie die Gemüter und Herzen von mehr Menschen beeinflussen werden, als du es dir heute vorstellen kannst. Deine Liebe zu unserer Welt wird in dieser gewürdigt."

Am 9. April 2002 hörten wir dann eine unabhängige Geisterstimme frei in der Luft, die sagte, dass der Sprechmechanismus an diesem Abend gut eingerichtet und aufgebaut worden sei. „Wir sind uns deiner Hörbehinderung bewusst, Katie, und haben alles uns Mögliche getan, um Sprechröhren von deinem linken und rechten Ohr ausgehen zu lassen. Wir sind unsicher, wir lang wir sie aufrecht erhalten können, aber wir werden unser Bestes versuchen." Ähnliche Kommentare wurden am 27. August wiederum vom Sprecher der Unabhängigen Stimme abgegeben, der noch sagte: „Der erste Teil deiner Arbeit ist nun fast vollendet. Wir wissen, dass durch deine Anstrengungen, durch deine Liebe für meine Welt und deine Liebe für diese große und wundersame Wahrheit viele Menschen von deinen Worten bewegt werden und genauso von allem, was du getan hast, und das wird dir ein großer Trost sein."

Am 19. August 2003 saßen wir wieder mit ihnen. Walter Stinson machte eine Bemerkung Katie betreffend. Zitat: „Tom, Ann, – es könnte vielleicht wichtig sein, euch beiden etwas klarzumachen, das zwar offensichtlich ist, ihr aber womöglich nicht ausreichend schätzen könnt. Wir sagen das, weil dies in deiner Arbeit, Tom – deine Memoiren – verdientermaßen einen Platz bekommen sollte."

„Du weißt, dass unsere Freundin Katie anerkanntermaßen völlig taub ist. Wenn sie in dieses Zimmer kommt, wo unsere beiden Welten sich treffen und miteinander verschmelzen, dann ist es – wegen der Arbeit, die sie getan hat und weiter tun wird – ungeheuer wichtig und nötig, dass die Dame alles hören kann, was vorgeht. Aus diesem Grund haben die Wissenschaftler in meiner Welt, die mit diesem Zirkel verbunden sind, eine Methode ausgearbeitet, durch die, wenn sie im Raum wäre und das Licht gelöscht, sie nichts verpassen würde und hören könnte. Ist das nicht so, Katie? (K: „Es ist so, Walter.")

„Das beweist für sich selbst wieder einmal die Macht des Geistes. Verstehst du, Tom? („Tu ich.") Die Macht des Geistes – das sagen wir allen Leuten, die schlecht hören und dann, in diesem Raum und durch unsere Arrangements, alles hören und verstehen können. Wir wissen, dass es so viele in deiner Welt gibt, die unsere Arbeit nicht verstehen und immer Theorien vorschlagen werden, egal wie lächerlich sie auch sind und wie unangemessen für das, was sich hier abspielt. Aber das soll ihnen Tom erklären. Hm?"

Ann und ich hatten das Glück, eine Überfülle von echten physikalischen Phänomenen durch ein bescheidenes und freundliches Medium zu erleben und zu genießen, und ich lasse Ann einige ihrer einzigartigen Erlebnisse mit Ektoplasma wiedergeben, als voll materialisierte Geistwesen im Zirkelraum umherspazierten.

„Als ich das Tonband von Katie ins Reine schrieb, fiel mir Fredas Definition von Ektoplasma auf, und sie gefiel mir sehr. Sie beschrieb es so: ‚Das Leben selbst ist eine Trinität. Es gibt den physischen Körper, den spirituellen Körper, und dann gibt es das Bewusstsein [mind]. Innerhalb deines spirituellen Körpers befindet sich dein Bewusstsein. Das physische Gehirn gibt deinem Bewusstsein Ausdruck. Ihr müsst daher verstehen, dass es physische Materie und spirituelle Materie gibt. Zwischen ihnen herrscht eine Form dynamischer Energie, auf die wir uns oft mit dem Ausdruck ‚Ektoplasma' beziehen, denn es ist weder physisch noch spirituell. Es liegt zwischen den beiden Zuständen. Es ist gleichzeitig spirituell und physisch. Wenn wir versuchen, uns auf physische Weise zu manifestieren, müssen wir dafür dem Medium vitale Energie entnehmen, Ektoplasma. Es kann von Wissenschaftlern in meiner Welt so behandelt werden, dass seine molekulare Struktur wandelbar wird, dass sie erst wie Rauch scheint und dann fest bei Berührung. Ich vereinfache das ein wenig ... doch tatsächlich ist das sehr komplex, und daher reagiert Ektoplasma extrem empfindlich auf jede Art von Licht ..."

Diese Wandlung der Molekularstruktur wurde mir im August 1998 demonstriert, als ich wegen Gaynors Abwesenheit im Zirkel neben Stewart sitzen konnte. Wir hatten schon mehrere Geistbesucher gehabt. Dann kehrte Freda zurück und bat uns, das rote Licht unter den Tisch zu stellen, damit sie ausprobieren könnten, welche Helligkeit das Ektoplasma an diesem Abend aushalte. Als das Ektoplasma extrahiert wurde – durch Stewarts Nabel, sagte man uns –, hörten wir es zischen und knacken, und Michael scherzte, das Medium produziere anscheinend die verlangte Käsefolie, um die Erscheinungen zustande bringen zu können. Ich kommentierte, für mich klinge es nach knitterndem Zellophan, und Tom sagte uns, dieses Geräusch sei genau das, an das er sich erinnere aus der Zeit von vor 50 Jahren. An jedem Abend konnten wir das Licht heller stellen als je zuvor und die amorphe Form des Ektoplasmas als Silhouette gegen das Licht sehen. Es wurde dann in eine Art Greifer verwandelt, mit dem man eine Trompete oder andere Objekte aufnehmen konnte.

Freda sagte uns dann, wir sollten das Licht ausschalten, und dann wolle sie meine Hand, aber mit der Handfäche nach oben. Ich hielt meine rechte Hand in Richtung Stewart.

Mein Handgelenk wurde von starken Fingern gepackt, so dass ich es nicht aus seiner Lage bewegen konnte. Stewart war wie gewöhnlich mit Seilen an seinen Stuhl gekettet, die Arme mit starken Kabeln an den Stuhllehnen befestigt, womit es nicht seine Hand sein konnte, die an meinem Handgelenk war. Ich spürte, wie etwas sich über meine Finger bewegte. Es war wie eine kleine Plastiktüte, gefüllt mit Flüssigkeit. Die ‚Tüte' schob sich meine Finger hinauf und hinunter, und dann war sie plötzlich fort und mein Handgelenk frei. Ich legte meine Hand auf mein Knie.

Freda verlangte: ‚Nochmal, Ann.' Ich streckte die Hand aus, und wieder ergriffen Finger mein Handgelenk. Dieses Mal wurde ein Stück dünnes, jedoch grobes ‚Tuch' ausgebreitet und über meine Finger gezogen. Ich sagte den anderen: ‚Es liegt über meiner Hand. Es ist wie Tuch.' Sofort kam Fredas Antwort: ‚Wie Käsefolie.' Ja, so war es! Es fühlte sich ganz anders an als bei einer früheren Sitzung, als es wie Seidentuch gewesen war. So schnell es gekommen war, so schnell war es wieder fort. Freda sprach erneut: ‚Dann lasst uns anschauen, wie es, denke ich, in seinem dematerialisierten Zustand sein würde. Das heißt, in dem Zustand, bevor es seine solide Form erhält. Gib mir wieder deine Hand, Ann. Du musst allen hier sagen, ob du etwas fühlen kannst. Ich nehme deine Hand mit meiner anderen Hand.'

Dieses Mal wurde meine ausgestreckte Hand nicht nur um das Handgelenk gefasst, sondern andere Finger nahmen noch meine Fingerspitzen. Es kam von Stewart ein gurgelnder Ton, und dann glitt ein kühler Luftzug über meine Hand. Es war so sanft, eine schöne kühle Brise flog über meine Hand. Es ist schwer zu beschreiben, aber es war nicht so, als bliese jemand auf deine Hand, eher war es wie die Kälte, die dich überkommt, wenn du das Eisfach des Kühlschranks öffnest. Es hielt ein paar Sekunden an, bevor ich wahrnahm, dass die Kühle nachließ und die ‚Brise' ziemlich warm wurde. Meine Finger wurden freigegeben und ich senkte den Arm.

Ein weiteres Mal war ich geehrt worden. Sie hatten mir die Möglichkeit gegeben, etwas zu empfinden, was nur wenige Menschen empfinden durften – wie sich diese seltene Substanz Ektoplasma anfühlt. Ich hatte es blitzartig vorher empfunden, als Walter mich einlud, seinen Handrücken zu fühlen, wenn er ihn gegen den von unten erleuchteten Tisch materialisierte. Jedoch flößte es mir Demut und etwas wie Verantwortung ein, dieses einzigartige Erlebnis gehabt zu haben, weil man mir dazu ausreichend vertraut und mich geliebt hatte. Ich habe diese wunderbaren intimen Begegnungen haben dürfen, weil ich nah an den Menschen bin, wenn Tom seine Vorträge hält, und so sah ich, wie nahe unsere Geistfreunde uns wirklich sind und was zwischen uns möglich ist, wenn Liebe, Harmonie und Hingabe herrschen.

Alle Mitglieder des Zirkels erleben wundervolle intime Begegnungen. Eines Abends, als Gaynor entschieden 'durch den Wind' war und im Krankenhaus auf eine Behandlung wartete, wurde sie instruiert, sich zu entspannen. Sie spürte zwei Hände auf ihrem Haupt und erlebte ein tiefes Gefühl von Friede und Heilung. Da die materialisierten Formen die Entfernung vom Medium allmählich vergrößerten, fühlten die in der entfernten Ecke des Raums Sitzenden deren Hände, und oft werden mehr als zwei Hände materialisiert, die verschiedene Personen zur selben Zeit berühren. In einem Beispiel – wieder auf dem Band, das für Katie transkribiert wurde und mit ihrem Buch erhältlich ist – könnt ihr hören, was Katie und Mike sagen, als sie gleichzeitig von Händen berührt werden. June und Gaynor haben beschrieben, wie sich, als sie zwei Meter voneinander entfernt saßen, Hände auf ihre Köpfe legten und mit ihren Haaren spielten. Ich habe große Hände gespürt, aber bei Gaynor waren es kleine, kindliche Hände.

Die Hände legen sich nicht nur auf unsere Köpfe. Meine Hand wurde einmal von meinem Schoß hochgenommen und erhielt einen Hieb, damit ich merken sollte, wie solide sie sind; und dann wurde die Hand geküsst. Dies alles geschieht unvermeidlich in völliger Dunkelheit. Sie packen dich vielleicht an der Schulter, zwicken dich ins Ohr oder streicheln dir die Wange, wie es Tom passiert ist, als eines Abends seine Mutter zurückkehrte. Aber wir sind nicht die einzigen, die von diesen Begegnungen profitieren. Eines Abends wurde mir gesagt, ich solle ganz stillhalten, während die materialisierte Form vor mir stand (ich weiß, dass sie dastand, denn die Energie, die von ihr ausging, war fast greifbar zu spüren), die ihre sehr großen Hände auf meinen Kopf legte und sie durch mein sehr welliges Haar gleiten ließ, und dabei hörte ich die Bemerkung, wie sonderbar es für sie sei, mein Haar zu spüren."

Danke, Katie und Ann, für euren Beitrag.

Der Stewart-Alexander-Zirkel bei der Feier zu Katies Buchvorstellung, August 2003

Alles spielt sich in totaler Dunkelheit ab, wie immer. Aber als wir im August 2003 beieinandersaßen, hielt Walter Stinson einen Ball aus grünem Geisterlicht in einer Hand und hielt die andere nah an dieses Licht, so dass Ann und ich sie recht deutlich sahen. Wir konnten als Silhouette gegen den Ball auch die Finger sehen, die ihn hielten. Sie sind entschlossen, der Welt zu beweisen, dass sie nicht nur existieren, sondern uns auch nahe sind, und das bewegt sie dazu, immer neue Experimente anzustellen, freilich stets mit Blick auf die Sicherheit des Mediums und der Sitzungsteilnehmer.

Seit ich begonnen hatte, dieses Buch zu schreiben, ist in Stewarts Zirkel das Heilen zu einem wichtigen Teil der Arbeit geworden, und ich möchte in diesem Kapitel zwei meiner betreffenden Erfahrungen beifügen.

Im November 2004 statteten wir von unserem spanischen Zuhause dem Vereinigten Königreich einen kurzen Besuch ab, zwecks einer Kontrolle bei einem Facharzt; und am Dienstag, 23. November wurde ich dadurch geehrt, eine Heilungssitzung mit Handauflegen zu erhalten durch einen Herrn in der Geistigen Welt, der damals als „Vanguard" bekannt war, sich seither jedoch als Dr. Barnett identifizierte. Alle Teilnehmer hörten deutlich seine Stimme vor dem Vorhang, wo sich der Kopf einer Gestalt befinden würde. Wir hörten dann seine Schritte, als er seinen Körper vom Kabinett wegbewegte. Ich „fühlte", dass er vor mir stand, und binnen weniger Sekunden war meine Erregung groß, als ich spürte, wie sich seine warmen Hände auf die meinen legten, die auf meinen Knien ruhten. Danach schob er seine Hände hoch zu meinen Schultern. Er nahm die Hände weg und bat mich mit ruhiger, aber klarer Stimme, aufzustehen und mich umzudrehen, um etwas Heilung für meine gesundheitlichen Probleme zu bekommen.

Er bat nun Ann, mich ruhigzustellen, indem sie meinen linken Arm hielte. Als ich dastand, fühlte ich, wie sich seine starken Hände eine halbe Minute lang fest auf meine Schultern legten. Langsam bewegten sich seine Hände meinen Rücken hinab bis zur Hüfte, bevor sie sich wieder aufwärts bewegten, etwa eine Minute lang. Während dieser Zeit, die etwa drei bis vier Minuten dauerte, konnte ich hinter mir sein Atmen hören und spüren, und ich spürte auch Ruhe von ihm auf mich übergehen. Es war eine äußerst angenehme und einzigartige Erfahrung.

Als er zum Ende kam, fragte er mich, wann ich am Dienstagabend zu Bett ginge, denn ich sollte meine Gedanken zu ihm hinausschicken, damit er den Heilungsprozess weiter begleiten könne. Ich bin sicher, dass er das getan hat, da sich mein Zustand fortwährend bessert. Jetzt fühle ich mich so gut wie in den zwei letzten Jahren nicht. Die Dienstagabende sind weiterhin sehr wichtig und besonders für mich. Meinen aufrichtigen Dank an Dr. Barnett und die Gruppe der Geist-Geistheiler! Noch mehr Zeugen für die Wirksamkeit dieser Heilung sind in Katies Buch über Stewarts Medialität aufgeführt, den *„Experiences of Trance, Physical Mediumship and Associated Phenomena, Part 2"* („Erfahrungen mit Trance, physikalischer Medialität und begleitende Phänomene, Teil 2").

In den vergangenen Jahren hielt Stewart halbjährlich Wochenendseminare in einem Konferenzzentrum an der Küste von Nord-Yorkshire ab. Wir sind mehrere Male dort gewesen, und ich habe meinen Vortrag gehalten. Wir kennen eine hübsche Anzahl von Leuten, die regelmäßig teilnehmen, eine wunderbar freundliche Truppe. Im Oktober 2007 hatten wir kommen wollen, aber unsere Pläne änderten sich, und wir waren zu Hause in Spanien. Fünf Tage vor dem Wochenendtreffen ging es mir schlecht, und da ich keine Erinnerung mehr daran habe, lasse ich das Ann erzählen:

„Der Montag, 15. Oktober begann mild und sonnig. Tom hatte Blätter von einer unserer Palmen abgeschnitten, und nun saß er erschöpft draußen im Hof. Er ging zu Bett und blieb den Rest des Tages dort, was nicht unüblich war, wenn er sich etwas überanstrengt hatte. Am Donnerstag dann brach er im Badezimmer zusammen, und Freunde halfen mir, ihn hochzuheben. Er wusste nicht, wo er sich befand. Er hatte sich den Kopf am Waschbecken angeschlagen, und da wir eine Gehirnerschütterung befürchteten, riefen wir den Krankenwagen. Nach fünfstündigen Tests erfuhren wir, dass Tom eine Lungenentzündung hatte. Er war 27 Stunden unter Beobachtung, bevor er in ein normales Zimmer verlegt wurde. In unserem neuen Krankenhaus in Torrevieja haben alle Patienten ein Einzelzimmer, und in unserer Region ist es wie auch sonst in Spanien Brauch, dass die Familie den Patienten im großen und ganzen versorgt; die

Mitglieder können immer da sein und auch über Nacht bleiben. Nach der Beobachtung verbrachte ich 12 Stunden am Tag bei ihm, weil er Angst bekam, wenn er mich nicht sah. Er konnte sich nicht immer erinnern, wo er war, sah gelegentlich Dinge, die es nicht gab und schien etwas desorientiert. Zu anderen Zeiten war er sich bewusst, dass Geister in seiner Nähe waren, das weiß ich.

Am Mittwochabend rief ich June und Alf Winchester an, die Organisatoren des Seminars und später auch Stewart, um sie zu bitten, sie möchten an alle appellieren, Tom auf dem Seminar heilende Gedanken zu senden.

Am Freitag hatte er immer noch Anfälle von Verwirrtsein, indessen saß er schon am Abend neben dem Bett und aß eine Kleinigkeit (die große Abendmahlzeit wurde hier, typisch Spanien, immer erst um 21.45 Uhr gebracht). Plötzlich kündigte er an: „Ich muss ins Bett." Er tat es. Ich stellte das Tablett mit dem Essen weg, ans Fußende des Bettes und spürte eine wundervolle Energie. Ich sagte: „Ich glaube, sie heilen dich jetzt." Ich kontrollierte die Zeit, und es war 21.10 Uhr. (Dort sind wir eine Stunde früher dran als im Vereinigten Königreich.) Tom sagte „Die Kraft ist enorm" und schlief ein.

Ich blieb noch eine halbe Stunde bei ihm, und da ich wusste, dass es ihm gut ging, verabschiedete ich mich und fuhr heim. Von dort rief ich Stewart auf seinem Handy an, um zu erfahren, ob sie tatsächlich zu dieser Zeit ihre heilenden Gedanken geschickt hatten. Er bestätigte, dass es etwa um 20.10 Uhr gewesen sein mag.

Am Samstagmorgen traf ich Tom in wesentlich besserem Zustand an; die Verwirrung war verschwunden und kehrte nicht mehr wieder. Er war sich noch des Geist-Geistheiler-Teams um ihn her bewusst, das von Brittain Jones geleitet wurde, dem Arzt, der von 1946 bis 1952 Mitglied ihres privaten Zirkels gewesen war. – Nun übergebe ich wieder an Tom."

Ich wurde am Dienstag, 23. Oktober aus der Klinik entlassen, nur eine Woche nach meinem Zusammenbruch, und das ist sicher der wunderschönen Fernheilung zu verdanken, die ich am Freitag, 19. Oktober erhalten hatte, wie ich mich erinnere. Als ich im Bett lag, spürte ich mich vollständig in die Energie eingehüllt, die mich umgab und glitt rasch in einen tiefen Schlaf.

Die Behandlung im Krankenhaus war exzellent, aber ich bin überzeugt, dass die Fernheilung bei meiner schnellen Wiederherstellung eine große Rolle spielte. Torrevieja unten an der Südostküste Spaniens liegt etwa 1800 Kilometer von dem Zentrum in Nord-Yorkshire entfernt, was zeigt, dass Entfernung für das Fernheilen kein Hindernis darstellt. Ann und ich haben das auch bemerkt, wenn wir zur Hilfe anderer an jedem Donnerstag Morgen heilende Gedanken in die Geistige Welt senden.

Fernheilung beschränkt sich auch nicht auf eine Richtung oder einen Zeitpunkt, wie wir erfuhren, als wir das Seminar „Stewart Alexander und Freunde" im April 2008 besuchten. Dort konnten wir zusätzlich zu dem Bericht der Heilung jenes Abends von einem jungen Mann hören, der nach einem schweren Autounfall im Krankenhaus von

Stewarts privater Zirkel im Séancenraum, 2006

Glasgow lag und womöglich nie wieder würde gehen können sowie von einer Frau, die im Krankenhaus von York schwer krank darniederlag. Beide hatten in jener Nacht ebenfalls die Kraft der Heilung empfangen und begannen sich zu erholen. Sean lernte nicht nur wieder laufen, sondern ging sogar in die Arbeit.

Ich bin sicher, dass in Stewarts Zirkel noch so viel mehr geschehen wird, wenn sich alle in ihren Anstrengungen zusammentun: Walter, Christopher, Freda, Dr Barnett und vor allen Dingen Stewart und sein lebenslanger Torwächter White Feather mit der ganzen Galerie der Geistarbeiter im Hintergrund. Ein wahrhaft glänzendes und durchsetzungsstarkes Team.

Das bringt dich ins Grübeln!

Bei den Séancen mit Stewart Alexander werden dessen Knie mit reflektierenden Streifen markiert, die durch Klebestreifen festgehalten werden. In den Sitzungen des Zirkels 1995 entfernten die Geister, während die jenseitigen Wissenschaftler experimentierten, gern die Leuchtstreifen und warfen sie durch die Luft oder klebten sie auf andere Objekte, die weit weg vom Medium waren. An einem Abend im Mai 1995 endete ein Kleber auf meiner Trompete, die vom Zirkel benutzt wurde. Ich beschloss, den Streifen als extra Marker dort zu belassen und befestigte ihn mit weiterem Klebeband, um ihn zu fixieren, da mein originaler Leuchtstreifen schon etwas verschrumpelt schien.

Bei einer der öffentlichen Sitzungen von Stewart Alexander – es war ein heißer Juli-Abend in Rotherham – sah Ann, dass der Extrastreifen verschwunden war, der sich noch zu Beginn an seinem Platz befunden hatte.

Am Montag, 5. Februar 1996 brachte ich meinen Straßenatlas vom Auto herein, und wir stellten fest, dass die ersten beiden Seiten in der Mitte durch Klebestreifen zusammengehalten waren, und als wir sie entfernten, waren da der extra Leuchtstreifen und der verschrumpelte alte. Wie sie dorthin gelangt waren, dafür hatten wir keine Erklärung. Die Trompete wurde immer in einer Hülle mit Reißverschluss transportiert. Niemals waren die Trompete und die Landkarten im Auto miteinander in Kontakt gewesen, und wenn es so gewesen wäre, war der Streifen zu fest angebracht, um zufällig verrutschen zu können, vor allem nicht in die Mitte von zwei Buchseiten!

Ich denke, sie haben sich da einen Spaß erlaubt und zeigen uns gern, wie nah sie uns sind. Wir haben das Stück Leuchtkleber immer noch unter unseren Memorabilien.

25

Unsere privaten Zirkel in den 1990-er Jahren

Der Großteil meines Buchs beschäftigt sich mit unserem Zirkel in Middlesbrough in den späten 1940-er und frühen 1950-er Jahren, aber es ist wichtig, klarzustellen, dass ähnliche physikalische Phänomene sich immer noch in privaten Zirkeln ereignen. Zusätzlich zu Stewart Alexanders Zirkel waren Ann und ich Mitglieder von zwei weiteren Gruppen. Ein Zirkel war im Haus von Freunden tätig, das eine Autostunde von unserem entfernt lag, und wir gehörten von Mai 1994 bis 1997 dazu, und danach beteiligten wir uns an einem in unserem eigenen Haus in Brayton bei Selby, von Januar 1998 bis zu unserem Wegzug nach Spanien im Januar 2000.

Nach unserem Umzug nach Brayton hatten wir das Glück, dass zwei Freunde aus dem älteren Zirkel sich unserem neuen anschlossen. Das Format der beiden Zirkel war ähnlich: Unsere Freundin fungierte als Haupt-Medium, und wir nahmen im Wechsel manchmal ihre Stelle ein, um unsere eigene Medialität zu entwickeln. Ich baute ein Kabinett aus schwarzen Vorhängen auf einem Holzpodest, wofür ich meinte, Beifall zu bekommen. Als ich zum ersten Mal darin auf einem Drehstuhl saß, drehte der hauptsächliche Geistkontrolleur des Zirkels den Stuhl schnell herum. Ich geriet an den Vorhang, hielt mich an ihm fest und ruinierte die gesamte Konstruktion. Offenbar wurde etwas Stärkeres gebraucht, und da sie von „Material, das die Energie halten kann" sprachen, machte ich für den Zirkel ein Kabinett aus schwarz bemalten Sperrholzplatten auf drei Seiten und befestigte den schwarzen Vorhang an der Frontseite an einer Schiene. Dieser Aufbau wurde von unseren Geisterfreunden gebilligt, die uns verrieten, es helfe, die Energie für die Teilnehmer zu konzentrieren. Wir spürten es alle, wenn wir an der Reihe waren, im Kabinett zu sitzen. Wir waren erfreut, den Geistführer unserer Freundin erneut begrüßen zu können, zusammen mit seinem „Rohdiamanten", seinem alten fröhlichen Ich.

Wir hatten des öfteren einen voll materialisierten Geist vor dem Kabinettvorhang stehen, während das Medium drinnen saß. Um uns zu zeigen, dass nicht das Medium da vorne stand, klopfte der Geist von Kniehöhe nach oben bis zum Kopf seinen Körper ab, damit wir sähen, dass es ein kompakter Körper war, und wenn wir fragten, ob es das Medium sei, deutete die Trompete ein „nein" an, indem sie sich von links nach rechts bewegte, als würde man den Kopf schütteln; und dann klopfte sie auf den Kopf des Mediums im Kabinett. Wir ließen immer einen Schreibblock und einen Bleistift auf dem kleinen Tisch in der Mitte des Zirkels und fanden darauf oft, wenn wir das Licht wieder andrehten, Botschaften des Geistführers vor, die wie gedruckt aussahen.

Unsere wöchentlichen Sitzungen waren derart vergnüglich und freundlich, dass ich mich in die Tage unseres Saturday Night Club vor 50 Jahren erinnert fühlte. Gelegentlich hatten wir Gäste als „Beisitzer", darunter unsere Freunde Carol und Hazel, und besonders denkwürdig war die Sitzung am Samstag, 20. November 1999, kurz vor unserer Abreise nach Spanien, als unser sehr guter Freund Eric bei uns zu Gast war.

Ann und ich trafen Eric und seine Frau Jackie erstmals 1997 in einer Loge für weihnachtliche Wohltätigkeit. Einige Jahre zuvor hatte Eric als Vorsitzender der Loge wegen Herzproblemen ein Jahr pausieren müssen. Er wollte aber weiter tätig sein und hatte sich als Sekretär verdingt, womit er für die sozialen Verpflichtungen verantwortlich war. Marjorie, die Frau eines der anderen Mitglieder, die neben Eric saß, erwähnte ihm gegenüber, dass sie eine Geistheilerin sei und fühlte sich getrieben, ihre Hand auf sein Knie zu legen, um ihm zu helfen. Eric sagte prompt, dass

Marjorie nicht wissen konnte, dass er eine schwere Meniskusoperation hinter sich hatte: geniale Bemerkung, um miteinander bekannt zu werden! Marjorie hatte ihm daraufhin geraten, er solle sich an uns wenden, und sie war es, die uns miteinander bekannt machte. Das war also Erics Einführung in das Thema „Der Spiritualist und das Paranormale" unter dem Aspekt des Heilens, und später schrieb er darüber Folgendes:

„Bei meinem ersten Besuch in Brayton brachte ich einen Freund mit, der Heilung brauchte. Philip hatte Lungenkrebs im Endstadium, wollte aber unbedingt mitkommen. Wir beide bekamen an jenem Tag Heilenergie, und ich erinnere mich, dass Philip auf dem Heimweg sagte, dass die Erfahrung sehr beruhigend und friedlich für ihn gewesen sei. Ich hatte mich während meiner Sitzung sehr entspannt und war fast in Trance. Wegen meiner vielen Arbeit und Philips Fortschreiten der Krankheit, die ihm das Reisen unmöglich machte, konnte ich ihn nicht wieder mitnehmen, und im April starb er. Seine Witwe sagte mir später, er sei friedlich hinübergegangen und sich sicher gewesen, dass ihm der eine Besuch in Brayton innere Kraft gegeben habe.

Heute kann ich mir das nicht erklären, aber fast ein Jahr ging vorüber, bis ich Tom und Ann das nächste Mal besuchte. Wir trafen uns zur Damenwahl (Ladies Night) im Februar 1999, als ich mich von einer dreifachen Bypass-Operation erholte. Dieses Mal jedoch war ich wegen eines Verwandten besorgt, der ernsthaft erkrankt war, und ich fragte, ob sie heilende Gedanken für ihn hätten. Man lud mich zu einem Besuch in der folgenden Woche ein, zu einer Heilsitzung für uns beide. Als diese erste Heilsitzung sich dem Ende näherte, war ich erstaunt, als ich plötzlich meinen Verwandten vor mir knien sah. Leider war es für ihn wie auch für Philip zu spät gewesen, aber es war der Anfang regelmäßiger Treffen mit Tom und Ann, zunächst, um mir für meine Erholung Kraft zu spenden.

Von Anfang an sagte Tom, er spüre die Anwesenheit einer alten Dame, die eine Verwandte war, aber nicht meine Großmutter. Bald wurde offenbar, dass es sich um meine

Großtante Florrie handelte, die bei uns gelebt und der ich mich sehr nahe gefühlt hatte. Danach war er sich eines Mannes bewusst, der wie ein Minister dastand, die Hände vor dem Bauch gefaltet. Seinerzeit wusste Tom nicht, dass Jackies Vater ein Vikar der Kirche von England gewesen war, gestorben zwei Jahre zuvor. Ihm folgte jemand, der einen höheren Rang als dieser bekleidet hatte und sich als ihr „Onkel John" entpuppte, der Bischof von Sheffield, ein Freund der Familie, der die Messe unserer Verheiratung leitete. Als ich von diesem Besuch nach Hause zurückkam, war eine Fotografie von Jackies Dad von der Wand gefallen, und während des Abends hatten einige Minuten lang die Vorhänge geflattert, als wäre jemand dagewesen.

In den folgenden Monaten hatten wir einige sehr kraftvolle Sitzungen, und Tom sah eine Menge Wesen, die alle hereinkommen wollten, und Philip hatte sich diesen Geistern angeschlossen. In dem Jahr zeigte sich, dass mit meinem Herzen nicht alles stimmte und dass eine zweite Operation nötig wäre, die am 10. Dezember stattfinden sollte. Ich fuhr regelmäßig zu Tom und Ann, um die zusätzliche Energie zu tanken, die mir durch die Operation helfen sollte. Sie hatten mir von ihren Sitzungen mit ihrer Freundin als Medium und deren Ehemann erzählt und meinten, ich müsse an einem Samstagabend mitmachen. Ich hatte das immer abgelehnt, da ich nachts nicht mit dem Auto alleine fahren und auch Jackies Wochenende nicht stören wollte, denn sie arbeitete unter der Woche. Sie sagten, dass sie verstehen würden, falls Jackie nicht dabei sein wolle; sie könne unterdessen nebenan ein Buch lesen, und so wurde es festgelegt.

Ich wusste nicht, was ich erwarten sollte, und als ich das Kabinett, die Trompete, Glocken und den Schreibblock mit dem Bleistift sah, muss ich gestehen, dass ich mich fragte, was mir bevorstünde. Wir fingen mit Liedern und Reimen an, und ich sang begeistert mit. Binnen Sekunden flog die Trompete überall im Zimmer herum, und wir hatten eine Reihe Besuche, darunter auch einen Geisthelfer des Mediums, der direkt zu mir sprach, um mir detailliert zu erklären, dass es sein Job sei, neue Geister einzuführen – und er meinte, alles würde gut werden. Ich sagte Tom dann später, der Geisterrezeptionist habe hoffentlich nicht so lange über seine Arbeit gesprochen, um mich auf diese vorzubereiten! Das war scherzhaft gemeint, aber der Kommunikator versicherte Tom in einem folgenden Treffen, das täte ihm leid; er habe mich nur etwas beruhigen wollen. Natürlich akzeptierte ich die Entschuldigung."

In der Woche vor Erics Besuch am Samstag hatten wie dem Wunsch eines unserer Geisterfreunde, eines bezaubernden kleinen Mädchens entsprochen und in eine Schale ein paar Gummibärchen gelegt: für die Geisterkinder. Ann legte also fünf hinein, stellte die Glasschale auf den Tisch in der Mitte des Zirkels, wie wir es auf dem Foto sehen, und Eric fiel das natürlich auf. Sobald wir den Abend eröffneten, sprach der Geistführer des Mediums zu ihm. „Guten Abend, Eric. Bevor wir uns an die Arbeit machen, wollte ich sagen,

Fünf Gummibärchen in der Schale vor dem Zirkel und der Notizblock nur mit dem Datum darauf

dass dir nichts passieren kann, du dir keine Sorgen zu machen brauchst und deine Lady auch sicher ist. Jetzt singt!"

Während des Gesangs wurde die schwere kupferne Krinolinenlady-Glocke aufgehoben (genau die des originalen Zirkels, die uns Gladys als Hochzeitsgeschenk überreicht hatte) und über unseren Köpfen geläutet, was Eric in Verwunderung versetzte. Auch wurde die Trompete schnell im Raum herumbewegt; und dann hielt sie plötzlich mitten in der Luft an und deutete auf Eric. Wir hörten eine schwache Stimme zu ihm sprechen und vernahmen: „Hier ist Tantchen." Dann sprach sie kurz mit ihm.

Für Eric stellten das exzellente Beweise dar, wie er uns später sagte. Bei unseren vorherigen Heilsitzungen fühlte ich oft stark die Anwesenheit einer Frau, und aus meiner Beschreibung von ihr meinte er, es müsse sich um eine Verwandte von ihm handeln, „Tantchen Florrie". In Wirklichkeit war sie die Tante seiner Mutter, aber sie verstand sich so gut mit Eric, dass sie ihn häufig zu Tagesreisen mitnahm. Was wir jedoch nicht gewusst hatten, war, dass sie als älteste Tante der Familie nur „Tantchen" genannt wurde, ohne Florrie, das nur verwendet wurde, wenn man mit anderen redete, wie mit uns hier.

Das Geisterkind kam wieder und dankte Ann für die Gummibärchen und sagte, es sei ihnen nicht danach gewesen, alle zu verzehren, was uns damals Rätsel aufgab. Als das Licht nach der Sitzung angedreht wurde, lag in der kleinen Schale, in der zu Beginn fünf Bonbons gelegen hatten, nur noch ein halbes, das noch dazu aussah wie durchgebissen!

Foto: die Botschaft für Eric und das halbe Gummibärchen

Wir waren alle recht überrascht darüber – besonders natürlich Eric, und wir haben das halbe Gummibärchen noch, eingewickelt, unter unseren Erinnerungsstücken. Wir freuten uns daran, wie verdattert Eric war, und noch größer war die Freude, als wir sahen, dass der Geistführer auf den Block eine Botschaft in Druckbuchstaben gesetzt hatte, die

hieß: „Wir sind immer bei euch. [We are with you always.]"
Diese Seite wurde herausgerissen, für Eric als bleibende Erinnerung an seine erste Sitzung in einem privaten Zirkel. Und sein Bericht endet mit den Worten: „Es war ein Abend, den ich nie vergessen werde."

Wir freundeten uns sehr mit Eric und Jackie an und taten alles, was wir konnten, um Eric vor seiner zweiten, ernsteren Operation zu helfen. Anscheinend klappte das, weil Eric schrieb ...

„Ich war mir natürlich der Hilfe bewusst, die mir Tom und Ann gaben. Vor der ersten Operation war ich voller Angst gewesen, aber dieses Mal war ich entspannt und ruhig, obwohl ich wusste, was ich zu erwarten hatte: Dieser Eingriff würde schwerwiegender sein als der letzte. Tatsächlich war die Operation viel komplizierter. Ich lag fünfeinhalb Stunden auf dem Operationstisch, und sie bauten mir vier Bypässe ein und rekonstruierten eine Arterie.

Die Geister hatten recht – ich erholte mich nur langsam davon, hatte mehr Schmerzen und einige Rückfälle, bedingt auch durch eine Transfusion mit der falschen Blutgruppe. Meine Nieren versagten beinahe, und nur wenige Stunden trennten mich von der Dialyse. Tom und Ann waren hauptsächlich verantwortlich dafür, dass ich alles überstand. Sie besuchten mich im Krankenhaus von Hull, und ich fühlte immer einen Aufschwung, wenn es nötig war. Von einem egoistischen Standpunkt heraus muss ich jedoch sagen, dass ihr Umzug nach Spanien im Januar 2000 höchst unpassend war! Seit damals haben wir einander besucht, und es gab wöchentliche Fernheilungssitzungen, die Tom 'die Energie ausbalancieren' nannte. Sie halfen mir garantiert, und ich bin in den Monaten immer stärker geworden. Danke, Tom und Ann, ohne euch hätte ich das nicht geschafft."

Wie ich schon sagte, sind wir enge Freunde, und es war uns eine Genugtuuung, die Vermittler zwischen unseren Geistfreunden und -helfern und Eric gewesen zu sein, dem in schweren Zeiten so wirkungsvoll geholfen werden konnte.

In dieser Phase wurden wir eingeladen, von Zeit zu Zeit an einem Zirkel in der Nähe von Doncaster teilzunehmen. Kate hatte nach mich nach einem Vortrag in Rotherham um Rat gebeten. Sie wollte ein gutes Tieftrance- und Transfigurations-Medium werden, und wir waren entzückt, ihr dabei helfen zu können. Durch Kate kam ich mit einem neuen Geistergefährten in Kontakt, der gemeinsam mit mir heilen wollte. Er war als „Ching-Lee" bekannt und identifizierte sich stets, indem er an meinen Händen und den Unterarmen rieb, als trüge er chinesische Kleider mit weiten Ärmeln. Einige Tage später sprach er durch ein anderes renommiertes Trancemedium im Arthur-Findlay-College wieder zu mir; und kurz danach bekam ich, als Bestätigung seiner Identität, eine Schilderung seines Wesens durch ein Medium in Südwales. Es war gut, durch Kate den ersten Kontakt zu ihm bekommen zu haben, und er arbeitet immer noch durch mich. Wir genossen viele Sitzungen bei Kate sowie in unserem Haus in Brayton. Dank an euch beide für eure hingebungsvolle Arbeit für die Welt des Geistes.

Unsere letzte Samstags-Sitzung vor unserer Emigration nach Spanien war voller fröhlicher Aktivität, wie immer. Unser Medium wurde kontrolliert, aber wir erfuhren, dass sein Geistführer sich nicht zu Wort melden würde, da er etwas ganz Besonderes zu tun hatte. Wir hatten eine äußerst vergnügliche Sitzung, und zwischendurch spürten Ann und ich, wie etwas an unseren Schultern vorbeiflog und hinter uns neben dem Kamin landete. Wir dachten, es sei vielleicht der Notizblock gewesen, der wie stets auf den Tisch gelegt worden war, aber eine Überraschung erwartete uns. Als das Licht an war, sah Ann hinter uns einen weißen Umschlag auf dem Boden liegen. Sie hob ihn auf und kommentierte, dass er an Mr und Mrs Harrison adressiert sei.

Unser Medium lehnte sich vornüber und nahm den Umschlag entgegen. Es sei der ihre, und wir sollten ihn erst mitnehmen, wenn wir gingen – er enthalte eine Karte mit Glückwünschen zum Einzug in unser neues Haus im „Adlersnest", dem kleinen Viertel, in dem wir noch leben. Unsere Bekannte war natürlich etwas verstört, da sie die

Karte mit einer ähnlichen von ihrer Tochter in ihrer Handtasche außerhalb des Zimmers gelassen hatte, in der Eingangshalle unten an der Treppe.

Die Tür war von der Halle durch einen Vorhang getrennt, der mit Reißzwecken festgemacht worden war, als wir alle im Raum waren. Ihr Geistführer musste den Umschlag dematerialisiert, ihn aus ihrer verschlossenen Handtasche genommen und in den Zirkelraum gebracht haben, und zu unserer großen Freude hatte er sogar seine Initialen darauf gedruckt, während er die Karte der Tochter in der Tasche belassen hatte. Beide hatten auf der Karte unterzeichnet, doch ihr Geistführer wollte anscheinend nicht übergangen werden! Sicherlich hatte er einen arbeitsreichen Abend gehabt, und wir halten Karte und Umschlag sehr in Ehren, die auf einem Regal in unserer Bücherei stehen, als außergewöhnliche, greifbare Erinnerung an zwei bemerkenswerte private Zirkel. Wir möchten unseren aufrichtigen und liebenden Dank an unsere irdischen Freunde, ihren wundervollen Geistführer und alle aus dem aufopferungsvollen Geisterteam erneuern, die so vielen Menschen Freude bescherten.

Seit wir in Spanien sind, haben wir die wöchentlichen Fernheilungssitzungen nicht nur für Eric, sondern auch für viele andere, die der Hilfe bedürfen, fortgesetzt. Kürzlich haben wir auch einen weiteren privaten Zirkel in unserem Haus gegründet. Gegenwärtig leben wir in der Nähe der Küste in der Gegend der Costa Blanca und freuen uns, dass so viele interessierte „Extranjeros" entlang dieses Küstenstreifens ansässig sind. Im Umkreis von wenigen Kilometern außerhalb von Torrevieja gibt es wenigstens drei Spirituelle Zentren, und weitere sollen weiter im Norden entstehen. Ray und June Smith führen ihre Arbeit bei Gibraltar fort [Ray starb 2009], und das Zena Camp besitzt eine spirituelle Enklave in Casa Andorinha (Haus der Schwalben) an der Algarve bei Faro. Es sieht so aus, als würde sich die geistige Energie auf diesem Küstenstrich zu einem echten Kraftwerk zum Nutzen der Menschheit entwickeln. Möge es lange florieren!

26

Das Leben in der Geistigen Welt

„Wie ist es dort wirklich?"

Die obenstehende Frage wird mir immer wieder gestellt, und mit „dort" ist die Geistige Welt gemeint: Bei vielen Gelegenheiten haben uns unsere Geisterfreunde vom Leben in ihrer Welt erzählt. Sie beteuern, dass alle Wesen dort ein ausgefülltes Leben führen in der Art und Weise, die ihnen entspricht, nachdem sie sich nach ihrem Übergang und – in vielen Fällen – nach einer Erholungs- und Anpassungsphase an ihre neue Existenz gewöhnt haben. Sie erzählen uns, dass beim Hinübergang niemand alleine ist. Es gibt immer jemanden, der uns empfängt, und oft ist es ein enger Verwandter oder ein geliebter Mensch, aber nicht notwendigerweise.

Bei einem ihrer Besuche saß Tante Agg auf dem Stuhl, den meine Mutter freigelassen hatte, weil sie sich ins Kabinett begab. Die Tante berichtete, wie es bei ihr gewesen war, im Februar 1942, als sie in ihrem Haus in Cricklewood eben mit dem Essen fertig geworden waren. Tante Agg bereitete sich vor, um nach London zu reisen, wo sie bei einem Treffen in einer der großen öffentlichen Hallen – Queen's oder Aeolian – ihre Medialität demonstrieren wollte. Diese Veranstaltungen waren im Zweiten Weltkrieg sehr populär, und zuweilen kamen bis zu 2500 Besucher.

Sie fühlte plötzlich einen scharfen Schmerz im Kopf und musste sich setzen. Der Schmerz resultierte aus einer tödlichen Gehirnblutung. Sie sagte, sich an nichts erinnern zu können, nachdem sie sich gesetzt hatte; und dann saß sie plötzlich auf einer Bank in einem hübschen Park, der voll war von vielen unterschiedlichen Bäumen, Büschen, Blumen und Pflanzen mit Farben, die sie nicht kannte. Sie waren so hell und ursprünglich und leuchteten von innen heraus wie im strahlenden Sonnenschein, obgleich keine Sonne zu sehen war. Alles war so ruhig und friedlich wie an einem Sommernachmittag – aber es war noch schöner als das, und sie hatte Mühe, ihren Gesamteindruck in Worte zu fassen.

Ihre ersten Gedanken auf der Bank waren: „Was tue ich hier – ich sollte in London bei dem Treffen sein!" Sie war ganz verstört. Es schien niemand hier zu sein außer einer Frau in der Ferne, die sich auf sie zubewegte. Agg war neugierig geworden, als die Frau näherkam und bei ihr stand, sie anlächelnd. „Hallo", sagte Tante Agg. „Irgendwie kenne ich Sie, aber ich kann sie nirgends hintun." Die Frau erläuterte dann, warum Tante Agg sie zu kennen schien – sie gehörte zu ihrer Gruppe von Geisthelfern und war ausgewählt worden, sie in der Geistigen Welt in Empfang zu nehmen. Sie lud Tante Agg ein, sie durch diesen schönen Park zu begleiten, und sie würde sie dorthin bringen, wo ihre Familie und geliebte Menschen warten würden, um sie zu begrüßen. Alles war so still und von Frieden getragen, wie man es erwarten konnte für jemanden, der seit so vielen Jahren mit der anderen Welt zu tun hatte.

Sam Hildreds Geschichte war etwas anders. Als er am Weihnachtstag 1945 plötzlich an einem Herzanfall starb, sagte er uns, sei er in einem Bett aufgewacht, das in einem Krankenhaus im Freien stand. Alles war so fröhlich hell, wie von Tante Agg beschrieben. Es war weder schmerzhaft noch mühevoll; es war wie ein Erwachen aus einem Schlaf, der ihn auf der Erde umfangen hatte. Einige aus dem engen Familienkreis standen an seinem Bett, und alle waren hilfsbereit. Schon sein geringes Wissen über das Leben nach dem Tod – durch seinen Besuch mit Sydney bei einem Materialisationszirkel von Helen Duncan 1938 – half ihm sehr, und auch Jack Graham sagte uns, dass ihm seine neuen Überzeugungen geholfen hatten, obwohl er erst eine Woche vor seinem Ableben bei unserem privaten Zirkel von der Geistigen Welt erfahren hatte. Der Zeitraum ist unbedeutend, solange ein Mensch offen ist und die Möglichkeit akzeptieren kann, dass das Leben nach dem Tod weitergeht.

Mangelndes Wissen über das Leben nach dem Tod ist in den meisten Fällen aber kein großes Hindernis, denn die meisten finden sich plötzlich da, und dann erwarten sie den Himmel, vielleicht mit Jesus. Aber eine dezidert negative Haltung oder ein religiös eingeschränkter Blickwinkel kann beim Übergang in die Geistige Welt zu Problemen führen. Das sahen wir am Beispiel eines unserer Nachbarn, Mr Matheson, der streng erzogen worden und in einer Religion aufgewachsen war, die nicht an ein Weiterleben glaubte. Er war völlig verwirrt und verärgert über seine neuen Bedingungen. Wie uns unser gemeinsamer Freund Jack Graham mitteilte, der einige Monate vor Matheson in die Geistige Welt hinübergegangen war, dauerte es fast ein Jahr unserer Zeit, bis er ihn vom Leben nach dem Tod überzeugen und damit von aller Verwirrung befreien konnte.

Wir erlebten in unserem privaten Zirkel einen ähnlichen Vorfall, der Sydneys Onkel Louis betraf. Er litt schon Jahre vor seinem Tod unter schwerer Arthritis, die ihn verkrüppelt hatte. Er war nicht übertrieben religiös, wusste aber leider nichts von der Geistigen Welt. Sydney erkundigte sich nach seinem Onkel, als sein Vater von dort zu ihm sprach. Er erzählte, sein Onkel sitze „in einer Ecke" auf seinem Stuhl und sei unfähig, sich zu bewegen, weil er meinte, seine Arthritis hemme ihn immer noch.

Sydneys Vater erklärte, er versuche, Louis klarzumachen, dass er sich in einer neuen Umgebung befinde und sein alter Körper dahin sei, aber es vergingen viele Monate, bis der Onkel selbst materialisiert aus dem Kabinett kam und seine Hände Sydney entgegenstreckte, wobei er seine Freude darüber ausdrückte, dass die Arthritis „ganz weg" sei. Wenn er sich der Wahrheit des Lebens nach dem Tod früher bewusst gewesen wäre, hätte er sich diese lange Leidensperiode im Jenseits ersparen können.

Es ist nur allzu wahr, dass wir auf Erden mit Geist und Körper konditioniert sind, weshalb sich Fälle wie der geschilderte ereignen; indessen hat die Mehrheit nicht das geringste Problem beim Übergang. Mit der Hilfe ihrer Lieben, die sich bereits dort befinden, fassen sie schnell Fuß in ihrer neuen Umgebung. Sie erzählen uns, dass sie voll und ganz ihr Leben genießen, in dem sie kein physischer Körper behindert – vor allem, wenn dieser Körper eine nutzlose Hülle geworden ist, zerrüttet durch Krankheit und gequält von unsagbarer Pein. Sie waren immer außerordentlich froh, uns zu besuchen und uns ihre liebenden Botschaften zu übermitteln, und sie sagten ganz deutlich, dass das Leben in der Geistigen Welt so viel besser sei, dass sie geduldig den Zeitpunkt erwarteten, an dem sie mit ihren geliebten Angehörigen vereint wären.

Ich erinnere mich gut an eine Episode bei einer Trancesitzung meiner Mutter: Eine ältere Besucherin aus der Geistigen Welt, die nichts über den Spiritualismus wusste, meldete sich, hatte aber große Schwierigkeiten, durch meine Mutter zu sprechen. Mit der Hilfe und Ermutigung ihres Neffen jedoch, der an jenem Abend unser Gast war, gelang es ihr endlich, ihm etwas zu sagen. Ihre ersten Worte, gesprochen mit Bangigkeit und heiserer Stimme, lauteten: „Bin ich nun wieder auf der Erde?" Als wir ihr das bestätigten, fügte sie sehr ängstlich hinzu: „Aber ich kann wieder zurück, oder?" Wir versicherten ihr augenblicklich, dass sie das könne und auch zurückkehren würde, worauf ihr Ton und Verhalten gleich viel entspannter wurden, und danach kam es zu einer minutenlangen Plauderei mit ihrem Neffen Wilf.

So sehr sie mit Wilf hatte sprechen wollen, war die Beantwortung der Frage, ob sie zurückkehren könne, doch von überwältigender Bedeutung für sie, was ein starker Indikator dafür war, dass die Geistige Welt ihr real vorkam.

Tante Agg erinnerte uns indessen daran, dass, so schön das Leben dort auch sei, wir unser Leben hier je nach unseren Fähigkeiten möglichst gut führen müssten, bis die uns zugemessene Zeit abgelaufen sei – wir müssten die

Schwierigkeiten überwinden, auf die wir treffen und besonders die Lektionen von Freundlichkeit und Solidarität lernen, die dort drüben so wichtig seien. Selbstmörder seien gequälte Seelen, meinte sie, die viel Hilfe und Führung bräuchten, und sie dankte uns oft dafür, dass wir ihnen in unseren Sitzungen beistanden und ihnen damit kraftvolle Energie lieferten.

Wir wissen, dass die Geistige Welt in hohem Maße eine Parallelwelt der unsrigen darstellt mit Geistern aller Lebensalter und auf unterschiedlichen Entwicklungsstufen. Wenn wir hinübergehen, begleiten uns unsere Erinnerungen, da sie zu unserem Geistkörper gehören. So können wir über Dinge diskutieren, die die Erde betreffen, und unsere Freunde hier werden in dem, was wir sagen, uns wiedererkennen, wie es täglich beim Telefonieren geschieht, obwohl wir uns nicht sehen. Wir werden Wesen von ähnlichem Charakter und Sichtweise treffen, was darüber entscheidet, wo wir leben werden und von welcher Stufe aus wir unseren Weg beginnen. Alles ist eine Frage der geistigen Entfaltung und Entwicklung. Sie sagten uns, dass unser Ausgangspunkt oder Zustand, wenn wir die Geistige Welt erreichen, im wesentlichen davon abhängen, wie wir unser Leben hier gelebt haben – wir werden ernten, was wir gesät haben.

Freilich gibt es die dunklen Regionen, die von düsteren, unfreundlichen und materialistisch gesinnten Wesen bevölkert sind, die kein liebevolles oder hilfsbereites Leben auf Erden geführt haben. Uns wurde von gewissen Gruppen höher entwickelter Geister erzählt, der Weißen Bruderschaft, die in jenen Regionen tätig sind, um die Unglücklichen dort zu erziehen und zu erleuchten. Diese werden keineswegs alleine gelassen, um unendlich zu leiden, – aber echte Reue und der Wunsch, die Missgriffe der Vergangenheit ausgleichen zu wollen, werden vorausgesetzt. Für manche mag der persönliche Fortschritt sehr langsam vonstatten gehen, doch die Möglichkeit, sich zu verbessern, steht jedem offen. Das Buch *Sieben Schritte zur Ewigkeit* von

Stephen Turoff erzählt von vielen solchen Fällen, und ebenso lesenswert ist *Wheel of Eternity* von Helen Greaves.

Diejenigen, die als Säuglinge oder kleine Kinder hinübergehen, müssen umsorgt und zärtlich behandelt, geliebt und genährt werden – und auch sie müssen die Lektionen des Lebens lernen, aber in einer anderen Art und Weise, die tief und spirituell ist.

Gladys' Schwester Mona, die als 12-jähriges Mädchen gestorben war, erklärte uns, wie behütet und umsorgt sie in einer Kindergruppe aufgewachsen war, bevor sie die Verantwortung für Prudence bekam, einen reizenden jungen Geist, der erst kürzlich als Baby herübergekommen war. Mona brachte sie immer zu den Sitzungen mit, um ihr mehr Verständnis und eine Liebe zu ihrem Leben beizubringen, und zudem durfte sie die Gemeinschaft unserer regulären Kinder-Besucher im Geiste genießen. Von Zeit zu Zeit werden solch kleine Kinder zurück in ihre früheren Familien gebracht, um den Kontakt aufrechtzuerhalten, und wir wissen, dass gerade die Mütter oft „spüren", dass sie bei ihnen sind – eine Freude für beide Seiten.

Wenn nach meinem Vortrag Zeit für Fragen eingeräumt wird, kommt meist als harte Nuss die Frage nach dem Alter in der Geistigen Welt. Wachsen Säuglinge und kleine Kinder dort auf? Werden ältere Menschen noch älter? Oder bleiben wir immer im selben Alter, in dem wir gestorben sind? Die einfache Antwort ist, dass „Alter" als solches sich nur auf den irdischen Körper bezieht, der in unserem zeitlichen Rahmen verortet ist.

Während wir auf der Erde sind, ist es nur der Körper, der altert, und nicht der Geist in ihm. Der Geist entwickelt sich und reift, und er reift in der Geistigen Welt noch weiter, je nach den Präferenzen und Wünschen des Individuums. Die Geister von Säuglingen und kleinen Kindern entwickeln sich ruhig zur Reife fort, und dies geschieht unter der Führung und Weisung von liebenden Helfern wie Mona, bis sie zusammen mit Gleichaltrigen und Freunden selbst für ihre Entwicklung die Verantwortung übernehmen.

Nach dieser kurzen Erläuterung sage ich dann immer, Zuhörer, die sich älter als 39 Jahre fühlten, sollten die Hand heben. Das führt meist zu Gelächter, doch die Reaktion ist jedem Abend dieselbe: Nicht mehr als zwei oder drei Hände gehen hoch, doch sie sinken sofort wieder, wenn sie die Frage ganz begreifen. Denn nicht darum, ob sie älter als 39 seien, hieß es, sondern ob sie sich im Geiste so fühlten. Ist es nicht wahr, dass wir uns alle so viel jünger fühlen, als es unser Geburtsjahr sagt – seien es nun 39 oder weniger? Meine Frau sagt gern, sie sei nicht älter als 29!

Oft halten wir Älteren die Redewendung „Der Geist ist willig, aber das Fleisch ist schwach" für angebracht; in der Geistigen Welt gilt sie nicht. Dort ist der Geist alles, was zählt, und ältere Menschen können sich zurückverwandeln in die einstige Blüte ihrer Jahre, wonach sie im Geiste reifen. Erst wenn sie „zurückkehren" – ob durch ein Medium oder vor einem privaten Zirkel –, zeigen sie sich uns so, wie wir uns an sie erinnern.

Hingebungsvolle Ärzte und Krankenschwestern können in der Geistigen Welt auf vielfältige Art weiterhin ihrer Berufung folgen. Menschen, die an langwierigen und auszehrenden Krankheiten starben, sind nicht plötzlich wieder völlig gesund. Obwohl sie den nutzlosen physischen Körper abgeworfen haben, benötigen der Geistkörper und das Bewusstsein viel Zuwendung und Heilung, was lange dauern kann.

Schwere Unfälle und Katastrophen mit vielen Opfern verlangen nach Rettungsteams auf der Geistigen Seite, genauso wie hier bei uns, um denen zu helfen, die ihr Leben verloren haben sowie denen, die sich noch in einem kritischen Zustand befinden. Viele Male sagte uns Sunrise bei unseren Sitzungen, dass einige unserer regelmäßigen Geistbesucher nicht anwesend sein könnten, weil sie zu einem Notfall gerufen worden seien. So eng ist die Verbindung zwischen den beiden Welten. Zwar haben unsere Geisterfreunde nicht die Möglichkeit, solche Tragödien zu verhindern, doch sie sind immer da, um jene, die gestorben sind, zu treffen und zu trösten.

Unsere gemessene Zeit gilt in der Geistigen Welt nicht, aber viele dort fühlen sich emotional noch stark an Menschen auf der Erde gebunden und werfen zuweilen noch einen Blick auf unsere Uhren. Ehemänner und Ehefrauen, Eltern und Großeltern, indessen auch Geistgefährten und Helfer ziehen es vor, in engem Kontakt mit den Schwingungen der Erde zu bleiben, damit ihre liebende Anwesenheit weiterhin gefühlt werden kann, vor allem in Zeiten der Not und an Jahrestagen.

Ein sehr guter Freund von uns, der erst kürzlich sich für solche Themen zu interessieren begann, erzählte mir, er sei sich, morgens im Bett liegend, plötzlich einer Menge Verwandter und Freunde bewusst geworden, die um sein Bett standen. Er sagte, sie hätten alle glücklich gewirkt und gelächelt. Er schilderte das seiner Frau, als diese am Abend heimkam, und sie hatte gleich die Antwort: Er hatte Geburtstag, doch am Morgen hatte er noch nicht daran gedacht und die Verbindung nicht hergestellt.

Geister ohne engere Bindungen werden womöglich ihr Wissen vermehren und deswegen in eine höhere Schwingungsebene überwechseln wollen, was in etwa einer Ausbildung gleicht und der Struktur nach nicht unähnlich unserem Weg durch Hauptschulen, Realschulen, Gymnasien und Universitäten ist. Wir alle haben dort die Freiheit, das Leben zu wählen, das wir zu führen wünschen, ohne die materiellen Einschränkungen eines irdischen Körpers. Einer unserer Geistbesucher sagte uns in einem Trancezirkel, dessen Mitglieder wir waren, ein Teil seiner Arbeit bestehe darin, Individuen zu treffen, die wie er nichts über die Geistige Welt wüssten und ihnen zu erläutern, was ihr Hinübergang bedeutet habe. Obendrein, sagte er, lerne er, Klavier zu spielen – einer seiner nicht verwirklichten Wunschträume auf Erden.

Einige Monate später kam er wieder und verriet, er habe seine Klavierstunden aufgegeben, weil er, wie er stolz ankündigte, „befördert" worden sei. Er hatte seine Arbeit so geschickt verrichtet, dass er gebeten worden war, in eine höhere Schwingungsebene überzuwechseln und anderen zu zeigen, wie sie zu ersten Fortschritten kommen könnten. Darum wollte er sich auf diese neue Aufgabe konzentrieren. Er könne die Lektionen am Klavier ja später wieder aufnehmen. Er war sehr froh darüber, etwas für andere tun zu können, die nichts über das Leben nach dem Tod wussten. Auf Erden hatte er sich stets wie ein spiritueller Rohdiamant gefühlt, denn er hatte mit seiner Frau in Birmingham einen Pub betrieben, was aber der Entwicklung seines Geistes anscheinend nicht im Weg stand. Wir gratulierten ihm aufrichtig. Er traf sich noch mit seiner Frau, aber nur noch selten, da diese zu einer noch höheren Schwingungsebene aufgestiegen war.

Manche Eheleute bleiben in der Geistigen Welt eng zusammen, wohingegen andere getrennte Wege gehen, ihren je eigenen Interessen folgend, wie auch auf der Erde. Ich werde auch oft gefragt, wie es sich verhalte, wenn jemand mehrmals verheiratet gewesen sei, und die Antwort, die wir bekamen, war, dass es drüben keine Probleme damit gibt. Viele, die früher gestorben sind, gehen ihren eigenen Weg, und andere wie das eben erwähnte Paar treffen sich gelegentlich. Manche, die ungern an einen früheren Partner denken, begegnen diesem nicht wieder, außer das negative Gefühl wurde verarbeitet und beseitigt. Wieder andere, die tiefe Liebe zueinander empfinden, vereinen sich womöglich zu einer Gruppe, in der der Anteil weiblicher oder männlicher Mitglieder nebensächlich ist, und so arbeiten sie zusammen.

Wie in meinen Aufzeichnungen über die Weihnachtsparty-Sitzung am 3. Januar 1948 steht, materialisierte sich Hannah, Dad Hudsons erste Frau und dankte persönlich dessen jetziger Frau Annie Hudson, die ihre fünf Kinder großgezogen hatte. Ich bin sicher, dass sie keine Probleme miteinander hatten, als sie wieder vereint waren, was schon vor vielen Jahren geschah.

Tante Agg sagte uns, dass es Zeiten gebe, in denen sie in der Geistigen Welt noch als Medium tätig sei. Dann kontaktiere sie Geister, die auf den erwähnten höheren Schwingungsebenen lebten. Für diese sei es technisch unmöglich, ihre Schwingungen zu verlangsamen, um Freunde und Verwandte zu erreichen, die entweder soeben gestorben waren oder noch auf Erden lebten. Das mag recht seltsam klingen, doch ähnlich arbeiten ja Medien hier, die ihre Geistfreunde kontaktieren, die, wie sie uns versichern, nur einen Schritt weiter sind und darauf warten, dass wir diesen Schritt nachholen, wenn unsere Zeit gekommen ist.

Ich muss es wiederholen: Die Geistige Welt ist für ihre Bewohner ebenso real wie die Erde für uns, aber mit weitaus schnelleren, feineren Schwingungen. Sicherlich haben sie dort Lernhallen mit einer umfassenden Zahl von Fächern wie Künste, Philosophie, Wissenschaft, Naturstudien, Spiritualität und andere von allgemeinem Interesse. Es gibt umfangreiche Bibliotheken, und viele Konzerte werden angeboten, bei denen, wie uns gesagt wird, wundervolle Farben die Klänge veredeln.

Wenn die Bewohner, besonders in einer frühen Phase nach dem Hinscheiden, gerne eine Weile allein sein wollen, können sie sich Häuser und Höfe nach eigenen Plan hinstellen. Ihre Gärten und die Umwelt fließen über von Pflanzen und Blumen von solch leuchtenden, doch zarten Farben, wie wir uns das gar nicht vorstellen können: Sie sind ganz anders und wirken wie soeben erschaffen. Auch sein Haustier kann der Geist bei sich haben, was in vielen Fällen ein Trost ist.

In anderen Worten: Jeder kann alles haben, was er will, insoweit es in Harmonie mit der Umgebung und seinen Mitgeistern möglich ist. Wer meint, ein Glas Tee oder Bier trinken zu müssen, kann das tun, doch die Mehrheit sieht bald ein, dass solche materielle Ein- und Zuflüsse in ihrer neuen Umgebung nunmehr unnötig sind.

Arthur Findlay hat in seinen Büchern – vor allem in *Where Two Worlds Meet* (1951) – ähnliche Berichte verbreitet, die durch die Medialität von John Sloan zustande kamen, und ich bin sicher, dass viele Leser in anderen Büchern Bestätigung meiner Beispiele gefunden haben werden, etwa in *Life In the World Unseen* von Anthony Borgia, das die Lektüre lohnt. Auch *Life After Death* von Neville Randall ist ein hervorragendes Werk. Es enthält Auszüge aus den 500 Tonbändern, auf denen George Woods und Betty Green Séancen mit dem Direktstimmenmedium Leslie Flint von 1950 bis 1970 aufgezeichnet haben.

In den Flint-Séancen berichten Menschen aus allen möglichen Weltgegenden und Bereichen ihre Erfahrungen in der Geistigen Welt, und diese waren alle unterschiedlich. Viele philosophische Geschichten von weisen Leuten sind darunter, die oft recht humorvoll ihren Alltag schildern. Für alle ist es eine reale Welt mit rascheren Vibrationen, bewohnt von zahlreichen Geistern, die alle ein Leben führen, das ihnen angemessen ist und sich überraschenderweise oft nicht sehr von ihrem Leben auf Erden unterscheidet (wenn sie das wollen). Es ist wirklich eine wahre Welt voller grenzenloser Möglichkeiten, unterworfen nur den Wünschen und der Fantasie.

Öffnet also euer Bewusstsein der Geistigen Welt und fasst ernsthaft ins Auge, euch auf euren Hinübergang vorzubereiten, wann immer er geschehen mag. Wenn ihr eine Reise in unbekannte Städte oder Länder plant, werdet ihr auch so viel wie möglich über euer Reiseziel vorher in Erfahrung zu bringen suchen. Recherche und Studium ermöglichen euch, auf eure neue Umgebung vorbereitet zu sein und euer Leben dort angenehmer zu gestalten, auch wenn es nur für einen kurzen Urlaub ist.

Wenn es sich jedoch um eine Reise ohne Rückkehr handelt, wie es beim Auswandern ist, müssen wir viel genauere Informationen einholen, um uns ohne Komplikationen in unserer neuen Welt zurechtfinden zu können. Baden-Powells Motto „Allzeit bereit" sollte man für die eine und einzige Reise beherzigen, die unvermeidbar ist. Macht sie zu einer glücklichen und unbeschwerten Reise zu einem verheißungsvollen, schönen Ziel!

Syd und Gladys sollen in diesem Kapitel das letzte Wort haben. Chris interviewte sie für die BBC und fragte, was sie vom Sterben hielten, nun, da sie am Ende ihres Lebens angelangt seien.

„Ich fürchte mich vor nichts", sagte Gladys. „Wir haben keine Angst zu sterben. Wir wissen, dass wir uns in höhere Regionen hin entwickeln werden, aber die Einzelheiten kennen wir nicht."

Syd ergänzte: „Wir sehen das philosophisch, als ob wir sagten, wir fliegen nach Australien, entweder nächstes oder übernächstes Jahr oder das Jahr darauf. So denken wir darüber. Unser Wissen nimmt uns jede Angst. Angst ist die Folge von Missverständnissen. Wir wissen in etwa, wie wir empfangen werden. Wir sind ja keine schlechten Menschen. Du gehst zu einem Platz, der dieser Welt ähnelt, und so ist der Schock nicht besonders groß. Du triffst eine Menge Leute, die du kennst. Dann wirst du allmählich ein Bürger der nächsten Welt."

Danke, Freunde! Ihr habt so vielen geholfen, diese Wahrheit zu begreifen.

Sydney (97) und Gladys Shipman vor ihrem Haus in Robin Hood's Bay, 2001

Sydney und Gladys freuten sich darauf, Syds 100. Geburtstag am 5. März 2004 feiern zu können. Leider verschlechterte sich seine Gesundheit in den Monaten davor zusehends, und er ging friedlich am 2. Februar 2004 in die Welt des Geistes hinüber. Es war der Tag von Gladys' 88. Geburtstag.

Bald meldete er sich bei seiner Frau. Obwohl seine körperliche Präsenz hier vermisst wird, dürfte er schon ein aktives Leben führen, in dem er die Wahrheit über das Leben nach dem Tod vertritt, sein Thema, das er stets mit Begeisterung verfolgte.

Das folgende Zitat war eine seiner Lieblingsmaximen, und ich habe den Eindruck, es fasst das Ethos dieses Buches trefflich zusammen:

„Große Wahrheiten vor der Welt zurückzuhalten,
ist vielleicht der größte Vertrauensbruch."

– Robert Dale Owen

AFFADAVIT

Robin Hood's Bay
North Yorkshire

April 2003

SATURDAY NIGHT CLUB - HOME CIRCLE

We, the undersigned, are pleased to confirm in writing that we were two of the six founder members of the Saturday Night Club Home Circle, with the medium being Tom Harrison's mother, Mrs. Minnie Harrison.

Our first sitting was on 6th April 1946 in our home in Acklam Road (later renamed as Burlam Road) Middlesbrough, where we sat weekly until August 1952 when we moved to Eastbourne Road and the sittings were then transferred to Tom and Doris Harrison's home in Oxford Road, Middlesbrough where they continued until Minnie Harrison's passing in 1958.

We saw Tom making notes after each sitting for the first two years and witnessed the Saturday Night Club phenomena, as detailed in Tom's book, including Telekinesis, Spirit lights, Spirit writing, Apports, Spirit voices through the trumpet and all the Ectoplasmic phenomena from Spirit hands to fully materialised Spirit people walking amongst us in a good red light. Apart from the very occasional absence due to sickness, we were present at all the sittings.

Sydney Shipman
Sydney Shipman

Gladys Shipman
Gladys Shipman

Eric Boyd
(Witness)

11th April 2003
(Date)

Erklärung

Robin Hood's Bay
Nord-Yorkshire
April 2003

<u>Saturday Night Club – privater Zirkel</u>

Wir, die Unterzeichneten, bestätigen gerne schriftlich, dass wir beiden zu den sechs Gründungsmitgliedern des Zirkels Saturday Night Club gehören, dessen Medium Tom Harrisons Mutter war, Minnie Harrison.

Unsere erste Sitzung war am 6. April 1946 in unserem Haus in der Acklam Road (später in Burlam Road umbenannt), wo wir jede Woche bis August 1952 wöchentlich zusammensaßen, bevor wir in die Eastbourne Road umzogen. Die Sitzungen wurden darum in Tom und Doris Harrisons Haus in der Oxford Road, Middlesbrough verlegt, wo sie bis zu Minnie Harrisons Tod 1958 weitergingen.

Wir sahen, wie Tom sich in den ersten beiden Jahren nach jeder Sitzung Notizen machte und erlebten die Phänomene des Saturday Night Club so mit, wie er sie in seinem Buch eingehend darstellt. Dazu gehörten Telekinese, Geisterlichter, Geisterschrift, Apporte, Geisterstimmen durch die Trompete und alle ektoplasmatischen Phänomene von Geisterhänden bis hin zu voll materialisierten Geistern, die bei ausreichendem rotem Licht unter uns umhergingen. Abgesehen von seltenem Fernbleiben wegen Krankheit waren wir bei allen Sitzungen dabei.

Sydney Shipman   Gladys Shipman

Eric Boyd (Zeuge)   Datum

Zum Abschluss

In den 30 Jahren, in denen ich Diavorträge über den Zirkel hielt, lud ich mein Publikum nach meinen Ausführungen immer zu Fragen und Kommentaren ein. In einem Buch ist eine solche Fragestunde leider nicht möglich; die weitere Erkundung liegt in den Händen der Leser.

Für diejenigen, die tiefer in die Materie eindringen wollen, wird es immer einen zuverlässigen Ansprechpartner oder eine hilfreiche Organisation geben, an die man sich wenden kann. „Suche und du wirst finden" gilt heute wie früher, und ihr könntet überrascht sein, was schon in eurer näheren Umgebung zu entdecken ist.

Was wir in unserem privaten Zirkel sahen, war zweifelsohne schlüssiger Beweis für alle Anwesenden, kann jedoch nie für irgend jemand anderen ein Beweis sein – und ich würde das nie fordern wollen.

Für euch als Leser kann es sich hierbei nur um Indizien handeln – ihre Stärke hängt von der Glaubwürdigkeit der Zeugen ab –, wie man sie im Gerichtshof einer Jury vorlegt.

Ich meine, euch als authentischer und ehrlicher Zeuge gegenübergetreten zu sein – ich hätte keinerlei Motiv für ein anderes Verhalten –, doch wie Professor Fontana sagt, gehört euch das letzte Wort; das Urteil sprecht ihr. Nehmt nur an, was eurer Argumentationsweise oder eurem Wissensstand entspricht und vergesst nicht, wie sich mit vermehrtem Wissen auch die Wahrnehmung verändert.

Ich hoffe, dass sich euer Wissen nun vermehrt hat und dass das, was zu Beginn des Buches unglaubhaft und unglaublich schien, eurer Verstandswelt nun näher ist. Falls nicht, bitte ich euch nur darum, das Gelesene nicht vollständig zu verwerfen, sondern es gut abzulegen und ihm zu erlauben, später einmal zum Vorschein zu kommen – entweder hier oder auf der „anderen Seite", der letzten Destination für alle, unabhängig von ihrem religiösen Glauben. Das ist die einzige Gewissheit, die wir in diesem irdischen Leben haben.

Von eurem persönlichen Beweis mögen euch noch Jahre trennen, aber vielleicht liegt er auch gerade um die Ecke, darum seid allzeit mit offenem Geist bereit, ihn zu ergreifen, von woher er auch kommen mag. Ihr müsst auf diesen fruchtbaren Moment gefasst sein, der ein Moment unbeschreiblichen Verstehens ist und eine blitzartige Erleuchtung. Er ist unvergesslich und ewig erinnerungswürdig.

Danke für eure Gesellschaft auf diesem kurzen Ausflug. Ihr werdet vermutlich nie das seltene Glück haben wie ich, eure Lieben im Geiste von Angesicht zu Angesicht sehen zu können, aber vergesst nie, dass sie in der Nähe und um uns herum sind, immer bereit, ihre Anwesenheit euch spüren zu lassen, wenn sich die Gelegenheit dazu bietet. Sie sind nie mehr als einen Gedanken entfernt.

Möge die Reise auf der Suche nach der Wahrheit euch ebensoviel Freude spenden, wie unsere Reise sie uns gab.

„Eine alte Maxime von mir ist, dass, wenn man das Unmögliche ausgeschlossen hat, der Rest, wie unwahrscheinlich er auch scheinen mag, die Wahrheit sein muss."

– Sir Arthur Conan Doyle

Register

Abbott, Agnes (siehe Tante Agg) 12, 13, 81, 153.

Abbott, Terry 21, 48, 103, 105, 141, 151, 156, 160-1, 206.

Albert (Helen Duncans Geistführer) 49.

Andrew Jackson Davis 60, 194.

Apporte 26, 28, 56, 59-62, 92-96, 98-104, 106-114, 116-17, 119, 121, 124, 140, 147, 149, 171-72, 181, 192-95, 197-98, 202, 203, 205, 209, 232, 287.

Arthur-Findlay-College 217-220, 222, 271

ätherisch 54, 68, 138.

Babies/Kleinkinder im Geiste 82, 96, 111,144, 163, 201, 212, 278

Barbanell, Maurice 67.

Barnett, Dr 258-9, 262.

Bessant, Albert 33-4, 49, 112.

Bessant, John (Onkel Jack) 29, 47, 66, 82, 94, 96, 98, 112-4, 127, 130-1, 161, 171, 242.

Bessant, Opa 33, 107, 133, 148, 151, 156.

Best, Albert 58.

Betty 24, 178-81, 183-4.

Bewegung von Objekten, siehe Telekinese

Blumen 59-60, 62, 92-3, 98, 103-7, 111-4, 116-7, 120, 126, 131, 140-3, 147, 169, 192, 204-5, 274, 282.

    Nelken 26, 28, 60-1, 106-10, 112-3, 116, 120, 124, 128, 132, 141-2, 147-8, 163, 169.

Brownie 116-8, 192-3, 202.

Bruce 27, 201.

Buchtest 249-50.

Christopher 240-3, 248-50, 262.

Crookes, William 14, 69, 126, 139, 224.

Direktstimme 55, 57, 103, 181, 203, 245, 283.

Dixon Smith, Roy 24, 86, 178-84.

Doris 29, 37-42, 49-52, 78-9, 82, 84, 87, 93, 96, 101, 104, 113, 116, 126-8, 131-2, 135-7, 140, 142, 147, 171, 197, 199, 203, 206-7, 215-6, 220, 225, 233-6, 287.

Duft 92, 93.

Duncan, Helen 48-9, 70-1, 120, 274.

Earle, William 148, 242.

Ektoplasma 11, 24-5, 49, 55-7, 64, 67-75, 80, 82, 86, 94, 99, 109, 122-24, 126, 128-30, 133, 137-38, 141, 143, 145-7, 149-50, 152-3, 156-59, 170-2, 174-5, 179, 199, 210, 219-20, 239, 242, 245, 253-5, 287.

    Schneiden des Ektopl. 69, 143, 145, 172, 210.

Feder 60, 69, 113, 170-2.

Fläche 94, 109, 113, 116, 118, 242.

Flint, Leslie 203, 245, 283.

Findlay, Arthur 12, 81, 217, 282.

Geburtstag 60, 104, 106-7, 115, 120, 128, 130-132, 141, 143, 203-07, 224, 280, 284

Geisterfoto 118, 135-6, 161-2, 194, 196.

Geisterkinder/Mädchen/ im Geiste 58, 91, 105, 112, 114, 128, 191-2, 195, 212, 233-4, 268, 278.

Geisterlichter 56, 63, 113-5, 117, 121, 129, 150, 195, 200, 245, 257, 287.

Geisterschrift 56, 64-5, 109, 111-12, 118, 130-2, 287.

Geistführer 47-9, 67, 70, 80, 88, 140, 142, 169, 183-4, 201, 216, 236, 240-1, 265, 268-70, 272.

Geistige Welt 12, 20.1, 43, 54-5, 63, 107, 127, 136, 152, 176, 261, 273, 275-7, 280, 282.

Glocke (Krinolinenlady) 58, 68, 96, 106, 112, 268.

Glocke (Indische Tempelglocke) 197-98, 202.

Glocke, andere 244, 248.

Graham, Jack 174-7, 274-5.

Halliwell, Katie 250-3, 256.

Harris, Bertha 217.

Harrison, Ann 71, 89, 97, 152, 224, 231, 236-7, 244, 246-8, 252-3, 255, 255-9, 261, 263-71.

Heilung 41, 256, 258-61, 266, 270, 272, 279.

Hellhören 55, 77.

Hellsehen 15, 38, 55.

Higginson, Fanny 218-20.

Hildred, Douglas 21, 82, 111, 115, 150, 163, 195, 200, 212.

Hildred, Mona 82, 98, 105, 109-10, 128, 163, 198, 278.

Hildred, Mrs Flo. 78-9, 87, 90, 104, 114, 116, 131, 169.

Hildred, Sam 62, 66, 78, 82, 90, 96, 98, 104, 106, 108-12, 115-6, 118, 125-8, 130-2, 140, 142-4, 162-3, 169, 192, 198, 210, 274.

Hope, Billy 35, 118-9, 135-6, 194, 196.

Infrarot 56, 67, 80, 86, 113, 123, 157-9.

James Andrew Fleming 185-90, 192, 198.

Johnson, Freda 240, 247, 251, 254-5, 262.

Jones, W. Brittain 41, 69, 78-9, 87, 120, 125-7, 131, 139, 141, 145-7, 149-50, 154-5, 157, 161, 164, 169, 172, 192, 195, 196, 210, 260.

Kabinett 13, 27, 28, 40, 42, 48-9, 63, 68, 70, 128-30, 132, 144, 150-51, 158, 163, 165, 169-70, 179-81, 184, 192, 195, 199-200, 202, 206, 258, 264-5, 267, 273, 275.

King, Katie 69, 126.

Kitson, Alfred 56, 141, 165-8.

Küsse 23-4, 68, 131, 144, 184, 194, 256.

Leonard, Gladys Osborne 240-1, 249.

Leuchtstreifen/-farbe 57, 109, 181, 263.

Lumsden, Oma 26, 29, 56, 82, 127, 132, 135-8, 147, 149, 151, 153-4, 170, 182, 194, 199-200, 248.

Materialisation/materialisiert 11, 13, 16, 27-8, 40-1, 48-9, 55-57, 60, 63, 68, 70-2, 75, 99, 107, 109, 119-20, 123-36, 138-42, 144-5, 147-56, 158-61, 165, 167, 169-70, 172, 174-5, 178-9, 181-2, 192, 194-5, 198-201, 205-6, 209-13, 219, 239, 248, 253, 255-7, 265, 272, 274-5, 277, 281, 287.

  dematerialisiert 59, 62, 169, 192, 255, 272.

materialisierte Bärte 132-3, 140, 142, 148, 156, 165-6, 170, 184, 194, 213.

materialisierte Formen 128-9, 149-51, 165, 181-2, 199, 245, 256.

materialisierte Körper 56, 68, 80, 130, 137, 212, 265.

materialisierte Füße 137-8, 183.
materialisierte Hände 24, 25, 27-8, 94, 106, 109-14, 117-20, 123-7, 130-3, 137, 144, 182-4, 199-200, 209, 211-2, 242, 245, 256-8, 287.
McKenzie, Don 26-7, 196.
McKenzie, Jim 83, 135, 149, 191, 195-8, 201, 206.
Pfeifen 111, 192.
physikalische Phänomene 14, 15, 55-67, 70-1, 73, 74-76, 92, 95, 99, 103, 105, 117, 120, 151, 233, 238, 244-6, 250, 253, 264.
Poltergeist 58, 177, 235.
Pugh, Cowell 35, 118-9.
Puls 80, 125-6, 131, 183, 125,165.
Roeder, Chas. 60, 65, 132, 194-5.
Rosher, Grace 64.
Rotes Licht 24-5, 29,41, 48, 56, 64, 68-9, 75, 86, 119-20, 122-3, 125-6, 128-30, 132, 137, 145, 149, 153, 155-6, 158, 165-6, 169-70, 175, 181, 199, 200, 242, 245, 254, 287.
Roy, Prof. Archie 58.
Running Water 88-9, 241.
Schlegel, Gwen 21, 25, 211, 223.
Selbstmord 105, 277.
Shipman, Gladys und Sydney 29, 38-9, 53, 65, 73, 78-9, 84-7, 90-4, 96, 98-9, 108-10, 114-5, 119, 122, 126-8, 132, 140, 142, 146-7, 157, 165, 170, 178, 192-3, 201, 205, 223, 238, 242, 248, 268, 274-5, 284, 287.
Stansted Hall 217-220.
Stimmbox 57, 199, 245.
Stimmen 23, 27, 55-7, 72.
Stinson, Walter 240, 244-7, 251-3, 256-7, 262.
Sunrise 40-2, 60, 65, 70, 80, 91, 96-8, 104-18, 120, 125, 127-8, 130-2, 140-1, 144-6, 148, 165, 167, 169-73, 175, 192, 197, 199, 200, 202, 241-2, 279.

Tantchen Oma 33, 107
Tante Agg 29, 35, 37, 41, 42, 47, 48, 56, 60, 68, 70, 80-1, 83, 86, 88, 93-4, 96, 98, 103-7, 109, 111, 114, 122, 124-7, 129-32, 135, 138-9, 141, 143-9, 151, 153, 155-6, 159, 161-2, 171, 182, 185, 192, 195, 201-3, 205-07, 209, 234-6, 273-4, 276, 281.
Tante Mary 34, 40, 126-7, 147-8.
Telekinese 56-9, 92, 94, 98, 99, 106, 112, 197, 244, 287.
Thompson, Ernest 86, 166.
Trance 21, 30,34, 38, 40, 41, 43, 47, 49, 56, 57, 67, 77, 81, 82, 84, 86, 88, 94, 113, 120, 123, 125, 153, 159, 167, 181, 202, 217, 231, 234-35, 239, 243, 245, 266, 271.
Trompete 27, 41, 48, 55, 57, 68, 70, 75, 80, 82, 88, 90-99, 103-15, 117-8, 120-1, 128, 132-3, 140-44, 149, 152-3, 157, 159, 165, 169, 174-6, 181, 185, 192, 197-9, 206, 213, 239-45, 254, 263, 265, 267-8, 287.
unabhängige Stimme 57, 245, 252.
Unterschrift 66, 109, 119, 130-132.
Uhr, alte 97-99.
Weihnachtsparties 26, 83, 111, 150, 185, 189, 191, 197, 223, 238, 281.
White Feather 240, 243, 262.

Lektüretipps und andere Quellen

Viele dieser Bücher sind vergriffen, können aber zuweilen im Internet im Volltext nachgelesen oder antiquarisch erworben werden.

Deutsch:

Barbanell, Maurice	Was ist Spiritualismus? St. Michael, 1982
Crookes, William	Der Spiritualismus und die Wissenschaft. Leipzig, 1898
Edwards, Harry	Praxis der Geistheilung. Freiburg, 1976
Findlay, Arthur	Gespräche mit Toten. Freiburg, 1960
Fodor, Nandor	Diese mysteriösen Leute. 2005
Gerloff, Hans	Das Medium Carlos Mirabelli. Tittmoning, 1960
Greaves, Helen	Zeugnis des Lichts. Weinheim, 1982
Guggenheim, Billy und Judy	Trost aus dem Jenseits. Bern, 2002
Perty, Maximilian	Materialisationen und experimentelle Geistererscheinungen. Pfullingen, 1921
Resch, Andreas:	Fortleben. Innsbruck, 2004
Schrenck-Notzing	Materialisationsphänomene. München, 1923
Tischner, Rudolf	Das Medium D. D. Home. Leipzig, 1925
Turoff, Stephen	Sieben Schritte zur Ewigkeit. Altendorf, 2011

Englisch:

Borgia, Anthony	Life in the World Unseen. London, 1958
Crossley, Alan E	The Story of Helen Duncan. 1999
Dixon Smith, Roy	New Light on Survival. 1952
Edwards, Harry	The Mediumship of Jack Webber. 1962
Findlay, Arthur	Looking Back. / On the Edge of the Eheric.
Flint, Leslie	Voices in the Dark. London, 1971
Fontana, David	Is There an Afterlife? Ropley, 2006
Greaves, Helen	Wheel of Eternity. London, 1974

Halliwell K.	Experiences of Trance, Physical Mediumship & Associated Phenomena with the Alexander Circle, Parts 1-2, SNPP 2008
Harris, Alec	Alec Harris: The full story of his mediumship, SNPP 2009
Higginson, Gordon	On the Side of Angels. London, 1993
Leonard, Maurice	Battling Bertha. London, 1975
Kitson, Alfred	Alfred Kitson Autobiography
Randall, Neville	Life After Death. London, 1980
Rosher, Grace	Beyond the Horizon. London, 1961
Stemman, Roy	Medium rare: The psychic life of Ena Twigg.

Weitere Bücher in englischer Sprache des Verlags SNPP finden Sie unter www.snppbooks.com.

Zusätzlich sind hierunter erhältlich:

The Christmas Party Sitting CD (Tom Harrison)

DVD: Tom Harrison talks about „The Visitors from the 'Other Side'"

www.ingramcontent.com/pod-product-compliance
Lightning Source LLC
Chambersburg PA
CBHW071910110426
R18126600001B/R181266PG42743CBX00015B/11